大数据时代高校学生管理工作与模式创新研究

曲丽洁◎著

文化发展出版社
Cultural Development Press
· 北京 ·

图书在版编目（CIP）数据

大数据时代高校学生管理工作与模式创新研究 / 曲丽洁著．-- 北京 ：文化发展出版社，2024．7．-- ISBN 978-7-5142-4403-8

Ⅰ．G645.5

中国国家版本馆 CIP 数据核字第 202452SS55 号

大数据时代高校学生管理工作与模式创新研究

曲丽洁　著

出 版 人：宋　娜

责任编辑：袁兆英　　　　　　　责任校对：岳智勇

责任印制：邓辉明　　　　　　　封面设计：守正文化

出版发行：文化发展出版社（北京市翠微路 2 号　邮编：100036）

网　　址：www.wenhuafazhan.com

经　　销：全国新华书店

印　　刷：天津和萱印刷有限公司

开　　本：710mm × 1000mm　1/16

字　　数：230 千字

印　　张：13

版　　次：2025 年 1 月第 1 版

印　　次：2025 年 1 月第 1 次印刷

定　　价：72.00 元

I S B N：978-7-5142-4403-8

◆ 如有印装质量问题，请电话联系：010-58484999

前　言

高校学生管理是高校教育教学工作的重要组成部分，同时也是一门实践科学。它具有非常深厚的理论和实践基础，与政治、经济、文化和教育等众多领域有着紧密的联系。改革开放之后，各高校都十分重视学生管理工作，投入了大量的人力、物力和财力。同时，高校还紧密关注学校的培养目标并积极创新，以期更好地探索和实践高校学生管理工作。这个过程中，高校积累了许多宝贵的经验，但是也有许多难题需要解决。对于高校而言，必须创新学生管理工作，以更好地培养出优秀的人才，实现学生管理的高效化和科学化。这也是我国高校管理体制机制改革和发展的必然要求。

大数据时代，做好学生管理工作，需要对大学生的日常管理和思想政治工作进行规范，同时将人文关怀融入管理中，这些工作也是提高高校办学水平、实现高层次人才培养目标的必要条件。规范管理是一种科学、系统、稳定的管理方式，通过此方式能够达到预期的管理效果，对学生进行有序管理。这种管理方式要求管理者必须坚持民主法治理念，依据国家法律法规和学校规章制度，在公正、公开的原则下有序执行管理程序，以推进科学教育为最终目标。

在内容上，本书共五章。第一章为大数据的相关理论，分别论述了大数据的概念、大数据的特征、大数据的风险、大数据发展的时代意义；第二章为高校学生管理工作的相关理论，主要包括高校学生管理概述，高校学生管理的指导思想、原则与方法，高校学生管理的对象、基本任务和研究方法，高校学生管理的权利和义务，高校学生管理工作流程等内容；第三章为高校学生管理工作的现状与问题，主要包括高校学生管理工作的现状、高校学生管理工作的问题等内容；第四章为大数据背景下高校学生管理工作的发展，主要针对大数据时代高校学生管理工作迎来的机遇、大数据时代高校学生管理工作面临的挑战、大数据时代高校学生管理工作的转型三部分做出论述；第五章为大数据时代高校学生管理模式的创新，主要包含大数据时代高校学生管理模式创新的意义、大数据时代高校学生管理模式创新存在的问题、大数据时代高校学生管理创新基本思路、大数据时代高校学生管理创新方法四部分内容。

在撰写本书的过程中，笔者参考了大量的学术文献，得到了许多专家学者的帮助，在此表示真诚的感谢。本书内容系统全面，论述条理清晰、深入浅出，但由于笔者水平有限，书中难免有疏漏之处，希望广大同行及时指正。

曲丽洁

2023 年 9 月

目 录

第一章　大数据的相关理论

本章为大数据的相关理论，分别介绍了大数据的概念、大数据的特征、大数据的风险、大数据发展的时代意义。

第一节　大数据的概念

一、大数据的定义

研究机构高德纳（Gartner）指出，“大数据”是指庞大、增长迅速且多种多样的信息资产。

大数据技术的战略价值不在于拥有大量的数据信息，而在于通过专业化的处理方式，从中挖掘出具有重要价值的信息。也就是说，若将大数据视为一种行业，其可盈利的关键在于不断提升数据的“加工水平”，从而通过“加工”来实现数据的“升值”。

大数据和云计算在技术层面上可以说是一体两翼。单独的计算机无法有效地处理大数据，因此需要使用分布式架构来处理大数据。大数据技术的主要特点是利用云计算的分布式处理、分布式数据库、云存储和虚拟化技术，实现对大量数据的分布式挖掘。

随着云计算技术的普及，人们对大数据的重视程度也越来越高。根据“著云台”分析团队的看法，人们通常使用“大数据”这个术语来概括某个公司生产的数量巨大、非结构化或半结构化的数据。如果需要将这些数据下载到关系型数据库进行分析，就必须投入较多的时间和金钱。针对大数据分析的实时处理，常常需要借助 MapReduce 等框架进行，此举可使数据分布在数十、数百甚至数千台计算机上，而后再进行分析。这也是大数据分析经常与云计算联系在一起的原因之一。

二、大数据的分类

通常情况下，根据其来源可将大数据分为科研数据、互联网数据、感知数据和企业数据四大类。

科研数据。科研数据在大数据尚未出现前就存在，其可能来自生物工程、天文望远镜或粒子对撞机，不一而足。这些数据存在于封闭系统中，使用者都是传统上做高性能计算（HPC）的企业，很多大数据技术脱胎于HPC。早在大数据作为一个新概念出现之前，曾经就有过一个概念：数据密集型可扩展计算(DISC)。

互联网数据。如今，互联网上的数据量巨大，尤其是社交媒体数据成为重要的数据来源之一。大部分的大数据技术都是由迅速崛起的国际互联网企业发起的。例如，人们在日常生活中常用的搜索引擎包括百度与谷歌，它们的数据规模均已超过上千PB的规模级别，而应用广泛、影响巨大的脸书、亚马逊、雅虎、阿里巴巴的数据都突破上百PB。互联网数据增长的驱动力有两种：一是“梅特卡夫定律”(互联网企业的价值与用户数的平方成正比)；二是扎克伯格（Zuckerberg）反复引用的信息分享理论，即一个人分享的信息每一到两年翻番。

感知数据。进入移动互联网时代后，移动平台的感知功能和基于位置的服务的普及，使得互联网中的数据与它们发生了重合。尽管如此，感知数据的体积量仍然算得上庞大，且与社交媒体的数据量相比并不逊色。

企业数据。企业数据种类繁杂，企业数据和感知数据本质上也并不是界限分明的，企业可借由物联网对感知数据进行大规模的收集。之所以把它们分为两类，是因为传统上认为企业数据是人产生的，感知数据是物、传感器、标识等机器产生的。越来越多的公司开始利用社交媒体数据来丰富他们的外部数据。除此之外，它们所使用的内部数据除了结构化数据以外，还涉及体量日益增长的非结构化数据。这些数据类型丰富多彩，涵盖的范围不局限于早期的电子邮件和文档文本，还包括各种社交媒体和感知数据，其中涵盖了各种音频、图片、模拟信号等不同形式。

三、大数据的技术

大数据技术可以被划分为三个核心领域：大数据工程、大数据科学和大数据应用。大数据工程是指涉及整个大数据系统的规划、建设、运营和管理过程；大数据科学旨在利用快速发展的大数据网络和运营过程中的信息，来发现其中隐藏的规律，验证社会活动与大数据之间复杂的相互关系；大数据应用是指为了有效地处理海量数据，需要利用大规模并行处理数据库、分布式文件系统、数据挖掘电网、云计算平台、分布式数据库、互联网和可扩展的存储系统。目前，我们可以利用两个不同的生态圈来进行大数据分析，分别是开源大数据生态圈和商用大数据生态圈。前者中有多种工具可以用于大数据分析，如 Hadoop、HDFS、HBase 等；后者则由数据库、数据仓库以及数据集市组成。

在分析体量大的非结构化数据时需要将任务分配给多台电脑，因为其成本较高。大数据分析通常与云计算相关联，因为与传统数据仓库相比，大数据量和更复杂的查询分析需要更高的数据处理能力，而云计算提供了可扩展的计算资源来处理这些任务。

社交网络的出现促进了大数据分析技术的发展，而大数据技术的应用则让我们不再受限于数据处理机器的思维模式。随着新的需求的出现，人们对处理大数据的需求也推动了大数据技术的发展。随着大数据处理技术和分析算法的不断发展，大数据在教育、金融等领域得到了广泛的应用。

第二节　大数据的特征

数据总量（volume）、处理速度（velocity）和数据类型（variety），是最早用来描述大数据的“3V”模型。

随着资讯科技不断往前推进，数据量的复杂程度越来越高，3V 已经不足以形容新时代的大数据。2012 年，科技厂商和研究机构等纷纷提出新的论述，在 3V 的基础上增加了对数据“价值（value）”的认识，发展成 4V 模型。随着时代的发展，人们又提出大数据还应具有可信性、真伪性、来源和信誉、有效性和可审计性的特点，即真实性（veracity），最终形成了 5V 的框架（见图 1-2-1）。

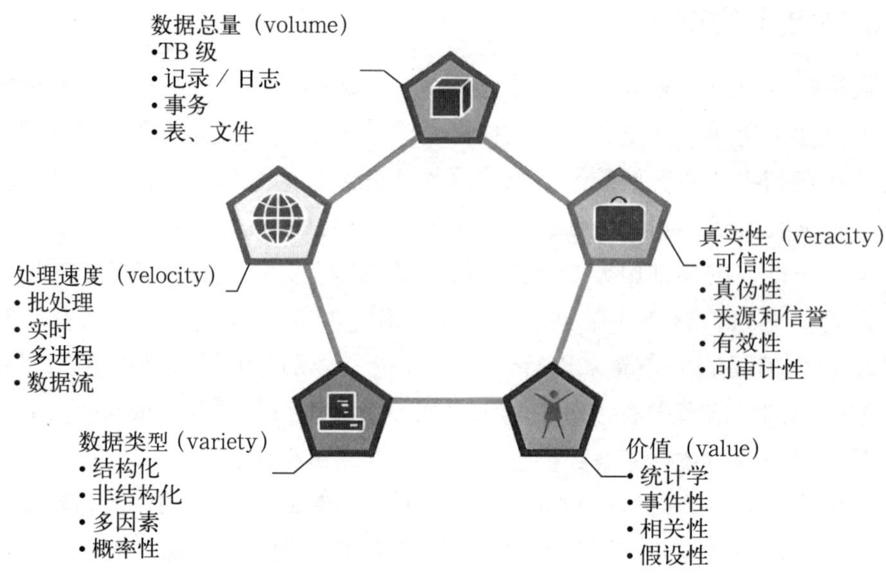

图 1-2-1　大数据 5V 框架

一、数据体量大

数据体量大指收集和分析的数据量非常大，从 TB 级别跃升到 PB 级别。在实际应用中，很多企业用户把多个数据集放在一起，已形成了 PB 级的数据量。

2006 年，个人用户每年产生的数据才刚刚迈入 TB 时代，全球一共产生了约 180 EB 的数据；在 2011 年，这个数字达到了 1.8 ZB。2013 年，中国产生的数据总量超过 0.8 ZB，是 2012 年的两倍，相当于 2009 年全球的数据总量。2020 年中国数据总量占全球数据总量的 20%，成为世界第一数据资源大国和全球数据中心。

二、处理速度快

大数据需要对数据进行实时的分析。以视频为例，在连续不断的监控过程中，可能有用的数据仅一两秒，这一点和传统的数据挖掘技术有着本质的不同。

每秒钟淘宝商城就会产生大约 178 笔订单；每分钟人们可以在优兔（You Tube）上传 20 个小时的视频。脸书（Facebook）位于瑞典北方的“资料库”，有 6 个足球场那么大，每天要处理全球用户 45 亿个赞、3.5 亿张照片和 100 亿条信息。

三、数据多样性

大数据有多种数据源，数据种类和格式日渐丰富，包含结构化、半结构化和非结构化等多种数据形式，如网络日志、视频、图片、地理位置信息等。非结构化数据增长率达 80%，而传统的数据样式主要以数据库和可扩展标记语言（XML）为主。

四、价值密度低

要挖掘大数据的价值，就需要在几百万条数据中找到真正有借鉴意义的几条。例如，在每天 24 小时的视频数据中，针对某一研究或分析目标有价值的仅有几秒钟。

五、数据真实性

大数据中的内容是从真实世界采集到的，在录入、生成、采集数据的过程中存在由于客观或人为因素产生偏差的情况。数据的真实性代表了数据的质量，将直接影响分析和预测的准确性、真实性和有效性。

第三节　大数据的风险

大数据的潜在风险并不是单一的，本节主要从以下几个方面来分析大数据及其信息的潜在风险。

一、信息造假、恶意传播削弱社会信任

（一）信息造假与恶意传播

确保数据信息的真实和有效性对于大数据的发展至关重要。若数据信息虚假，将直接影响信息采集的准确性，进而影响后续对大数据信息的应用。保证数据信息的真实性是大数据发展的首要条件。信息造假屡见不鲜的原因有两点：一是信息的来源者因为某种目的进行信息造假；二是信息的收集者为迎合自身的利益或受到了他人的干扰而对信息源进行二次加工。

随着大数据的兴起，信息传播的速度被大幅提升，这不仅加速了信息的更新和利用，而且推动了各个领域的发展，并促进了整个社会的进步。但是，快速的信息传递使得一旦出现恶意传播，其影响可能是不可承受的。每个公民都拥有言论自由的权利，随着社会的发展和人们思想意识的提高，公民也越来越重视相关的权利。在大数据网络平台上，一些人漠视道德规范，肆意传播虚假言论。有些企业或个人利用大数据技术的问题，或谋取私利或宣泄愤怒，出现了通过极端手段在大数据网络平台上公开他人隐私或散播虚假信息的现象。

（二）社会信任削弱

制造虚假信息不仅会耗费宝贵的信息资源，而且会破坏人与人之间的相互信任，甚至扰乱社会秩序，是极其严重的违背社会诚信的行为。社会诚信是指在社会中普遍认可的诚实守信的道德准则和行为规范，其存在旨在营造和维护良好的社会风气。有些人出于个人私利或者为了引起关注，会在传播信息时不顾及社会伦理，对备受关注且影响深远的数据进行虚假编辑和篡改，在推广时加入虚假信息。这种行为很容易导致网络暴力，破坏社会信任和传统道德，从而对社会造成负面影响。大数据具有快速传播的特性，公众对信息的辨别能力不同，这都为虚假信息的推广提供了条件。

此外，一些信息提供者会篡改大数据信息，使其符合他们自己或公众的预期，以达到特定的目的，这种行为会导致公众误解。例如，通常情况下，公众主要通过高校官方网站获取高校毕业率或就业率的信息。如果某所高校的毕业率和就业率很高，那么大众有可能会有这样一种看法：该高校毕业生更容易就业。如此一来，报考该校的学生就会增加。因此，会出现一些高校利用大数据技术，对数据信息进行隐瞒、修改以吸引更多人前来就读的现象。再比如，有些商家为了促销自己的产品，会投入资金购买好评和消除差评，这样消费者只会看到产品的优点，而无法知道产品的缺点，导致消费者产生误解。事实上，公众无从知晓大数据信息的收集、分析和修改过程，只能观察到被最终呈现的数据结果。有些人可能会利用这一点来误导公众，从而满足自己的利益需求。这种不实信息的传播也会削弱公众对社会的信任。

在《大数据时代》一书中，舍恩伯格和库克耶认为，大数据的存在是建立于信任关系的基础之上的。如果缺乏信任，各方行为主体很可能出现数据恐慌，甚至增加彼此之间的矛盾。

二、隐私窃取和泄露损害人格

（一）隐私窃取和泄露

随着大数据时代的兴起，一些不良分子利用大数据技术漏洞，违法获取他人的隐私信息，以谋取非法经济利益。这种行为不仅会导致他人的隐私泄露，还会给其经济造成损失。在大数据时代，对个人信息安全进行保护已经变为当务之急。通常情况下，犯罪分子会采用非法途径来入侵各种大型数据存储设备，如手机等。他们利用获取的数据库信息进行非法交易或假货制造。比如，职业考试之前考生收到的是否需要直接获取答案的诈骗电话、针对特定人群的各种贷款电话和催收电话等。

隐私泄露是指个人不愿意公开的、敏感的、重要的、涉及自身利益的、机密的信息，没有经过信息主体授权或非信息主体意愿授权或运用不正当手段在信息主体无法掌握个人信息的情况下让他人知晓。隐私泄露可以分为泄露自己隐私和泄露他人隐私两种情况。前者中有人因为缺乏自我保护意识，会轻易地把个人信息透露给别人。而还有人则是在不得已的情况下，被迫泄露了自己的隐私。例如，某些应用程序需要使用者授权个人信息才能使用，若使用者不授权，将无法使用该软件。在这种情况下，为了享受更便捷的软件使用体验，一些用户不得不公开他们的个人隐私。后者的情况则是因为在大数据时代广泛的信息共享的背景下，相比传统的信息传播方式，获取他人信息已经变得非常方便。有些人便会采取不正当手段获取他人的隐私信息。此时，信息主体往往无法有效地掌控个人信息，只能被动承担信息泄露的风险。

（二）损害他人人格

非法获取和泄露他人隐私不仅侵犯了他人的权利，还可能对他们的个人形象产生严重的负面影响。例如，脸书曾损害了其用户的尊严。2012 年，脸书进行了一项秘密实验：将某些与情感反应相关的关键词巧妙地嵌入页面中，以便利用用户在浏览页面时的情感反应来确定他们的情绪变化，从而测试了 70 万名用户对各种复杂信息的反应。该实验为期一周，许多用户知晓后对脸书的举动感到极度不满，认为其涉嫌侵犯个人隐私权。尽管雪莉·桑德伯格（Sheryl Sandberg）迅速为脸书进行的未经用户同意的实验道歉，但脸书仍因为侵犯用户的尊严而遭到了整个行业的批评。这次测试事件引发了社会各界的担忧，促使人们对拥有大量数据控制权的企业和社会组织重新思考，相关企业和组织在使用用户数据时是否应被道德规范和法律法规限制的问题被挑明。

无论如何，脸书的做法都违反了道德准则，他们在未经用户同意的情况下擅自利用大数据的优势，对用户的信息使用和情感表达进行了实验。此行为既侵犯了用户隐私权，又损害了用户的个人形象和尊严。

三、信息分配不公平，数据权利不平等

蒋永福认为，信息不公平指不同信息主体之间配置和占有信息资源的不对等、信息使用的不均衡导致的信息主体之间经济和社会地位差距大，因为差距大又引起信息垄断、信息霸权等更多的不平等。[①] 信息在分配上的不平等和掌握信息的主体之间的差异都会使得数据权利不平等。

（一）信息分配不公平

童星认为，各国经济腾飞之时往往也正是分配严重不公之日。[②] 邱均平表示，从宏观上来说，信息产品作为社会总产品的一部分，它要参与整个社会产品的分配，其分配过程和原则是同社会总产品的分配相一致的[③]。信息是大数据发展的关键因素，在当今时代尤为重要。然而，由于经济原因、政治原因等信息分配并不公平。

因为不同城市、区域的发展程度不同，各地区对信息的需求也会有所不同。在总体层面上，那些信息分发者可能会不公平地分配信息。经济发展水平较高的地区具有更高、更大的信息获取速度和数量，因此更具吸引力，更受劳动力和产业的欢迎，偏远或经济相对薄弱的地区则获取信息较为困难。为了保持经济发展水平较高的地区运转的稳定，信息分发者分配信息时可能会有所偏爱。这种偏爱既发生在地域与地域之间，也会发生在个人与个人、群体与群体之间。这将使得那些有能力获取信息的人可以源源不断获得更多的信息，而那些缺乏获取信息能力的人则只能获得较少的信息，从而导致两个群体之间的差距不断扩大。

（二）信息主体差异化

大数据的发展会受到文化背景、受教育程度和职业类型等因素影响，这些因

---

① 蒋永福，刘鑫．论信息公平 [J]. 图书与情报，2005（6）：2–5.

② 童星．世纪末的挑战：当代中国社会问题研究 [M]. 南京：南京大学出版社，1995.

③ 邱均平．市场经济信息学 [M]. 武汉：武汉大学出版社，2002.

素会影响人们在信息生成、传播和使用等方面的行为。人们对信息来源真实性的认知、辨别信息的真伪、获取信息的途径以及传播信息的价值观受到了文化水平和受教育程度的影响。随着大数据时代的来临，信息的更新速度快，而不同人对信息的观点、理解和认知也不同，因此使用信息的态度也有所差异。另外，职业也会导致信息在个体之间的分配存在着较大的差别。谢俊贵教授曾说，“在三资企业、党政机关就职者获得与拥有信息方面明显优于在私营企业、乡镇企业、其他单位和农村就职者；在事业单位，国有企业就职者也在很大程度上优于在私营企业、乡镇企业、其他单位就职者”。[①] 所处的信息环境往往会影响人们对信息资源的利用水平。对于那些职业与信息产业密切相关的人们来说，拥有更多的信息知识将能够加快他们获取更多信息资源的速度，使他们更加熟练地应对各种信息挑战。

（三）数据权利不平等

在大数据时代，信息不均等地分配会导致某些人、群体或地区独占一部分大数据信息，而其他人则无法享受到相应的好处。这种不公平现象导致了公民在获得信息方面遇到更多的困难，即数据权利的不平等。在进行大数据信息分配时，职业、经济状况和性别极其重要，是影响信息获取的关键因素。而这些因素是个人无法自主决定和控制的。地区差异带来的信息分配不公平，让地区差异越来越大，地区文化和经济会形成自我保护，导致地区和地区之间经济、文化差距更大。此外，不公平的信息分配还会导致信息垄断，使少部分信息主体合法合规地独占信息的掌控权。信息垄断可以被划分为两种类型：一种发生在市场竞争中，另一种则是在非市场竞争中，后者也会对前者产生影响。目前，在全球范围内普遍存在着信息资源分配不公和数据权利不平等的情况。与此同时，获取信息所需的物质和技术条件的差距还在不断拉大，在各种不同的领域和层次都产生了信息分配不公平的现象。信息分配的不公平，会导致部分人群失去获取信息的机会，剥夺他们的信息权利。这可能导致区域间产生利益冲突等，进而对社会稳定产生影响。

四、信息分化威胁社会公平

（一）大数据信息分化

当信息分配不公平时，贫富差距会加大，进而再次加剧信息不公平的程度。

① 谢俊贵．信息的富有与贫乏：当代中国信息分化问题研究[M]. 上海：上海三联书店，2004.

随着大数据的广泛应用，信息分配不公的现象屡见不鲜，其显著表现为信息的分化现象。

谢俊贵认为，“人们之间经济地位和经济能力的不同，必然会造成人们之间一般生活资料消费水平、一般生产活动投资能力以及一般生存方式的巨大差别，而且会造成人们信息消费水平、信息投资能力和信息化生产方式的巨大差别。在当代中国人民之间的收入差距存在并且不断加大的趋势下，人们之间的信息分化不可避免，甚至会愈演愈烈”①。由此可知，人们在主动收集大数据信息的能力上也存在着差距，其中与大数据信息收集相关的最基本的能力表现在使用互联网的能力上。

与此同时，在市场上，信息也会被当作商品进行交易。信息的价值可以根据其价格的高低来衡量。在这一买卖链中，所持信息越多或者处于信息核心区域的人们能够通过信息交换获取更多的利益。在这种情况下，受益越多的人群，其收集信息的热情就会越高，而缺乏信息的人因为接触渠道有限，所以接收到的社会信息量较少，因此利用信息获取的利益也就较少。这种循环导致了贫富差距的进一步扩大。此外，因为信息所具有的能为人们带来利益的商品属性，会使得一些信息主体为获得尽可能多的利益，不讲原则，以非法的行径或不道德的手段造假大量信息、夺取他人隐私信息等。

总体而言，随着社会经济的不断发展和大数据信息市场的日益成熟，社会和政策方面都越来越注重提高信息经济的水平。随着信息经济的持续进步，信息分化的趋势变得越来越明显。

（二）社会公平受威胁

只有在和睦团结的社会氛围下，社会才能够实现长久的稳定和安宁。经济的进步与社会的平衡稳定、公正平等密不可分。在如今的大数据时代，信息的公正性被视为社会公正的一个关键指标。信息的不公正不仅是分配不公的明显表现，而且也会对社会公平产生不利影响。信息分化体现了在信息资源获取、拥有和分配过程中存在的不公平现象，会导致信息资源的富集和利用不公。另外，随着信息分配的差异增加，信息主体的职业、教育和其他机会也会受到影响。如果某些人能够更灵敏地发掘信息资源并具备更出色的信息处理能力，那么他们可能会有更多的职业选择和获得更高收入的机会。反之，则接收的信息较少，面临较少的就业机会。不公平现象，如城乡信息不对称和贫富差距等，是信息分化的直接后果。可见，信息分化对社会的公平性产生了一定的负面影响。

① 谢俊贵．信息的富有与贫乏：当代中国信息分化问题研究[M]．上海：上海三联书店，2004．

五、教育大数据的风险

与医疗、交通等领域相比，教育领域具有较强的复杂性和独特性，因此教育大数据也面临着数据安全、数据应用、数据运营与数据治理等诸多风险。

（一）安全问题

在教育系统、教育设备、教育环境等纷纷融入信息化元素的背景下，教育大数据已成为学校的核心资产，在为学校发挥重要作用的同时，也带来了一些问题。譬如，教育大数据涉及了大量隐私，如果隐私泄露甚至被恶意使用，将会带来很大的数据安全问题，把数据安全的威胁带到教育这片“净土”之上。以美国的教育大数据存储机构 inBloom 为例。这是一个成立于 2011 年的美国非营利性学生数据存储机构，由美国教育工作者、国家领导人、非营利基金会、教学内容与工具供应商共同成立。inBloom 的愿景是让教师对学生有更全面的了解，在节省时间、精力和资源的情况下，实现个性化教学。inBloom 系统的数据来源于学校数据库，这些数据类别繁多，不仅包括学生姓名、学号、专业、班级、考勤、成绩、纪律处分等基本学习信息，还包括一些个人隐私，譬如经济状况、恋爱情况等。在有些分类中，有一些标签令人无法接受，比如家庭关系中有“义父”或“对父亲很重要的人”，转学理由中有“自闭症”“受不了暴力事故”等。学校和教师可以在经过授权的浏览器和应用程序上浏览这些信息，从而使教师能够追踪单个学生，并利用恰当的软件实时地为其设计课程。这些都是 inBloom 对其个性化教学的设想，但由于数据信息的泄露，inBloom 遭到了公众的抗议，仅仅运行了 15 个月便关闭。

公共数据开放已是国际趋势，互联网大数据已融入学校生活的方方面面，教育不仅是一项公益性事业，还属于民生服务体系，教育大数据应实现数据资源适度向社会开放。与此同时，国家应高度重视教育数据的安全管理，加强对教育大数据隐私保护，设立信息隐私认证体系，强化监管指导，对大数据进行更全面的安全保障，严厉打击泄露教育隐私的现象。我国应从体制和技术等多角度出发，建立健全数据生产部门、数据使用部门、数据管理部门的安全管理架构，制定各部门的安全管理细则，保障个体、机构及国家在教育方面的数据安全。我们应当对教育大数据进行实时监测并确保数据安全，在此基础上推出相关的法律法规，严肃处理那些涉嫌侵犯用户隐私和危害数据安全的单位和个人。应当快速推进存储系统的研发进度，专为教育数据而设计，为其提供可信赖的、易于管理的、极具灵活性的数据存储解决方案，以满足教育大数据的需求。根据教育系统保密工作的实际需要，区分教育数据的保密等级，根据具体等级采取相对应的保密措施。

（二）应用问题

大数据是互联网与信息技术发展的产物，能够对教育领域产生极为重要的影响和作用。随着教育大数据的快速发展，人们的思维认知与学习方式都发生了很大的变化。当前，社会已逐渐意识到大数据在驱动区域教育均衡发展、教育管理科学化、教学模式改革、个性化学习实现、教育评价体系重构、科学研究范式转型等方面的应用价值。例如，当前我国已将教育大数据应用于学校资产智能管理、大学报考难度预测、经济困难学生预警、大学生就业难度衡量等方面，但整体来说，我国教育大数据的应用还处在起步和摸索阶段。为了加快教育大数据应用的步伐，我国应充分借鉴国外教育部门在推动教育大数据应用上的成功经验，尽早制定出相关规章制度。通过法律和战略措施不断推进教育大数据的应用和普及，以促进教育领域的发展；收集并分享成功的教育大数据应用案例及经验，总结已有的成功经验，培育并推广一批教育大数据应用的先进典型，讲好“教育大数据应用故事”，做好各类型宣传教育工作，积极引导全国各地的教育机构和学校更好地利用教育大数据，实现合理应用；成立由多学科人员组成的教育大数据研究机构，致力于研究教育大数据在推广应用中遇到的问题，同时开展相关前瞻性研究。

（三）运营问题

教育是贯穿于社会发展的一项基础工程，是对年轻力量的培养。当前，教育行业已发生了翻天覆地的变化，教育大数据作为一种无形资产，应受到国家保护，其使用权和所有权属于所有公民，应适度向民众开放。适度、合理地向民众开放教育数据，不仅能提高大众对教育大数据的认知，能引导学校和研究机构充分应用教育大数据，还能鼓励企业和个人挖掘教育大数据的价值，从而促进教育发展。教育大数据的安全性十分重要，要充分探讨和论证教育大数据的开放对象、开放范围与开放程度，保障教育数据使用的合法性与安全性。针对官方机构和非官方机构，应设立不同的教育大数据使用权限：对于官方机构，政府应制定教育大数据运营商的门槛标准，并按照通信服务模式为合格的公共机构发放营业执照，以此管理教育大数据领域的市场。这种方式可以确保教育信息的机密性和准确性；而对于非政府的机构，其使用教育大数据时需要得到许可和监管。

（四）治理问题

信息时代会生产数量巨大、类型多样的教育大数据，要想发挥教育大数据的巨大效用，就要思考如何做好教育大数据的治理工作。教育大数据治理可以确保教育数据的安全性和隐私性，使其合法共享，并不断提高数据的可靠性和准确性。相关大数据部门都应该强化“数据治理”理念，学习“数据治理”精神。我国应尽快出台教育大数据治理的相关法律法规，制定明确的数据治理体系以及具体的标准与措施，形成教育数据采集标准与质量管理标准，为教育大数据的获取、挖掘、整理、可视化、分析、归档、保存等保驾护航。通过出台数据管理办法、建设基础数据交换平台、统一服务门户和身份认证、建成教育大数据决策支持平台等方法，规范相关数据的采集与汇聚共享，打通汇聚壁垒，构建数据生态，发挥行政部门、学校、教育机构、企业、个体等不同主体的创造性，引导社会力量共同参与教育大数据的治理与创新。

第四节　大数据发展的时代意义

观察我们今天的社会可以发现，大数据时代所带来的转变有三。第一，我们可以分析更多的数据，有时候甚至可以处理和某个特别现象相关的所有数据，而不是依赖于随机采样。第二，研究数据如此之多，以至于我们不再热衷于追求精确度。适当忽略微观层面的精确度，将带来更好的洞察力和更大的商业利益。第三，不再热衷于寻找因果关系，而是事物之间的相关关系。例如，不去探究机票价格变动的原因，但是关注买机票的最佳时机。随着大数据的出现，企业不再受传统数据限制，商业智能得以拓展到企业外部的各种数据领域。大数据使数据来源的多样性增加，它既包含企业内部数据，也涵盖了与消费者有关的数据，支持人们更全面地获取信息。

随着大数据技术的不断发展，企业对数据的开发和应用越发重视，以期从中获得更多的市场机遇。通过采用大数据技术，企业可以显著增强数据的精确性和实时性。此外，还能降低企业在交易过程中所承担的不必要的成本。通过采用大数据分析技术，企业能够处理大量的数据并进行深入的分析，更高效地挖掘市场机遇和加速产品研发。这不仅可以提高商业模式、产品和服务的创新能力，还可以增强商业决策能力并降低经营风险。

一、挖掘市场机会

借助大数据分析技术，企业能够更加精准地掌握机遇和细分市场，并据此为每个群体提供具有针对性的解决方案。为了得到有价值的产品概念和创意，必须收集消费者的相关信息，了解市场趋势，以及挖掘人们潜在的消费需求和预测未来的产品方向。要成功开发出满足未来需求的产品，必须深入了解消费者的生活方式和潜在喜好。只有了解消费者的生活密码，才能揭示他们背后的真实需求。运用大数据分析技术，能够发现前所未有的潜在客户，寻找最优的供应商，探究销售季节的变化规律，并推动新产品的开发。

随着数字革命的不断发展，企业营销者所面对的困境已经发生了转变，从最初的如何定位潜在客户，转变为如何在不同的时空背景下深度了解潜在客户的需求；从过去以单一或分散的沟通方式与消费者接洽，到现在通过即时响应满足他们的需求，与他们建立更深层次的伙伴关系。如今，消费者和商家互信互赢，逐渐建立了超越买卖的关系。

通过对大量数据进行深入分析，企业能够大幅提高数据的准确性和实时性。企业可利用大数据分析技术来深入了解市场，并从中找到机会进行更精细的市场划分。这有助于企业缩短产品研发周期，提高商业模式、产品和服务的创新能力。此外，利用大数据分析技术，企业能够极大地增强其商业决策能力。对于企业来说，大数据在整合资源、调整市场、制订精准的销售计划、减少经营风险等方面具有重要的意义。

企业可以根据用户的网络浏览行为、兴趣偏好等数据，为每个用户打造一份独特的“数字画像”，以此为基础给具有相似特征的用户提供精准服务，以满足其个性化需求。这会大幅减少企业和用户之间的沟通成本。比如，滑雪场对没有滑雪经验的客户群体进行画像分析，可将其客户群体细分为害怕滑雪的、对滑雪无所谓的和想滑雪的人。在想滑雪的人中，又有高收入且能够承担滑雪费用的人。因此，该滑雪场就可专注于拓展高收入人群中尚未体验过滑雪的人群，这些人对滑雪持有积极的态度。通过对这些人进行个性化定制、精准营销，能获得更为显著的成果。

二、提高决策能力

眼下，大部分企业管理者更愿意基于个人经验和直觉做出决策，不太倾向于利用数据分析提高决策的精准性。在过去信息不充分、获取代价昂贵、数字化不普及的时代，让掌握更多信息的高层人士做出决策是可以理解的；但现如今大数据时代，必须依靠数据才能做出更加科学合理的决策。

各行业通过利用大数据可以做出更为准确的商业判断，进而提高自身商业价值。大数据从诞生开始就是站在决策的角度的。虽然各个行业的运营方式和所涉及的数据管理存在很大差异，但是从数据的获得、整合、处理和应用以及服务推广方面来看，各行业的模式相似。

依据大数据做出决策的特征有以下三点。首先，决策依据的信息量增大使得决策更加理性。随着数据被越来越广泛地使用，人们需要更加充分的信息来做决策，越来越多的人开始采用以数据为基础的理性决策方法，而盲目决策则逐渐减少。其次，决策过程所涉及的技术和知识含量显著提升。云计算的引入解决了人类被海量数据淹没的问题，同时也提升了我们处理大量数据并获得有益决策信息的效率。最后，大数据分析技术的出现，使得我们可以找到以前无法解决的重要问题的解决方案。如对于某些药品，只有通过分析数十年内积累的大规模病历数据，才能准确评估其疗效和副作用，这是仅靠过去的小样本无法做到的；再如，为了找出最佳的减税政策方案，可以收集企业、居民和政府的大量数据，了解他们的决策和行为，进而完成宏观经济计量模型的构建等。

大数据的决策功能还能体现在数据资源系统上。建立跨行业的公司数据资源系统，用于分析处理现有和历史数据，并将其与公司关键业绩指标相结合，即可把业务数据变为管理数据，为领导层提供决策支持，实现知识转化和优化管理。

利用大数据技术，经济决策机构能够在宏观层面更精准地把握经济发展趋势，从而更理性地制定和执行经济政策。利用大数据技术，企业在微观层面上能够极大地优化决策，激发出更多创新思维，并在实践中创造出真正有价值的成果，从而为企业和其所处的行业带来显著的利益。

三、创新管理模式

目前，还有多少企业会强调员工必须绝对服从上级命令呢？还有多少企业仍然采用传统的方式，在组织中任命大量的中层管理者来承担管理下属和传递信息的职责？还有多少企业仍然禁止员工彼此讨论薪资？《华尔街日报》认为此类做法已经陈旧，过于约束、互相猜测会降低企业的效率。有学者曾将企业内部比作资源支出和使用中心。若企业无法实现内部协作或有效控制管理成本，那么在竞争激烈且快速变化的市场环境中，企业该如何才能存活、发展呢？

随着金融、教育等领域对大数据和移动网络的个性化服务的要求日益提高，企业的生存已经离不开创新。在这种情况下，我们应该改变过去重视工业时代规则的方式，打破封闭式的组织结构和决策渠道，以适应时代背景。如今，个人已经可以使用传感器来监测身体状况并进行自我评估，那么企业也应该建立相应的传感系统，检测自身的健康状况。

现今信息时代中，机器的效能主要受制于芯片、储存、处理能力和程序有效性。现在的管理则不再侧重于系统的完善，而是开始注重激发员工的思维和个性，对信息流程进行优化，从而促进员工创新能力的提升。

在管理领域，信息搜集和传播是其核心的内容。而大数据技术的真正意义在于挖掘信息之间的关联，从而探索新的知识和创造更多的价值。两者在这一方面极为相似，可以说，大数据的特点与企业管理高度相融合，大数据已经成为企业管理中不可或缺的工具。信息作为一种资源对企业来说珍贵无比，为了帮助企业做出更好的发展规划，我们可以应用大数据技术，充分利用其提供决策支持的潜力。

随着大数据时代的到来，各行业广泛应用了大数据技术，且将其视为企业战略中必不可少的重要资源。利用数据分析和挖掘，可以在库存和物流方面降低成本，同时改善决策流程，进而发掘客户需求并有针对性地进行维护。另外，通过对业务流程中的中间数据和结果数据进行分析，可以发现流程的瓶颈和关键节点，进而进行优化，提高服务水平，提高工作效率并降低成本。此外，通过在各相关部门之间共享大数据成果，还可以提高整个管理和产业链的投资回报率。

四、促进个性化发展

对于个人而言，大数据可以为其提供定制化的医疗服务。借助于手机和移动网络技术，我们可以及时监测自己的生理状况。一旦发现不正常的情况，可通过手机获得提醒，并与数据库对比从而与对症的专家联系，进而丰富我们的治疗选择。

在过去，医生只能依据患者目前的身体状况做出诊断和治疗计划。随着大数据技术的发展，未来的医疗领域将能够利用患者的历史数据、遗传变异、易感疾病和药物反应情况等综合因素，制订更加个性化的治疗方案。我们可以进行早期的检测和诊断，若能及时发现并治疗癌症的早期病变，会大幅减轻经济的负担，此时所需手术费用仅相当于后期治疗费用的一半。

此外，在教育界，传统教育模式中将成绩作为了唯一的评价标准。每个班级内通常会有数十名学生，他们同用一本教材，接受同一位教师的授课，并得到一样的作业。然而，由于每个学生都有较大的差异性，想通过这种教学模式实现“因材施教”的目标是不现实的。

例如，一个学生获得了 90 分，这个数字代表了他在这次考试中的得分，还可以表示该学生的学习成绩、努力程度或能力水平。如果将家庭背景、努力程度、学习态度、智力水平等因素带入考量，我们可以将其与 90 分相关联。由于大数据可以从广泛的数据来源获取数据，因此它具备了观察每位学生微观表现的能力。它可以记录学生何时开始阅读，分析哪种教学方法最适合他们，以及在何时学习某一学科或练习哪一类型的题目效果最好，等等。这些数据仅适用于特定的对象，极具针对性。这些数据是在学生日常的学习和生活活动中自然产生的，并不会对学生产生干扰。它们涵盖了课堂表现、作业情况以及师生或同学之间的互动。采集这些数据时，会使用到观测技术和设备，这种数据的收集方式非常真实和自然。大数据技术在教育领域的应用，可以开创全新的学习模式，如灵活的学习机制、个性化的辅导方式以及家庭和社区的合作学习等，能够有针对性地帮助学生更好地实现成功。通过大数据技术，我们的教育可发掘每个人的独特潜力和才华，让每个在学习能力上体现出差异的学生获得对自身而言最大的成就。

另外，“大数据之父”维克托（Viktor）对中国政府提出了建议，即中国政府应该加强其数据库建设。从以前到现在，政府支持产业发展的方式已经发生了变化。过去，政府主要通过财政补贴来支持产业的发展，而现在，政府更倾向于提供数据库等资源来促进创意服务行业的发展。在美国，政府为企业提供了一系列基于数据库的服务，其涉及的数据包括机场和高速公路数据，以及预测航班延误的概率，等等。这些服务能够协助个人和消费者更高效地策划旅程。这种公共大数据的应用为创新带来了巨大的推动力。

五、变革商业模式

随着大数据时代的到来，一种以数据为核心的全新商业模式正在快速兴起。信息技术产业的楷模将是那些具有敏锐市场洞察力和快速行动能力，并且能够不断创新大数据商业模式的企业。

通过利用大数据，企业可以开发全新的产品和服务、提高现有产品和服务的品质，并进一步探索崭新的商业模式。在信息技术产业的发展过程中，每一次概念和技术上的变革似乎都为新的商业模式的兴起提供了机遇。在国内，我们以主营金融服务的阿里巴巴为例。阿里金融（阿里巴巴旗下独立事业群体）采用了一种创新性的模式，使用客户的信用数据和行为数据创建了网络数据模型和信用评估系统。这种模式颠覆了传统的金融服务方式，不再需要提供抵押品或者担保来获取贷款，唯一需要的是数据。这种方法可以帮助那些资金短缺的企业和个人快速获取所需的资金。凭借创新的商业模式和强大的大数据技术，阿里金融颠覆了传统商业模式，对银行业提出了较大的挑战。

除此之外，企业可以借助大数据技术整理、开掘和分析海量数据，搭建高度结构化的数据体系，以此提高企业的架构和管理机制的完备性。随着消费者对于个性化服务的追求日益强烈，大数据技术的作用在各行各业越加显现，并已经开始对大部分公司的发展方向和商业方式产生影响。例如，运用大数据技术和优化柔性制造技术，可以提高个性化定制生产的效率和品质，进而促进制造企业升级和改进；借助大数据技术，可以打造现代化物流系统，效率远超传统物流企业；大数据技术的应用还可以全面评估企业的信用状况，提高金融行业中资金的使用效率，同时还能够改变传统金融企业的运营方式等。

以往，小型企业通常需要通过多层中间渠道，如国内出口商、国外进口商等，才能成功将产品销售到海外市场，最终到达消费者手中。现在，小型企业则可以利用大数据平台，直接向客户销售产品，省去中间环节，交易成本比过去少了。以淘宝为例，每日成千上万的商品交易皆会被系统记录，包括交易时间、商品价格以及购买数量等信息。这些数据还可与消费者及销售者的特征信息（如年龄、性别、地址和爱好等）相匹配。借助数据分析，淘宝可以精准地展示店铺排名，并根据用户的需求推荐更恰当的商品。另外，根据过去的销售记录和淘宝指数，商家可以透明地管理产品设计、生产和供应，以达到控制成本和增加收益的目的，从而减少风险。在这个过程中，消费者也能获益。

六、驱动和谐社会

在大数据研究领域，美国一直处于世界前列，其已经应用了大数据技术进行社会治理，并取得了显著的进展，促进了社会发展的和谐稳定。

近年来，我国各地也开始加速推进“智慧城市”建设。“智慧城市”是综合考虑多个方面的概念，涉及智能安全、智慧电力、智慧交通、智能医疗，以及环境保护等各个方面的建设。为了支持这些应用，大数据技术发挥了至关重要的作用，可以说大数据是实现“智慧城市”的重要基石。

治安领域已经开始应用大数据技术，以进行信息监控管理和实时分析、预测犯罪模式和趋势等方面的工作。一些城市如北京、临沂等已经开始实践这种技术，加大了对犯罪的打击力度。

应用数据分析技术，交通行业可整合公交、地铁、停车场收费站和视频监控等信息，推断通勤规律并对公交路线的设计进行规划，从而实现车辆资源的更优化、流量的更和谐和拥塞状况的及时处理。这种做法可以有效缓解城市交通的压力。

此外，我国的部分省市还将大数据技术应用在医疗领域的病历档案的数字化上。汇集和审视病历数据及患者身体征象，有助于推进远程医疗服务的发展，并为医学研究提供数据支持。另外，医疗领域还能结合保险数据设计商业和公共政策的方案。

随着“智慧城市”发展的加速，政府已着手推进大数据应用的落地。这一措施积极地推动了大数据产业的发展，并扩大了社会和大众对大数据的市场需求。各行各业已开始显现出对大数据进行应用的实际效应。

七、预判未来趋势

“玛雅预言”作为一个预言是基于一定的天文知识得出的，但它除了引发对电影《2012》的热议以外，并没有对人的生活造成太大的影响。不同于过去的玛雅人，如今我们使用大数据技术可以更加方便地分析目前能源、环境和气候等多种因素的影响，有朝一日或许真的可以结合工业生产和生活方式，推算人类在地球上的存续时间。《第三次工业革命》中深度探讨了这个问题，并指出在精准预测后，人们或许会发现当前的模式陷入了僵局，从而需要进行系统优化。通过这种方式，人类可以进行一些变革，以更好地适应时代的发展。

通过结合之前的情境研究，不断进行系统优化，将赋予系统生命力。在此过程中，大数据则扮演着系统的“血液”和“神经系统”的重要角色。通过深入挖掘大数据，我们可以更全面地了解系统和机体之间的融合程度，这让我们能够有效地掌控接下来的步骤，提出长期的维护和优化策略。可以这样说，网络和大数据被认为是人类社会的“智慧之源”，推动着社会、经济和科技的不断进步。有了大数据的支持，个体之间的联系变得更加密切，交互过程也更加便捷，而各种交易的成本也因此大大减少。利用大数据，厂商和服务提供商可开发更贴近消费者需求的服务，同时还可以提高其机构内部管理的水平。这种情况类似于社会获得了“血液循环系统”和“神经元系统”，从而焕发出真正的生命力。

从之前提到的行业典型的大数据应用案例和场景中，我们可以明确大数据的主要价值。利用大数据分析技术，我们可以对现实世界有更全面的认识，了解其对商业模式变革的深刻影响，尤其是关于市场营销和生产制造领域的影响。数据本身就带有很大的价值，大数据的出现为人们带来了各种新的商业机遇。在当前这场变革中，没有任何一种行业能够摆脱大数据对其产生的影响。

随着社会的发展，数据量呈现爆炸式增长，获取和高效分析这些数据显得尤为重要。在商业竞争激烈的环境下，许多企业必须依据历史数据做出预测，以做好未来的经营策略规划，调整运营模式或者做出相应的利用措施。大数据技术的掌握与否可以直接关系企业甚至国家的生死存亡。也因此，目前企业和国家都开始探索和应用大数据。

显而易见的是，随着大数据在各行各业中的应用日益广泛，大数据正体现出巨大的实用价值，已经影响到金融、教育、医疗、政府等多个领域。有些人或许会想知道，是谁直接推动了这些具体价值的实现？回答：以大数据为核心的综合服务公司。其包括三种类型，分别是提供大数据解决方案的企业、提供大数据处理服务的公司和提供数据资源的机构。它们提供各种类型的服务、策略和数据资源，以满足大数据应用领域的需求。

在未来，人类的思维方式、生活方式以及商业规则，将因大数据而发生深刻的转变。这一变革将带来社会的根本性变化，大数据已经是国家未来发展的重要战略之一。

八、描述价值和时间价值

在通常情况下，描述数据是以一种标签的形式存在的，这也是数据从业者在日常生活中做的最为基础的工作。一家公司一年的营业收入、利润、净资产等数据都是描述数据。在电商平台类企业日常经营的状况下，描述数据包括交易额、成交用户数、网站的流量、成交的卖家数等。可以通过数据对业务的描述来观察交易活动是否正常。

描述数据对具体的业务人员来说，能够使其更好地了解业务发展的状况，让他们对日常业务有更加清楚的认知；对于管理层来说，经常关注业务数据能够让其对企业发展有更好的了解，以做出正确的决策。

发挥描述数据价值最好的一种方式就是分析数据的框架。在复杂的数据中提炼出核心点，让使用者能够在极短的时间里看到经营状况，同样，又能够让使用者看到更多他想看到的细节数据。分析数据的框架是对一个数据分析师的基本要求——基于对数据的理解，对数据进行分类和有逻辑的展示。通常优秀的数据分析师都具备非常好的数据框架分析能力。

如果不是第一次在某一购物平台上买东西，曾经的历史购买行为，就会呈现出时间价值。这些数据不仅会对被购物品进行描述，还会呈现出客户在这一段时间轴上买过什么，以便让网站对其将要买什么做出最佳预测。

在考虑了时间的维度以后，数据能够产生更大的价值。对于时间的分析，在大数据分析中是一个非常重要但往往也是比较有难度的部分。

大数据非常重要的一个作用就是可以基于大量历史数据进行分析，而时间则是代表历史的一个必然维度。数据的时间价值是大数据运用最为直接的一个体现，通过对时间的分析，可以很好地归纳出一个用户对于一种场景的偏好。知道了用户的偏好，企业对用户做出的商品推荐也就能够更加精准。

第二章　高校学生管理工作的相关理论

本章为高校学生管理工作的相关理论，分为高校学生管理概述，高校学生管理的指导思想、原则与方法，高校学生管理的对象、基本任务和研究方法，高校学生管理的权利和义务，高校学生管理工作流程几个部分。

第一节　高校学生管理概述

一、高校学生管理的内涵

高校学生管理是指高校按照国家的政策法规、教育方针，高校的管理人员通过预测、组织等不同的方式和手段，对人、财、物等诸多内部因素进行科学管理，核心宗旨是为国家培养出更多优秀的专业人才。高校在实施管理的过程当中，一项十分重要的工作就是高校学生管理，这是学校管理工作的重中之重，它具有极其丰富的内涵。第一，高校学生管理工作的对象是大学生群体，学生管理工作就是要掌握青年学生的思想变化，通过对学生生理、心理、知识、能力、兴趣等进行把握，分析影响、掌握规律。第二，高校学生管理工作还要分析管理者本身（做学生管理工作的人员）。管理者本身需要具有相应的学识、能力、业务素质等，高校要注重对管理者的培养和管理队伍的建设。第三，高校学生管理工作的管理体制、管理方法、管理原则、管理目标、教育目标、学生课外活动、国家教育法规政策等都是高校学生管理工作要研究的对象。

二、高校学生管理的内容

广义的高校学生管理主要包括以下六方面的内容。

（一）学生学籍管理

学生学籍管理是指对取得高校入学资格的学生，从入学注册、成绩考核与记载、升级、降级、转学、休学、停学、复学、退学、奖励、处分、毕业等方面的管理，在制定有关规章制度的时候以中国共产党的教育方针政策、教育自身规律、学生成长特点为基础，实现对高校学生学籍的管理与优化。在高校学生管理的过程中，学籍管理作为不容忽视的关键环节，发挥着非常重要的作用，尤其是在管理高校学生学习的整个过程中发挥着巨大作用。除此之外，在提升教学质量、稳定教学秩序等方面，同样发挥着重要作用。高校学生的入学注册、成绩考核等均属于学生学籍管理的范畴。

（二）学生活动管理

学生活动实际上是高校充分利用学生的课余时间，有序组织、安排以及鼓励学生积极、主动参与的一种教育活动，并且该项活动并不在教学大纲与计划之内。高校管理者要想在管理中使学生全面、健康地发展，必须借助不同的手段和方式，并加以灵活运用，以构建多种参与渠道，有序组织和鼓励学生参与不同类型的活动，不断加强对学生活动的科学管理，同时开展德、智、体、美等教育，从而帮助学生不断向着健康的方向发展。高校组织的科技活动、体育活动等均属于学生活动的范畴。高校在管理学生活动的期间，一定要严格遵循计划性、动态性等特点。

（三）学生奖惩管理

学生奖惩管理主要是高校为了实现培养优秀人才的核心目标，以学校相关规章制度为前提，严格遵循奖优、罚劣的原则，根据学生表现及时奖励或者惩罚学生。高校在教育管理中主要采取奖励和惩罚两种手段，它们可以从多个层面和角度对学生的一系列行为与思维产生诸多影响。无论是奖励学生还是惩罚学生，就实际意义来说均是教育学生，是为了让他们得到更好的发展和成长。

其中，奖励学生就是对学生在日常生活和学习中思想和行动的积极因素进行鼓励和认可，同时按照高校规章指定的方式，给予学生物质或者精神方面的表彰和奖励，从而使被奖励的学生起到很好的模范作用，以激励更多的学生向他们学习，形成积极向上的价值观、人生观以及世界观，最终实现鼓励先进和发扬正气的教育目的。惩罚是为了纠正学生的消极思想和行为，根据不良行为的严重程度以及相关规定，对学生做出适当的批评教育或者处理，旨在帮助学生更好地明确是非、改正日常生活之中的一些错误行为和思想。通常情况下，奖励可以分为两种，一种是物质奖励，另一种是精神奖励。其中前者主要包括奖学金等，后者主要包括优秀团员、三好学生等荣誉称号。惩罚主要包括记过、警告等。高校在开展学生管理的时候应该努力规范奖惩管理制度和工作，这样可以充分激发高校学生长时间遵纪守法、勤奋学习的高度自觉性，进而提高科学管理水平。

（四）学生助学管理

学生助学管理指的是高校为支持贫困学生完成学业及帮助他们维持日常生活而专门制定的一系列政策和措施，如减免学费、困难补助等。现如今，随着我国对高等教育重视程度的不断提升，其形势与以往相比有着较大的变化，具体表现在高等教育不断向着大众化和普及化的方向发展。随着高校的持续扩招，在学生管理过程中会出现很多的问题，其中贫困学生问题变得尤为突出，所以帮助贫困学生解决日常生活中遇到的困难以及学费问题等，已经成为高校和贫困学生共同面对的挑战，学生助学管理工作也理所当然成为高校学生管理不可缺少的内容。

（五）学生行为管理

学生行为管理作为高校学生管理的重要组成部分，是学校对学生日常生活当中的一系列行为进行有目的、有计划和有组织的科学管理。高校经过全方位调研之后，结合自身发展的实际情况，制定一套完整的规章制度或条例，一方面更好地规范高校学生在日常生活和学习中的行为，积极引导他们树立正确的世界观、人生观以及价值观，同时促使他们养成良好的学习习惯；另一方面还可以提高高校学生遵纪守法、维护学校和社会稳定的自觉性，使之成为一名文明守规的优秀学生，得到更好的发展。

（六）学生就业管理

高校通过多种管理措施，确保毕业生在离开学校之后，顺利过渡到社会之中，并且积极参与工作的行为，我们通常称为学生就业管理。高校学生就业管理的工作涵盖了多个方面，如毕业生思想教育、毕业生派遣等。

随着经济全球化进程的不断加快，我国市场经济体制受其深入影响得到不断的优化和完善，同时高等教育改革的进度也在其影响下不断加快。高校学生就业管理工作作为高校学生管理的关键内容，受到高校的高度重视，并在多种因素的影响下经历了一系列变革。高校对学生就业管理工作重视程度不断提升，采取了多项有效措施，推动毕业生就业指导和服务工作顺利开展，如创办专门为即将毕业学生提供服务的就业指导中心等，从而为他们的未来职业规划以及步入社会之后能够更好地就业，提供有效的指导、服务和帮助。

三、高校学生管理的价值

若将高校管理工作视为一个完整的系统，则学生管理工作就是一个子系统，它主要是将学生管理的理论和实践结合在一起。这项工作在高校管理工作占据非常重要的位置，不容忽视。自中华人民共和国成立以来，我国对高校学生管理工作给予高度关注，采取不同的策略和手段，用于完善和优化学生管理工作，并通过不断的实践最终发现，要想实现对学生的成功管理，应该始终坚持并贯彻将马克思主义理论作为高校开展学生管理工作具体指导的做法，同时结合实际国情，跟随时代发展的脚步，顺应时代潮流。除此之外，高校在开展学生管理工作当中也应该严格遵循管理的内在规律，对学校的特点进行全面的把握，从而确保在学生管理工作之中产生更积极的效果，培养出更多的优秀学生。

（一）社会价值

高校学生管理的社会价值，是指高校学生管理对社会运行与发展的作用和意义，即高校学生管理的属性和功能对社会运行与发展需要的满足。高校学生管理的社会价值集中表现为：它是培养中国特色社会主义建设合格人才的重要手段，是构建社会主义和谐社会的内在要求。

1. 培养合格人才

中国特色社会主义事业的发展，不仅需要高水平的专业人才、高素质的劳动人才，更需要大量的创新型优秀人才。高等学校是人才培养的重要基地，其中心任务就是要为中国特色社会主义建设培养合格的专门人才。而高校学生管理则是高等学校人才培养工作的重要手段，在培养合格人才中发挥着不可或缺的作用。

维护正常的教育教学秩序。高等学校的教育教学活动总是按照一定的制度和规章有目的、有计划、有组织地进行的，建立和维护正常的教育教学秩序是高等学校进行教育教学工作的内在要求和基本条件，这就需要有严格的、科学的管理。高校学生管理是建立和维护正常的教育教学秩序的重要保证。没有有效的高校学生管理，就不可能有正常的教育教学秩序。

激励、指导和保障学生的学习行为。高等学校教育教学的过程是教师与学生互动、教与学辩证统一的过程。其中，教是主导，学是关键。学习是大学生的主要任务，是大学生能否成为合格人才的关键。而高校学生管理则对大学生的学习行为起着重要的激励、指导和保障作用。

培养学生的思想品德。中国特色社会主义建设所需要的合格人才不仅要具备良好的专业知识和能力素养，还要具备良好的思想品德。培养大学生良好的思想品德，不仅需要深入细致的思想政治教育，还需要有效的管理。大学生各个方面还未成熟，发展尚未稳定，加之各个学生的思想基础不同，接受教育的积极性和自觉性各不相同，因此，大学生自我管理、自我约束的能力尚有欠缺并存在差异，需要来自学校的外部管理。

2. 构建和谐社会

实现社会和谐，始终是人类孜孜以求的社会理想，也是中国共产党和中国人民不懈奋斗的重要目标。高校学生管理作为对大学生这一特殊社会群体提供引导和服务的社会活动，在构建社会主义和谐社会中发挥着重要作用，具有特殊的价值。

第一，高校学生管理是维护社会稳定、实现社会安定有序的重要保证。切实加强高校学生管理，正确引导大学生的社会活动和政治行为，妥善解决大学生在学习、生活、交往和就业中碰到的各种矛盾和问题，及时处理大学生中发生的各种突发事件，以保持高等学校的稳定，对于维护社会稳定、实现社会安定有序具有重要意义。

第二，高校学生管理是构建和谐校园的重要手段。高等学校是现代社会中不可或缺的重要社会组织，担负着培养人才、推进科技进步、传播先进文化的重要责任。高校借助不同手段致力于建设更加和谐的校园，一方面是推动和促进高校进一步发展的内在需求，另一方面也是实现社会主义和谐社会的一项必要条件。加强高校学生管理，引导和组织大学生积极发挥建设和谐校园的主体作用，是构建和谐校园的重要保证。

通过高校学生管理，建立和维护学校正常的教育教学秩序和生活秩序，加强学生的安全教育和管理，保障学生的身心健康，妥善地处理学生中的突发事件，努力建设平安校园，才能使校园实现安定有序。通过高校学生管理，引导和督促学生自觉维护校园环境，节约使用水、电等各种资源，才能使校园成为人与自然和谐共处的生态校园。

第三，高校学生管理是促进大学生集体和谐发展的重要手段。大学生集体的和谐发展，不仅直接关系着大学生个体的健康成长和全面发展，也直接关系着高等学校的和谐稳定和科学发展。高校学生管理包含着对大学生集体的管理，因而在促进大学生集体和谐发展中具有十分重要的作用。

（二）个体价值

高校学生管理的个体价值，是指高校学生管理对大学生个体成长与发展的作用和意义，即高校学生管理的属性和功能对大学生个体成长与发展需要的满足。高校学生管理的个体价值主要表现在引导方向、激发动力、规范行为、完善人格和开发潜能等几个方面，下面主要介绍引导方向、规范行为和开发潜能三个方面。

1. 引导方向

高校学生管理具有突出的引导方向功能，对大学生的成长和发展起着重要的导向作用。高校学生管理的导向作用，主要表现在以下三个方面。

首先，引导政治方向。政治方向是政治立场、政治观念、政治态度、政治品质和政治信念的综合体，是人的素质中的首要因素，决定着人们思想和行为的基本倾向。

其次，引导价值取向。人们在生活或者学习中遇到并处理各种冲突、矛盾和关系的时候，通常情况下会根据自己的价值观，表现出最基本的价值态度、立场或者倾向，这就是所谓的价值取向。价值取向支配着人的价值选择，制约着人们思想和行为的方向。引导大学生掌握社会主义核心价值体系，坚持正确的价值取向，有着尤为重要的意义。如前所说，鲜明的价值导向是高校学生管理的一个显著特点。高校学生管理通过坚持和贯彻体现社会主义核心价值体系的管理理念，制定以培养社会主义建设合格人才为根本宗旨的管理目标体系和管理规章制度，对大学生的价值取向发挥了重要的引导作用。

最后，引导业务发展方向。引导大学生确定既符合社会需要又符合自身实际的奋斗目标，明确业务发展的方向，可以引导他们把自己的主要精力和时间投入实现既定目标的业务学习和实践活动之中，从而促进他们早日成才。高校学生管理在引导大学生业务发展方向方面的作用集中表现在：通过对学生学习活动的指导，引导学生根据相关专业的要求和自己的兴趣爱好，确定专业学习的目标，从而明确在专业学习方面努力的方向；通过对大学生职业生涯规划的指导，引导学生根据社会需求、职业发展的趋势和自身的主观条件与愿望，确定自己的职业理想，从而明确自己职业生涯发展的方向。

2. 规范行为

高校学生管理的一项重要任务就是要科学制定和严格执行各项管理规章制度和纪律，以规范大学生的行为，促使其形成文明的行为方式和良好的行为习惯。高校学生管理在规范大学生行为方面的作用，主要是通过以下三种路径实现的。

第一，加强制度建设。制度建设是高校学生管理的重要内容。高校学生管理中的制度建设，就是要依据社会发展要求、人才培养目标和大学生健康成长与发展的需要，科学制定和不断完善各项规章制度，使大学生明确应该做什么、不应该做什么，应该怎么做、不应该怎么做，并引导和督促大学生用此规范自己的行为，逐步形成文明的行为方式。教育部发布的《高等学校学生行为准则》和2017年修订的《普通高等学校学生管理规定》，是现阶段高校学生管理的基本规章制度，为规范大学生行为提供了基本的准则。

第二，严格纪律约束。纪律是一定的社会组织为实现组织目标而要求其全体成员必须共同遵守并具有组织强制力的行为规范。它是建立正常秩序、维护组织成员共同利益的重要手段，是完成各项任务、实现组织目标的重要保证，因而成为高校学生管理中不可或缺的手段。在高校学生管理中，严格执行学习、考试、科研、集体活动、校园生活、安全保卫等各个方面的纪律，从而约束和调整学生的行为，并对违纪学生及时做出恰当的处罚。严格的纪律约束可以有效地引导和规范学生的行为，促进其良好行为习惯的养成。

第三，引导自我管理。自我管理是高校学生管理的重要路径。自我管理的一项重要内容就是要启发学生的自觉性，引导学生自觉遵守管理制度，主动地用符合大学生行为准则规范的行为，实行自我约束和自我监督。这种自我约束和自我监督，既表现在大学生个体的自我管理中，也体现在大学生群体的自我管理中。在大学生班级、寝室、社团等群体的管理中，充分发挥学生的主体作用，引导学生在民主讨论的基础上，形成全体成员共同遵守的规章制度，并相互监督执行，不仅有助于营造良好的群体氛围，实现群体的目标，而且还有助于提高全体成员规范和约束自己行为的自觉性。

3. 开发潜能

人的潜能是指人所具有的有待发掘的处于潜伏状态的能力，它包括人的生理潜能、智力潜能和心理潜能。人的潜能是人的现实活动力量的潜伏状态和内在源泉。人的能力的发展，在一定的意义上，也就是开发潜能，使之转化为现实活动力量的过程。人的潜能是巨大的。大学生正处于人生发展的关键时期，着力开发他们身上所蕴藏的丰富潜能，将他们内在的潜能转化为从事社会建设的实际能力和现实力量，从某种程度上来说是开展学生培养工作的一项重要使命。培养更多优秀的学生是高校学生管理工作的重要任务之一，高校学生管理可以将学生内在方面的潜能淋漓尽致地发挥出来。高校学生管理在开发大学生潜能方面的作用，主要通过以下三种途径实现。

第一，指导学习训练。学习和训练是开发潜能的基础。只有通过系统的学习和训练，掌握必要的知识和方法，才能使潜能得到有效的发挥。高校学生管理通过对大学生的学习活动的管理和指导，引导大学生确立正确的学习目标，掌握科学的学习方法，不仅可以充分发掘大学生在学习方面的潜能，提高他们的学习能力，而且可以促进大学生系统地掌握专业理论知识和方法，从而使他们在专业方面的潜能得到开发和发展。

第二，运用激励机制。激励是开发潜力的重要手段，通过激励，可以充分调动人的主观能动性，打破安于现状的消极心态，振奋人的精神、转变人的态度、激发人的兴趣、调整人的行为模式，从而达到开发潜能的目的。激励是高校学生管理的重要手段。高校学生管理运用激励机制，通过引导学生明确努力方向和成才目标，奖励成绩优异、表现突出的学生，可以调动大学生的主动性和积极性，激发他们奋发向上的进取精神，从而促进他们不断地开发自身内在的潜能。

第三，组织实践活动。实践是潜能转化为具体能力的中介和桥梁。人的潜能只有在实践中才能逐步显现出来，得到实际发挥，从而转化为具体能力。高校学生管理通过支持和指导学生的社团活动和社会实践活动，鼓励和引导学生的科技服务和科技创新活动等，可以为大学生提供丰富多样的参与实践活动的机会，使他们的潜能在实践中得到开发和发展。

第二节　高校学生管理的指导思想、原则与方法

一、高校学生管理的指导思想

（一）马克思主义思想

1. 人的全面发展理论

在社会主义发展的大背景下，我国高校的核心任务是培养更多优秀的高级专业人才，这些专业人才不仅要具有专业素质，还要具有坚定的理想、较高的文化水平和素养等。做好研究工作首先要解决“为谁培养人”和“培养什么人”的问题。由于我国的社会主义大学性质的深入影响，我国高校培养出来的高素质、高水平的优秀学生，除了应该具备文化知识和健康的身心以外，更重要的是还应该在社

会主义方面有更高的觉悟，具体而言就是高校学生应该有理想、有道德、有文化、有纪律。

人的全面发展学说是马克思主义教育思想的本质与核心。其中，培养更多优秀的建设者与接班人，就是对这一学说的实践。高校的核心任务与重心在于努力培养和发展"四有"人才（有理想、有道德、有文化、有纪律）。

2. 辩证唯物主义理论

高校在开展学生管理工作的时候应该遵循对立统一、整体性的指导原则。无论是自然科学，还是社会科学，其重要的基础理论均为辩证唯物主义哲学。实际上，所有的社会科学和自然科学，均将马克思主义的方法论以及认识论巧妙融入其中，因此，其渗透于高校学生管理科学之中，对其产生一系列影响。高校在管理工作中应该始终坚持对立统一的观点和原则，并且以整体观为基础开展科学管理。从纵向的层面来看，高校在管理中坚持整体观，其实就是在管理过程中坚持局部和整体的统一性，其中学生管理工作是整体，构成整体系统的独立子系统则是局部。高校学生管理系统的整体性功能，一般是由各个模块相互结合形成的，每个模块虽然均有其独特的功能，然而所有的模块必须与管理系统的整体功能与目的相统一，并为其提供相应的服务。从横向层面来看，高校在开展学生管理工作中始终坚持和遵循整体观，其实就是对部门和部门之间的相互合作、分工进行更好的协调，确保一致性的同时，也使部门和部门之间通过相互合作，最终达成全面培养和发展优秀人才的共同管理目标。

（二）现代科学思想

随着时代发展和对教育的重视，在现代化的背景中产生了现代治校观念，这一观念要求高校通过现代科学来更好地管理学校和学生。

首先，高校在开展学生管理工作的时候应该依靠教育科学理论，严格按照其内外部的独有规律来制定相关的教育政策与规划。比如高等教育的规模由一定的经济基础所决定，反过来又作用于一定的经济基础。在竞争日益激烈的背景下，高校作为开展高等教育的重要平台，不仅在管理理念方面需要创新与变革，在管理结构、体制方面也需要得到进一步的完善与优化。高校要准确把握社会脉搏，直接面向市场办学。大学生管理也要研究新情况，解决新问题，面向 21 世纪培养高素质的复合型人才。

其次，高校要想实现真正意义上有效的学生管理，就应该对现代管理科学的理论和方法进行灵活的运用和严格遵循，建立更加严谨、完善的组织机构，全方位调研之后结合学校自身实际发展情况，制定科学性、合理性的管理制度，同时对负责管理工作的人员的职责范围和主要任务进行明确和划分，从而确保各项管理工作的有序协调配合，使高校管理工作效率得到较大幅度提升。指导学生管理主要是运用现代管理科学的基本原理，具体包括信息传递性原理、要素有用性原理等。除此之外，高校在践行管理理论的过程当中应该尽可能让管理的组织、决策、方法系统化和科学化，还应该更加现代化和规范化。

（三）国家方针政策

国家的方针政策是高校学生管理的行动准则，因此高校在开展学生管理工作时，要切实以国家的方针政策为指导。在我国，若将总体事业视为一个完整的系统，则高等教育事业就是一个子系统，在其中占据重要位置，这也意味着高等教育事业的发展，应该最大限度地和不同时期的社会经济、文化、政治等保持一致。由于高校学生管理是影响高等教育事业发展的一个重要环节，因而在开展这项工作时必须以党和国家在一定时期的方针政策为依据。否则，高校学生管理就无法取得良好的成效，高等教育事业的发展也会受到制约。

自中华人民共和国成立以来，党和国家为推动高校学生管理工作的顺利开展，制定了许多方针政策。对于这些方针政策，高校学生管理工作者必须认真研究，并在工作中科学地运用，保证方针政策得到切实的贯彻执行。此外，高校学生管理工作者必须认真地将方针政策在贯彻执行中遇到的困难和问题，主动地向上级反映和汇报，以便方针政策能够得到不断丰富与完善。

（四）人才成长规律

高校是对人才进行培养的一个重要场所，而人才成长有其特定的规律。人才成长受到主客观多种因素的影响，如良好的环境、先进的教育、健康的身心和积极进取的精神。人才成长规律所揭示的，就是这些因素之间的联系以及这些因素对人才成长所起的作用。高校学生管理只有切实遵循人才成长规律，才能确保学生管理取得良好的成效，具体可从以下两方面着手。第一，高校在开展学生管理工作时，必须根据高校学生生理、心理发展的需要，综合考虑群体的一般性和个体的特殊性，因材施教，使他们都能充分地发挥出自己的聪明才智。要尽力创造良好的学习条件，努力优化育人环境，满足他们成才的愿望。第二，高校在开展学生管理工作时，必须积极探索先进的思想教育、专业教育的途径与方法，使学生具有远大的抱负、优良的品质、坚强的意志，使他们具备成才的必要条件。

（五）已有管理经验

中华人民共和国成立以来高校学生管理工作的成功经验，是当今学生管理工作的宝贵财富。

第一，在社会主义背景下，我国高校在发展中应该始终坚持党的正确领导和社会主义方向，同时这也是我国高校经过不断研究和实践最终得出的一条宝贵经验。始终坚持党的领导，从某种程度上来说就是将党制定的路线、方针、政策等，作为社会主义背景下高校学生管理的重要核心指导思想，以确保高校始终走在社会主义的正确道路上。这种做法不仅能够将高校学生“学”和教师“教”的积极性、主动性充分激发出来，还为我国培养出更多德、智、体、美、劳全面发展的高层次优秀专业人才奠定了坚实基础。另外，高校在制定各项规章制度的时候，一方面应当严格贯彻执行“一个中心、两个基本点”的基本路线，另一方面还要将全校工作人员的社会主义积极性、主动性充分激发和调动起来。

第二，高校在开展管理工作的时候应该遵循制度化和规范化原则，具体而言就是将民主管理以及科学管理体制、方法等，以制度的形式固定下来，使高校管理工作更加规范化，尤其是要做到权、责以及利的相互融合，将其作为核心所在，确保管理制度的科学性与思想性保持一致。

第三，高校在开展学生管理工作的期间应该始终秉持理论与实际相结合的原则，同时以社会实践为具体导向，积极推进教育和生产劳动的有机结合。社会主义背景下高校所培养的合格、优秀人才，应具备适应社会主义市场经济需要的相关能力，在思想方面除了应该有社会主义的高度觉悟之外，还应该有一定的共产主义献身精神，同时在业务方面既要有扎实的基础理论知识，又要有分析和解决问题的能力、较强的独立自主的工作能力等。

二、高校学生管理的原则

原则是对客观规律的反映，是观察问题和处理问题的准绳。我国高校学生管理的原则是对学生管理的内在关系的规律性的反映，不是任何人随心所欲创造的。在学生管理工作中，管理原则处于承上启下的关键地位，是管理目标和实现管理目标的手段之间的中介，它是学生管理工作中管人处事所依循的法则，是采取有效手段进行管理活动的基本要求。高校学生管理的基本原则是一个多层次、相互联系的完整的体系，有着十分丰富的内容，归纳起来主要是以下几方面。

（一）方向性原则

管理是一种有目的的活动，管理工作具有方向性。以坚持社会主义方向为准绳，是我国学生管理工作的一个重要的特点，不把握住这一原则，就会偏离社会主义的办学方向。我国是社会主义国家，社会主义的性质实际上对我国高校的性质和高校管理工作的性质起着重要的作用。所以，高校在开展学生管理工作的过程当中必须加强党的领导，坚持党的教育方针，充分发挥党组织的战斗堡垒作用和党员的先锋模范作用，认真贯彻党的路线、方针、政策，在政治上与党中央保持一致；加强共产主义思想道德教育，践行“以人为本”的教育理念，教育学生学会用马克思主义的立场、观点和方法分析我们在发展社会主义市场经济过程中所面临的新情况、新问题；坚持对学生进行国情教育和社会主义、集体主义、爱国主义教育，提高他们的思想觉悟，使其坚定社会主义信念，具有良好的道德品质和心理素质，从而成为新时代全面发展的建设者和接班人。值得一提的是，这不仅是我国高校在开展学生管理工作中应该严格遵循的一项基本原则，同时也是高校学生管理原则的核心所在。

（二）科学性原则

高校学生管理的科学性原则，是指学生管理活动在遵循教育的客观规律的前提下，用管理科学的知识和现代化的科学技术手段管理学生。高校学生管理工作是为教育服务的，因此必须按照教育科学所揭示的客观规律办事，使我们的学生管理工作逐步走向科学化。随着管理科学的发展，现代管理理论与方法已不断被引进到高校学生管理的各个领域。现代管理理论与方法是科学的管理思想、手段、技术的集中体现，根据它来进行学生管理工作，就可以逐步摆脱经验管理、家长式管理模式，使学生管理的决策、计划、组织、控制更加科学、合理和高效，更能适应社会主义市场经济发展的客观需要。

高校学生管理的科学性原则要求我们：建立一整套严格合理的学生管理制度，逐步实现学生管理机构与制度的科学化。学生管理工作者要加强学习，不断用高等教育科学、现代管理科学的知识和理论武装自己，并结合学生管理的实际情况加以运用，努力提高管理效能。各高校要充分重视管理手段的科学化，尽可能创造良好的环境和条件，给予必要的经费，配备一定数量的技术人才，以适应在发展社会主义市场经济新形势下高校学生管理手段科学化、现代化的需要，努力提高管理效率，收到管理实效。

（三）民主性原则

高校学生管理的民主性原则，就是要求在工作中充分尊重管理人员和广大学生的民主权利，善于集中群众的智慧，发挥大家的积极性、主动性和创造性，共同搞好学生管理工作。民主性原则是高校学生管理工作的重要原则之一，它与科学性原则相互促进，科学管理为民主管理开辟了道路，实行民主管理又是实现科学管理的保证。坚持民主性原则，有助于弥补领导者个人才智和经验的不足，有助于克服工作中的官僚主义、主观主义，可使领导者的决策更加科学化，使学校管理工作少走弯路。坚持民主性原则，有助于调动广大师生员工的积极性，增强他们的责任感，有助于工作的积极推进和完成。

高校学生管理的民主性原则要求我们：建立一系列民主管理的制度，进一步拓宽民主建设渠道。如许多高校设立的校长信箱制度、定期与不定期召开座谈会等，为广大师生员工参与管理创造了机会。在此基础上，高校应通过组织手段保证民主管理的实施。要进一步健全共青团、学生会等群众组织，让他们代表各自所辖群体，在决定学校重大问题、监督各级管理机构方面发挥积极作用。

（四）服务性原则

我国高校在开展学生管理工作的过程中应该始终坚持服务育人的相关理念，将以人为本和为学生提供更多、更好的服务作为起始点。高校学生管理工作在日常工作中应坚持服务性原则，通过服务达到管理的目的，从学生的根本利益和切身需要出发，把学生看作学生管理工作的主体，一切为了学生。

（五）整体性原则

高校学生管理的整体性原则，即运用系统论认真分析和研究学生管理系统的内部联系和内部结构，加强学生管理系统与学校其他系统的联系。重视整体性和综合性，强调整体效应，以达到整体优化的目的，实现管理目标。高校学生管理作为一个相对独立的系统，它的整体功能是由各部分的组合形式所决定的。要实现学生管理系统整体功能的优化，就必须注意搞好总体设计和选择适当的结构方式，以便有效地满足整体的需要，为管理目标服务。学生管理系统的目标是通过严格管理，保证学校的人才培养工作顺利进行，为社会主义现代化建设事业培养全面发展的合格人才。围绕这一目标，高校必须设立思想政治教育管理、学籍管理、生活管理等一系列子系统。一般而言，在组合形式合理的条件下，如果各子系统性能良好，关系协调，则其整体效能肯定会较好。相反，如果各子系统虽然自身性能良好，但子系统间关系不协调，都只强调自己的效应，就会影响到整体的效能。

整体性原则要求我们：高校学生管理工作必须有一个系统的规划，在机构、人员、任务分配等方面做出合理的总体设计，必须坚持整体优化的观点，绝不能只顾某一局部，而忽视整体效能。学生管理的方方面面必须既有明确的分工，又有相互合作，各个系统要紧密协作，相互配合。与此同时，学生管理系统必须加强与其他系统的横向联系与协作，为学校的培养目标服务。

（六）动态性原则

大学生管理是一个不断发展变化的动态过程，实质就是根据大学生变化、发展的情况，及时作出相应的调整，以实现“多出人才、出好人才”的整体目标。为此必须做到以下三点。

一是明确目标，立志改革。要改革大学生管理工作中存在的种种弊端和薄弱环节，适应社会、政治和经济的发展，建设有中国特色的大学生管理制度，使管理工作有促进改革的作用，使过去消极的墨守成规的管理工作向能促进改革的现代化管理转变。

二是经常分析新情况，解决新问题。大学生管理过程中易出现许多新情况、新问题，这就要求各级管理者定期做深入的调查研究，及时获取原始信息，用动态观点观察处理问题。

三是注意保持管理工作的连贯性和稳定性。高校学生管理工作的发展，管理质量的提高，要求有一个连贯的过程，以利于管理经验的积累和管理人才的成长。

（七）实际性原则

在高校学生管理工作中，需要把实际情况作为首要考虑因素，将学校和学生两方面的实际情况都纳入考虑范畴。了解学校和学生之间关系的实际情况，同时建立一个具有科学性、合理性的组织结构，对各部门和机构的相关职责范围进行明确，同时明确学生管理的目标，对适应高校特点的学生管理模式进行积极的研究与深层次探索。高校以实际情况为基础进行科学化有序管理，能更精准、有效、顺利地开展学生管理工作。

（八）程序化原则

程序化原则作为现代民主体系当中的原则之一，发挥着非常重要的作用。每个学校或单位均能够根据各自的不同需求，制定适合自身发展的独特管理模式与体系。然而，在具体实施的时候，必须重视法规的实施程序，既要做到照章办事，奖之有理，罚之有据，又要做到管理过程的规范化和程序化。

（九）主体性原则

由于之前受计划经济体制的影响，国家实行行政化社会管理体制，较长一段时间内，我国高校采取的管理方式基本是封闭式的，限制和削弱学生个性发展以及主体地位的同时，也阻碍了学生在综合素质方面进一步提升和创新能力方面的更好发展。随着科学技术的不断发展，如今我们已经处于大数据时代，全球经济不断发展，已经实现了高度的一体化。学生创新能力在这个时代背景下，已成为评估他们综合素质的关键性指标。基于此，高校的学生管理工作也应该与时代发展步伐保持一致，顺应时代潮流，采用开放式管理的方法。高校在学生管理工作中应该充分认识学生主体的重要性，允许学生表达自我，给予他们更多选择的权利或者空间。此外，高校在开展学生管理工作的期间可以让学生主动参与，同时鼓励学生积极参与教育教学活动。为了更好地培养和提升学生在探究和创新方面的相关能力，高校还应该鼓励学生进行自我教育、自我管理以及自我约束，并且对他们进行正确的指引和帮助，让他们能够独立思考。主体性原则主要涵盖了五个不同的层次，具体如下。

1. 自主性

每位高校学生都应当发扬自主精神，具有自主意识，主动、积极参与学校日常管理，将自己的主观能动性淋漓尽致地发挥出来，从而能够实现自主规划，决定自己的学习和生活。

2. 开放性

开放性主要涉及两个不同的方向，首先是民主公开性，也就是高校管理工作要具有透明度，允许学生参与学校治理，并在适度的范围内有序向学生和社会公布管理过程；其次为交叉性，简单来说就是高校学生能够在不受专业、学科等限制的前提下进行学习。

3. 引导性

引导性也包括两个方面，一是在高校设定的人才培养目标的正确指引下，学生评价机制具有一定的引导性，教师也承担着导师的角色。主体性管理模式并没有将教师发挥的作用忽略，相反，教师的主导作用被重点强调，也就是教师帮助学生掌握学习的方法，引导他们成为更好的人。二是家庭和社会在特定条件下对学生的导向影响，举例来说，家人希望学生学习的专业方向，社会需要具备某些特定能力的人才，等等。

4. 规范性

学生主体性管理模式对管理者素质以及管理条件提出了更高的要求，除了应该保障充分发挥学生主体性之外，还应该科学规范管理工作的具体内容、范围等。另外，高校还应该基于自身发展的实际情况建立完善的规章制度，确保管理真正做到有章可循，严谨规范，而非盲目随意或任其自流的无组织、无纪律的尴尬状态。

（十）渗透性原则

高校在培养学生成才的过程中，会培养他们的规范意识，并且这一意识的培养是一个由浅入深的过程。在这个过程中，制度文化中有两个关键要素，一是教职员工的规范意识，二是学校对校纪校规的实际执行力度。学生对制度的理解和认同，既会受到教师对制度持有何种态度的直接影响，同时也会受到管理者对制度持有何种态度的影响。无论是教师还是管理人员，他们的言行举止都会在潜移默化中对学生产生影响，如针对某一事件向学生传递赞同或反对的态度。部分教师并不重视制度，甚至在向学生授课时离题太远、口若悬河，这种态度或者行为一定会传递出一种蔑视制度权威的信息，导致学生也对制度产生轻视的态度。学校制度的实施情况，实际上对学生的管理制度认知以及遵守态度有着非常显著的直接影响，并且在学生行为管理过程中占据重要地位。高校学生管理制度的实施，有着极大的灵活性。部分高校管理者在开展管理工作的过程中会因为对学生的“爱”或受其他情感因素的深入影响，在校纪校规的遵守上出现偏差。从这个事实可以得出结论，我国很多高校虽然制定了校纪校规等制度，但是依旧有很多学生频繁地违反校纪校规。明显地，高校在管理工作中应该积极地打造教师的典范形象，并不断加强教职员工良好行为的渗透作用，从而实现真正意义上的学生管理目标。

三、高校学生管理的方法

所谓的高校学生管理方法是为充分确保管理活动能够顺利高效有序进行，并且最终达到预期的管理目标，专门采取的工作方式。管理方法是管理过程中不可或缺的运作工具，它来自管理实践，而又与管理理论的形成有着密切的关系。从某种意义上说，现代管理理论中一个又一个学派的出现，无不标志着管理方法的一次又一次创新。

高校在开展学生管理工作的时候应该具有科学性和高效性，一方面要对学生管理的基础理论有全面的认识，另一方面也要对学生管理的有效方法进行灵活运用和把控。高校学生管理方法是复杂多样的，各种方法都有其特殊的作用和特点。全面掌握和正确运用高校学生管理的方法，是提高高校学生管理效率的关键。

（一）目标管理方法

彼得·德鲁克（Peter Drucker）是提出目标管理理念的管理学大师。在实施计划过程之中，为了充分和灵活发挥组织中不同成员的作用，同时激发他们的主动性和积极性，需要将组织任务巧妙地转化为总体目标，之后根据组织结构和目标的内在规律、特点，将总目标划分为小目标，同时管理人员按照划分好的目标要求，对下级的工作开展更加详细的指导与合理管制。目标管理对组织内的所有部门和工作人员提出具体要求，要求他们彼此之间相互合作，以实现整个组织的总目标。无论是组织部门还是组织人员均需要设定适合自己的目标，确定方针，制定规定，用最有效、便捷的方式快速实现目标。另外，他们必须通过考核和评估，检查目标的完成情况，从而为后续目标的合理设定提供重要参考依据。

1. 目标管理的原则

①授权原则。在大学生实施目标的过程中，学生工作管理者要能将权利授给学生。

②协助原则。学生工作管理者要给学生提供有关资讯及协助，并且要帮助他们排除实际执行中的一些困难，解决一些问题。

③训练原则。作为高校学生工作管理者，一方面要进行自我训练，以不断提高自己目标管理的水平，另一方面还要训练学生，帮助他们掌握相关的方法。

④控制原则。目标的实现是有期限的，为了确保目标的顺利实现，学生管理部门和学生工作管理者在每一阶段中都要对学生的活动加以监督、检查，对出现的问题及时进行矫正。

⑤成果评价原则。成果评价原则由一系列原则构成，这些原则包括公开、公平、公正和成果共享原则。坚持公开原则就是要求公开评估，如学生进行自我评估，学生管理工作者进行客观评估；坚持公正和公平原则就是本着对事不对人的原则对目标达成情况进行客观比较；坚持成果共享原则要求充分肯定学生的成绩，将成绩归于学生。

2. 目标管理的步骤

第一，需确定合适的目标。高校目标的设定主要有两个，一个是总目标，另一个是分目标。其中，前者是高校在今后开展活动应该达到的水平，并且想要顺利实现，需要高校教师、学生以及其他工作人员的共同努力。后者是为了充分确保高校学生可以在不同的时间和地点奋斗和努力，组织内的部门成员均应制定与学校目标相一致的分目标，以更好协调工作。总目标和分目标的设定，从某种程度上来说构建了一个系统化的目标体系。高校在开展学生管理工作时，无论是管理部门，还是学生管理工作者，均应该结合自身情况确定适合自己的目标，并向学生阐述自己的计划以及最终目标。在此基础上，学生也应该制订适合自己发展的具体目标方案，最后由学生管理部门和学生管理工作者综合考虑后做出决定。具体来说，设定目标就是要做到每个院系、每个班级在不同的阶段都要设定不同的目标，如学习目标、实践能力目标、纪律目标、卫生目标以及道德修养和人生理想目标，并以此作为努力的方向。同时，还要注意目标的设定一定要明确清晰、能够量化。目标的设定要适度，既要具有挑战性，又是通过努力可以达成的。最后，还要为目标的实现确定一定的时限，即目标实现要有一定的时间限定，不能无休止。

第二，全面执行目标。想要成功实现分目标，各层次、各院系的高校学生需要借助不同的方式和手段努力完成任务，并且在此期间对所有资源进行充分、灵活运用。需要注意的是，要让学生积极参与目标活动，应该在合理范围之内授予其一定的权限，确保他们可以对资源进行充分利用和调动，激发他们的参与兴趣。高校学生有了十分明确的目标之后，就会向着目标努力；同样的道理，高校学生有了一定的权限之后，就会逐渐意识到必须承担相应的责任，这样才能使学生在判断以及创造方面的潜在能力与价值发挥出来，最终确保目标得以顺利实现。

第三，对结果进行科学评价。成果评价在目标管理方法中占据重要地位，不仅是奖惩制度的关键性基础，更是各方之间对话交流的途径，除此之外还可以起到自我管理以及自我激励的作用。成果评价包括学生管理部门和学生管理工作者对学生的评价、学生对学生管理部门和学生管理工作者的评价等。上下级之间通过此种相互评价的方法，促进了信息以及意见的相互交流，同时有助于管理者全面掌控组织开展的各项活动。同时，考虑到各个部门之间的互动，进行横向评价有助于进一步确保各个环节之间的活动协调顺畅。不同层次的学生进行自我评价，不仅可以帮助他们进行自我控制和自我完善，并且还可实现自我激励。

第四，实行奖惩。学生管理部门和学生管理工作者对不同成员的奖惩，实际上是基于所有评价得出的综合结果。惩罚和奖励的形式多种多样，既可以是具体、物质的形式，也可以是抽象、精神的形式。高校管理中制定恰当的奖惩制度，可以激发学生的学习热情，提高参与的积极性，并长时间维持他们良好的学习状态。反之，如果奖惩制度不公正，会直接影响高校学生改善自身行为的动力。

第五，制定并确定新的目标。高校启动目标管理的迭代循环。对组织活动的效果和成员的贡献进行合理的评价和奖励，不仅是对该阶段工作的全面概括与总结，还能为下一阶段工作的顺利开展提供重要的参考依据。基于这一前提，目标管理开始了新的循环，制定全新的目标，并且有序组织和实施，以快速满足各组织、各层次以及各部门的不同活动的需求。

（二）刚性管理方法

刚性管理是一种强调严格的控制，采取纵向高度集权的，以规章制度为核心的管理。规章制度往往以规定、条文、标准、纪律、指标等形式出现，强调外在的监督与控制，具有很强的导向性、控制性，其约束力是明确的。俗话说：“没有规矩，不成方圆。”刚性管理是保证一个组织健康、正常运转所必需的管理机制的一个有机组成部分，它是以“合于法”为基本思路的管理方式和手段。

1. 依法治校、管理，构建宏观管理体系

高校结合自身实际状况积极建立全新的学生宏观管理体系，需要注意的是应该将管理主体结构作为重要基础，严格遵循并坚持法治建设的相关原则，从而促使高校学生宏观管理体系更加顺利地运转。随着国家对教育事业高度重视，无论是教育的范围还是层次均得到持续性延伸、拓展，与此同时，教育行为的社会背景也在其深入影响下产生较大的变化。在高校学生管理中，学生的主体地位也发生相应的变化，开始逐渐向着权利主体发展，学生除了承担相应的义务之外，还享有一定的权利。

2. 制定校纪校规，严格化管理

为了长时间保持教学秩序以及维护良好教育环境，高校需要对那些违反校规、屡教不改的学生作出恰当的惩罚或者处分，包括但不限于旷课、斗殴等行为。需要注意的是，高校在管理中必须遵循法律规定，并且按照实际情况对违纪处分的具体标准做出明确的划分和规定，以免学生管理权被滥用，对高校管理产生负面影响。尤其是在处理学生权益管理行为的过程当中，应该遵循一定的规章制度，并且在限定的时间范围之内及时通知，履行相应的程序义务，从而确保有理有据、处罚公平公正，真正做到让人信服。

3. 建立健全日常工作制度

事实上，在高校开展的日常管理工作当中，有很多管理工作既具有规律性又具有可预见性。高校在管理中积极构建具有规范性、科学性、合理性的日常工作制度，一方面能够为学生工作的顺利执行提供重要的制度保障，更能够为高校管理者提供管理依据；另一方面也可以使高校学生管理工作的效率得到较大幅度的提升，使学生管理工作成本得到降低的同时，也降低了学生在日常生活中违规违纪行为的发生率。

（三）柔性管理方法

柔性管理是相对于刚性管理提出来的。时代在进步，科技在不断向前发展，人们已经完全处于 21 世纪的信息化时代。高速发展的信息化时代的人们对管理提出了更高的要求，对于管理的期望已不仅限于严格、规范或者科学，而是对人和人之间的相互尊重和关怀给予高度的重视，核心目标是努力实现人和人之间的情感互动，并且基于此产生心灵上的共鸣，从而达成设定的组织目标。于是，柔性管理应运而生。高校学生管理需要采用柔性管理手段，究其根本是因为他们是具有独立思想、情感以及追求的个体，实施刚性管理的方法，已经无法顺利解决高校在学生管理过程中遇到的各种难题。高校在开展学生管理工作的时候，采用的刚性管理方法和柔性管理方法，最终目的均是推动高校学生取得更好的发展和进步。因而这两种方法在高校学生管理中如同车之两轮、鸟之两翼，是相辅相成的，应该做到共融、共生、共建，实现刚柔相济。

对高校学生管理工作者来说，柔性管理的精髓在于以学生为本，注重人文关怀，它强调在尊重大学生人格和尊严的基础上，充分发挥大学生的积极性、主动性和创新精神，使之在大学的学习、生活、能力培养、品格塑造、校园活动以及社会实践方面变被动为主动，变消极为积极，变他律为自律，促进大学生自我管理、自我约束、自我完善，使之成长为适应社会需求的高素质、强能力、富有良好潜质和优秀品格的人才。

实施柔性管理，应该遵循以下几点基本要求。

1. 以学生为本

学生管理工作者在对高校学生的管理中，应该坚持以学生为中心，把所有工作的出发点定位为更好地服务于学生，以此建立学生为主体的管理理念，从而确保高校开展的全部工作都可以为学生的学习成长所服务，整个学生工作围绕学生的全面发展来展开。为此，必须改革以管理者和管理制度为中心的传统管理模式，实现工作方式方法由管理型向引导服务型的转变，由说教型向示范型的转变，真正体现以学生为本的工作态度，在开展的所有工作中，应该始终将充分保障与维护学生利益放在最重要的位置，从而实现高校学生全方位协调发展的核心目标。除此之外，高校在开展柔性管理的时候，应该将学生的自由、幸福等方面与管理紧密结合，以真正实现感动、尊重、关心以及激励学生，实现学生快速成才的管理目标。高校通过柔性管理的方法在生活、学习等方面，尽可能多地给予学生指导、关怀与帮助，从而使每一位学生的需求得到充分满足。

2. 个性化管理

柔性管理的职能之一就是协调，而协调关系只能从个体开始。也就是说学生管理工作者必须与具体的学生打交道，在打交道中形成共识，建立联系。心理学家在对魅力的研究中发现，人们对于与自己相似的个体容易保持好感，这是相似性吸引使然。因此，学生管理工作者应该由个体入手进行工作，采用差异化的有效管理策略，根据学生、情况、时间以及地点等诸多因素做出不同的决策和安排。另外，因学生的兴趣爱好、个人定位、个人素质和能力、优势劣势以及未来的职业目标等不同，学生管理工作者既要考虑学生思想动态、心理变化以及需求的共性，又要兼顾学生不同性格特点、兴趣爱好、未来职业选择和职业目标的差异性，有针对性（必要时可以一对一）地进行个性化管理。

3. 发挥校园文化引领作用

校园文化如同一只无形的手，是一所高校的灵魂之所在，它在塑造高校个性、凝聚广大师生员工的精神和灵魂方面发挥着巨大作用。健康向上、充满活力且体现时代精神的校园文化对学生价值观的形成、行为的规范、素养的提升具有潜移默化的影响，因此，在柔性管理中，应该发挥校园文化的引领作用，在班风、学风等建设的过程中以及开展相关活动的时候，应该通过一种独特的方式将校园文化融入其中，从而在潜移默化中培养高校学生积极向上、进取的精神与行为习惯，使之不仅学会做事（掌握知识、发展能力），而且学会做人（养成良好习惯，形成健康人格、优良品德），促进高校学生的自我完善和不断成长。

4. 建立完善的激励机制

没有激励就没有动力，可以说我国高校对学生的管理过程，就是激励和鼓励学生向着健康方向发展的过程，其中激励是大学生自主性、主动性、积极性、创造性和潜力得以持续发挥的动力源泉。从管理学角度看，人的所有行为皆由动机支配，动机又由需要来引发，无论何种行为，其方向都会指向目标，进而满足需要。基于此，对大学生的管理也必须从培养全面发展的、适应社会需要的人才出发，从大学生的具体需要、动机、行为、目标入手，建立健全大学生激励机制，关注大学生的思想、情感、心理以及行动，帮助大学生进行目标管理，指导大学生进行职业生涯规划，为每个人的个性化发展拓宽空间。高校要创造一种激励大学生提高素质、强化能力、健全人格、激发创新、追求卓越的文化环境，激发学生夯实专业基础、不断提高能力水平、加强思想品德修养，使之成为有理想、有目标、有追求、有能力的优秀人才。

5. 强调身体力行

在企业管理中，领导在开展管理工作的时候应该通过以身作则的方式影响与指导员工。若领导自身没有做好工作，则在管理工作中一定会对员工产生不良的影响，进而影响企业整体的管理，高校学生管理工作亦是如此。众所周知，树立榜样、反例警示等均属于高校学生管理的形式，虽然其形式具有多样化的特点，但是最常用的就是言教，最有效果的是身教。正如孔子所说："其身正，不令而行；其身不正，虽令不从。"①

当代大学生崇尚人格魅力，高校学生管理人员要实现对大学生的有效管理，必须首先赢得大学生的尊重。而要做到这一点，除了自身德才兼备以外，更需要教师进行无私的关怀，唯有如此才可以得到学生真诚的信任。另外，教师在教学或者与学生的日常接触中需要以自己的良好品质和行为举止，对学生产生正面的影响，以促使和引导他们形成正确的道德观念和社会价值观；需要教师以自己坚实的实践和勤奋努力精神，来潜移默化地激励学生的创造与进取精神；需要教师以自己的清新纯洁和美好教师形象，对学生产生深刻影响的同时，帮助学生塑造更好的人格品质和美好心灵。唯有如此，学生管理工作者才能以榜样的力量激励学生，以高尚的人格感染学生，以实在的行动带动学生，使之产生强烈的认同感，消除其对抗情绪和逆反心理，促使其真正做到言行一致、知行合一。大量事实证明，学生管理工作者的身体力行，不仅可以提高管理的实效性，同时还可以减少无效工作。

（四）民主管理方法

对于当前的高校学生管理工作，实施民主管理势在必行。对民主的追求是人的一种高层次追求。民主与人的素质有关，大学生作为文化素质比较高的人群对民主会有更高更切实的要求。对大学生实施民主管理，不仅有助于大学生学习、生活和社会实践活动的有效进行，也有利于大学生实现自身的全面发展。实施民主管理，应着力做到以下几点。

---

① 孔丘．论语[M]．成都：四川天地出版社，2020．

1. 尊重学生的主体性

对大学生进行民主管理，就是要求在对大学生的管理中重视人的因素，也就是重视大学生的主体性，把大学生视为具有独立人格的个体。目前，有些学生工作管理者忽视学生的主体地位和平等独立的人格，如部分规章制度都是在学生不知情的情况下制定出来并要求学生遵守的，学生在这一过程中完全处于被动的位置。再如为了执行上级任务，忽视学生主体意愿，单方面强制性开展活动。要实施民主管理，高校学生管理工作者必须改变态度，充分尊重大学生的主体地位，将其视为实现教育目标的主体，实现学校工作人员特别是高校学生管理工作者与学生之间的互动，倾听大学生的心声，反映大学生的要求。对大学生的重视和尊重，会激发和增加大学生对学校和学生工作管理者的信任，进而使大学生支持学生管理工作，如此就会达成高校学生管理工作者与大学生之间的相互信任、相互支持，从而取得良好的管理效果。

2. 正确认识学生的价值

高校学生管理的对象是大学生，高校学生管理的目的在于促进大学生身心健康发展，使其个性得到发展。在高校学生管理工作中，应该充分发扬民主，把大学生既看作高校学生管理工作的对象，又看作管理工作的主体。目前，有些高校的学生管理工作者在进行管理和教育的过程中，缺乏民主，忽视人的自觉性，重制度、轻教育，工作方式简单粗暴，奉行惩办主义，脱离育人的宗旨，导致师生关系紧张。这种管理方法必须摒弃，应转而采取民主的方法，着力培养大学生的主体意识，引导大学生自我管理、自我教育、自我服务、自主发展，促使其主体能力最大限度地发挥，为大学生日后走向社会、走向工作岗位打下坚实基础。

3. 建立学生参与管理的管理模式

站在心理层面看，学生在高校这四年时间内，处于一个自我探索的关键时期，这个阶段意味着高校学生开始产生认识自我的强烈意识，并有意识地支配自己以及周围的环境。相较于中学生，高校学生表现出更强的个人独立性，同时也希望通过自己的努力，使自身的人格得到充分的尊重，使自己的意志也受到更多的肯定和尊重。高校学生在校期间会深层次地思索高校制定的规章制度以及行为纪律等，并且对其合理性进行全面研究，高校学生想要参与管理，并不满足于被动服从以及遵守校纪校规。根据高校学生的这一心理特点，高校学生管理应该打破传统的专制管理模式，激发高校学生在管理中的主动精神和主人翁精神，鼓励高校学生对学校的各项工作进行策略思考，形成民主管理的良好氛围，使学生真正参与到高校事务管理中来，体现学生的主体地位。如建立学校与学生的平等对话关系，让他们参与到教学工作、管理工作、后勤工作、社团工作中来，这种方法除了能够使潜在的冲突风险得到降低之外，还能够进一步改善学生与学生管理工作者之间的关系，促使双方建立良好的伙伴关系，通过相互合作、平等对话等共同促进高校管理的发展。

（五）系统管理方法

系统管理的主要概念是把存在紧密关系的过程作为一个整体系统，并且对其进行有效识别、有序整理以及科学管理，从而进一步提高实现管理目标的效率以及有效性。

高校学生管理具有系统管理的特点，主要表现在以下几个方面。

一是整体性。高校学生管理作为一个系统是由多个子系统组成的，这些子系统之间有的缺乏联系，有的则相互影响与制约，处在较为紧密的关联之中，如教学管理、就业管理等。根据系统论思想，如果高校学生管理系统的各个子系统的功能都能正常发挥，那么整体的功能就会比较完善。即使某些子系统的功能发挥得不甚理想，只要能组成一个良好的有机整体，一般情况下也能取得较为理想的效果，这就是所谓的整体大于部分之和。

二是关联性。高校学生管理工作中的各要素既相互区别，又相互联系、相互作用、相互依存，并各有分工。例如，社团管理与社会实践管理尽管分工不同，但彼此之间却又紧密相连，很多时候会表现得你中有我，我中有你。

三是环境适应性。特定的环境会造就特定的管理，高校学生管理离不开特定的环境，如大学生专业知识的学习、实践能力的提升、品格素养的修炼等都需要在一定的环境中进行，离开一定的环境是无法完成的。学生管理工作只有具备了环境的适应性，能够顺应环境、有效利用环境提供的有利条件，才会富有成效。

四是动态平衡性。随着社会环境和背景的不断变化，各要素无论是在时间、空间，还是在资源上的组合，均会受其影响发生一系列的变化，因此在管理中高校需要保持敏锐的适应性，以更好满足不断变化的宏观环境实际需求。例如，在当今经济迅速发展的背景下，社会对大学毕业生的素质能力提出了更高的要求，上手快、学习能力强、富有创新精神成为许多用人单位的共同诉求，这就要求我们的学生管理工作必须改变传统的重知识灌输、轻学习能力和创新能力培养的教学管理模式，变单纯的知识教育为知识与能力培养并重的素质教育，加大社会实践的力度以适应社会需求。与此同时，高校在管理中应该尽可能维持系统的平衡性与动态性，具体而言就是借助不同的手段和方式确保系统之内的所有要素，能够在各个环节中始终存在合适、恰当的比例关系，从而尽可能降低系统内部失衡的可能性，以防最终对系统的顺利运转产生负面影响。

五是目的性。高校学生管理系统是一个具有多重目标的系统。在这一系统中，既有总目标，又有分目标，总目标、分目标有机结合形成一个目标体系，通过目标体系的不断优化，实现资源的有效利用，例如，一方面要最大限度地利用学校资源，另一方面还可以争取社会上一切可能的资源为我所用，以此推动学生管理工作的开展，使之为学生提供最大的发展空间。

在高校学生管理工作中实施系统管理，应着力抓好以下几个环节。

一是建立一个多维立体的高校学生管理体系，以最佳效果和最高效率实现管理目标。这个体系需要包含的要素有很多种，如：管理运作方法、管理模式、工作流程等。

二是确保对高校学生管理体系中各部分之间存在的紧密关系有准确的认识和全面的掌握。在管理系统中，各个组成部分之间相互依赖、相互制约和相互影响，因此当其中一部分发生改变的时候，会对整个管理系统产生影响。所以，高校管理层在具体的工作中，应该有序协调各个部门的工作任务，确保学生管理体系当中的各个部门之间相互配合，以期取得更好的综合效果。

三是为了实现共同的目标，高校的各部门和人员应对自己应该承担的责任有清楚的认识，并知道应该发挥的具体作用。高校想要完成学生管理目标，无论是同一个管理系统内不同层次的管理人员，还是同一个管理系统内不同部门之间的管理人员，均应该严格履行职责，并承担相应的责任，从而减少交叉职能带来的一系列阻碍。

四是高校学生管理的决策者必须准确判断各个管理部门的组织能力，在行动前确定资源的局限性，避免因决策失误而造成人力、物力、财力的浪费。

五是设定目标，并且基于结合高校自身的实际管理状况，对计划和方案进行科学、合理的设计与制订，明确、掌握和灵活运用特殊活动的有效运作方法，以便可以更高水准地完成设定的目标。

六是对管理体系进行不断的优化与改进，这可以借助测量与评估来实现。高校在全方位研究之后，对测量和评估的制度、方法进行持续的优化与改进，并且以此为基础积极构建完整的高校学生管理评估制度体系，加强对评估指标体系和规范简便评估办法的研究。另外，全面检查与综合科学评估，除了能够使管理的水平得到进一步提升之外，还可以促进管理质量的全方位提升，从而快速实现高校的学生管理目标。

第三节　高校学生管理的对象、基本任务和研究方法

高校的管理系统中最重要的一部分就是高校的学生管理，它对高校的改革起到不容忽视的作用。对高校学生管理工作展开深层次研究和探索，从某种程度来说，不仅可以促进高校向着现代化的方向发展，同时对从行政本位向科学型和现代型的转变和改革有非常重要的推动作用。

一、高校学生管理的对象和基本任务

（一）高校学生管理的对象

所谓管理对象是指“管理活动的承受者”。随着人类认识的深化和管理的科学化、复杂化，人们对管理持有不同的见解。一是指管理活动所作用的各种具体对象。最初是人、财、物三要素，后增加了时间、空间，成为五要素，又增加了信息、事件，成为七要素。二是指管理活动所作用的特定系统，即把管理对象作为由多种因素组成的有机整体，系统与外界环境有信息、能量、物质交流。高校学生管理作为高等学校管理工作的重要组成部分，其相对应的工作对象无疑是特定的高校学生群体。从广义角度来看，这些学生应包括所有在高校求学的学生，即专科生、本科生、硕士生、博士生等，因为这些人都是高校学生管理活动的承受者。高校学生管理牵涉到诸多知识体系，包括管理学、教育学、青年心理学、政治学、人才学等，因此，高校学生管理不仅具有较强的应用性，其内容涵盖面也比较广，涉及政策、管理等多个方面。

高校的学生管理工作作为学校管理工作的分支，和其他学校管理工作相比既有相同点又有不同点，相同点在于都是为了更好地促进学校管理工作，让学校获得更好的发展；不同点在于学生管理工作在研究与服务对象方面比较特殊。在研究的过程中，它受到国家的教育方针和政策以及学校的规章制度的制约。所以说，它既有其独立性，又在制度的制约之下。在进行高校学生管理工作的研究时，要把它与其他工作联系起来，但是也要注意到它的差异性。只有这样，才能真正揭示高校学生管理工作的规律以及特点，使之成为一门具有特性且有成效的管理学科。

作为一项管理工作，一般而言，总要有相应的学科知识成为其所依循的工作方针，而一门学科的成立必须具备一个至关重要的条件，也就是说应该积极构建

一套完整的范畴体系。它主要涉及研究的相关内容，同时还涉及研究的不同视角与原则，以及相互之间的互动关联。我们以为，高校学生管理工作要研究的内容应涵盖以下几个方面。

一是学科理论的研究。对高校学生管理工作的研究涵盖了管理科学原理在高校学生管理中的应用、地位、作用等。除此之外，还需要提炼、归纳以及总结丰富的历史经验，以便能够在管理理论体系当中将历史经验巧妙融入其中。同时，还需要结合相关学科的基础理论，将其灵活应用于高等学校学生管理中，以使学生管理工作得到持续性的优化、改进与完善。

二是方法论的研究。它主要包括两个方面，具体如下：一是对思想方法进行深入的研究并认真实践；二是对管理方法进行深层次探索，如学生干部队伍的管理、学生群体性突发事件的应急管理等。

三是组织学的研究。高校学生管理是一项系统工程，应对多个方面展开全方位研究和探讨，如学生管理团队建设、组织领导体制等。

四是学生成长规律、心理生理特点与管理工作的有机联系研究，青年群体之间相互作用关系与高校学生管理工作的互动共生研究。

（二）高校学生管理的基本任务

高校学生管理工作的核心任务除了对学生管理体系进行深度研究之外，还包括积极寻找解决特殊问题和矛盾的正确方法，以便可以在面对学生管理工作挑战或者困难的时候做到游刃有余，从容应对。此外，领悟和把握学生管理工作的运行规律，以更好地运用于学生管理工作的实践之中，有力地推动高校学生的管理工作。概括起来，高校学生管理工作的主要任务如下。

①对高校学生管理工作积累的丰富经验、工作中遇到的教训以及需要及时改进的方面进行全面的归纳、总结与概括。学校教育出现后，为了更方便地管理学生，学生管理工作也随之诞生。作为一项社会工作，学生管理一方面有着十分悠久的发展历史，另一方面也紧跟时代发展步伐，具有一定的时代内涵。中华人民共和国成立以后，我国的学生管理工作也有着许多值得认真研究的理论知识与实践特色，值得学生管理工作者认真学习、探讨、分析和思索。

②高校在继承学生管理工作“遗产”的时候，不应该全部继承，而是应该有选择性地继承，取其精华去其糟粕，同时对国外先进的学生管理经验进行充分参考，并以此为基础将教育学、政治学等不同学科的基础性理论知识巧妙地融入

管理工作之中，从而使高校学生管理模式既具有时代精神，又符合中国发展的特色。众所周知，我国有着十分悠久的发展历史，在上下几千年的发展中积累了丰富的管理经验，作为历史发展的成果之一，高校在借鉴和参考的时候应该对这些学生管理工作“遗产”进行批判性的继承，并且做到灵活运用。我们还应大胆借鉴国外高校的学生管理经验，去粗取精、去伪存真、融会提炼、博采众长，做到洋为中用。这样才能构建起具有中国特色的高校学生管理的理论体系，并以此指导我们的实践，形成高效的、有益于大学生成才和身心健康成长的学生管理模式。

③加强科学研究，注重实践探索，不断发展高校学生管理工作的理论体系，推动高校学生管理工作健康运行。尽管学生管理工作有着丰富、宝贵的实践经验和悠久的历史传统，但就总体情况而言，它与不断发展的中国特色社会主义的形势和发展趋势还存在着某些不适应，还面临着许多亟待解决的问题，无论是从理论要求上，还是从实践需求上，都需要实现科学化、理论化、法治化、人性化。因此，作为学生管理工作者，必须加强对学生管理工作的科学研究，大胆探索，不断创新，切实把握学生管理面临的新问题、新内容和新特点，努力用新方法、新思路和新手段去适应学生管理的新规律和新形势，使学生管理的理论与方式与时俱进，不断丰富和完善。

④以理论创新推动实践创新，促进学生工作的科学化、法治化和人本化。虽然高校有办学的自主权，可以根据自身的特点制定符合本校实际的学生管理制度与规定，但这些规定不应与国家的法律法规相悖，不能违背大学生的成长规律，不能违背人性特点，不能违背社会主义办学方向与学生全面发展的最高宗旨。如何体现其管理制度的科学化、法治化和人本化，是一个理论研究的问题，不仅需要研究法律与青年学的相关理论，还需要研究管理学方面的理论，同时更应注重将管理学、法律学、青年学有机结合起来，形成理论上的创新，推动实践创新。因为，大学生的管理不是一般的管理，而是一种对青年的管理，是要将有着一定知识的青年培养成德智体美劳全面发展的人才的管理，换言之，这种管理的最高宗旨是要促进学生全面发展，使其成为国家的建设者和接班人。这就使学生管理工作牵涉到一系列的理论研究与实践探索，这就是现实交给学生管理工作者的光荣而艰巨的任务。

二、高校学生管理的研究方法

在具体实践中，可从以下几个方面研究高校学生管理。

（一）联系的方法

既要注意高校内部的管理问题，又要注意高校外部的管理问题；既要研究宏观管理的现象，又要探寻微观管理的规律。

（二）调查研究的方法

高校学生管理重在搜集原始数据，汇集感性经验，通过定量与定性的科学分析研究，提高理论认识，使对高校学生管理研究的成果具有实际的数据支撑和理论支持。调查研究的方法主要有网络调查、抽样调查、问卷调查和随机谈话调查等。

（三）比较研究的方法

此方法主要通过系统研究古今中外学生管理的历史沿革、实践经验和理论见解，进行纵向和横向的比较，发现政治、经济、文化及时代精神对高校学生管理的影响，从中发现其规律，并使之提升为理论，用于指导现在的高校学生管理。要坚持古为今用、洋为中用、与时俱进、推陈出新，实现高校学生管理制度的创新。

（四）实践的方法

要有大胆试验、“摸着石头过河”的勇气，在“实践、认识、再实践、再认识”的循环往复中逐渐掌握高校学生管理的规律，实现从必然王国向自由王国的转化。

（五）个案研究的方法

所谓个案研究方法，又称“解剖麻雀法”，是通过对某一被试验的管理工作进行纵向的、长时间的连续观察和实验，从而研究其管理行为产生的结果以及发展变化的全过程，总结具有规律性特点的方法。

（六）对立统一的方法

此方法应注意管理与教育、管理与放松、管理者与被管理者之间的复杂关系。高校学生管理的研究方法不限于此，上述管理方法仅仅是其中几种重要的研究方法。当然，每一种研究方法都有其特点、优势与不足之处。在研究高校学生管理工作时，管理者应根据时代精神、管理对象变化状况、办学思路的变化、具体地区与当时形势的差别，对不同的研究方法进行选择，有时可侧重其中几个方面的方法，有时可同时采用多种研究方法，不必拘泥于形式，要重视效果。

第四节　高校学生管理的权利和义务

一、高校学生管理的权利

高校学生管理权是自主权的集中体现，高校学生管理权是高校为了达到高等教育的目的，依法作为权利主体，合理利用资源进行学生管理活动的权力。高校学生管理权随着高等教育产生，是政府权力下放和高校自身发展需要的产物。近年来，我国已制定了大量教育类法律法规和部门规章，如《中华人民共和国教育法》《事业单位登记管理暂行条例》《普通高等学校学生管理规定》等，为高校依法办学、依法管理提供了法律依据。

（一）具体的管理权利

高校学生管理工作是一项复杂长期的工作，涉及很多方面的内容。这里所说的高校对学生的管理是指从学生入学报到至毕业离校手续办结期间，高校对在校生的管理，包括学籍管理和日常管理等方面。

高等教育的公共性原则要求高校管理权内容的完整性。我国的相关法律对此有规定：教育活动生存的条件首先是要符合我国的最高利益。这样的办学原则就要求教育机构都以促进学生身心发展和教育事业发展为主要目的。教育要符合社会的公共利益，要对国家、社会和人民公共利益负责，保证教育制度的正常运转。据此，高校的管理权为达到符合公共利益的目的，就必须内容全面，不应当存在残缺。

1．教育行政许可权

教育行政许可权是高校作为法律授权组织享有的，对在授权范围内的教育行政事务进行鉴别，依法给予许可、审批、确认的权力。学历学位授予权在这里主要是当学生提出相应的申请之后，学校经过一系列的审核与检查并通过相应的材料证明学生可以获得学位证书，学校予以批准，这是高校教育行政许可权的主要内容。赋予学生学位是高等学校的法定职责，在我国的相关条例中还明确规定了学生学位授予权方式由国家授权并指派。

按照我国现有的法律条款，高校向学生发放毕业证书以及学位证书，属于教育行政管理的一部分，如果受教育者在此期间对此持有不同的意见，他们有一定的权利向有关部门发起行政诉讼。颁发证书的机构是法律法规授权的学校和教育机构，同时无论是颁发证书的具体标准，还是颁发证书的具体流程，均应该遵循一定的法律和法规。

除此之外，只有我国教育行政管理部门可以行使这一行政权力，是单方面的。高校学生在校期间如果希望获得学位证书，学生所要做的就是尽量满足取得学位所必需的条件。需要注意的是，受教育者要想获得硕士或博士学位，必须先提交申请材料和学术论文，然后由学位授权单位进行严格的查询与审核，做出最终决定。尽管硕士和博士学位需要通过申请的方式才可以获得，但是毕业证书以及学位证书的发放，则单方面由教育管理部门和授权机构决定，不需要对受教育者的意见进行征询或者与其协商。

2．办学自主权

教育管理部门在缺乏法律和法规的明确授权时，是不可以通过实质性的授权手段，对高校的办学独立自主权进行一系列干涉的。高校在办学中应该根据《中华人民共和国高等教育法》的相关规定，以社会为具体导向，严格依据法律进行独立自主办学，同时采取更加民主、科学的有效管理方式。从这一条规定中我们可以清楚地看到，高等教育是具有办学自主权的。这里所说的办学自主权，实际上就是指高校在办学过程中，为了更好地管理学校，实现其教学目的而进行的对学校合理的管理。按照《中华人民共和国高等教育法》中的相关规定，高校的办学自主权主要包含以下几个方面的内容。

（1）教学权

教学权，习惯上也称之为教育教学活动实施权。一般来说，高校可以自主地根据本校的培养目标、任务以及不同专业和师生的特点来实施具有本校特色的教学。高等教育是规模性教育，之所以这么说，是因为在授课的过程中，教师并不能对学生进行一对一指导。因此，为保证每个学生最大限度地从高等教育中受益，必须保证高校教学秩序稳定。

（2）招生权

招生权简单来说就是学校有招收学生及其他受教育者的权利。需说明的是，这种招生权是一种有限的行政处分权，受国家普通高校全国统一招生考试政策的制约。

（3）内部教师聘请、机构设置权

高校有权在设置结构或者在调整人员配置的时候，结合自身实际情况明确教学任务、需求，始终坚持高效简洁的根本性原则；按照教师或者其他专业技术人员的实际表现，自主对他们进行评定或者聘用，同时以国家的相关规定为基础，按照按劳分配以及多劳多得的关键性原则，对高校教师或者其他员工的津贴、工资进行及时的合理调整。

（4）开展科学研究权

每所学校都有其一定的优势，都有其擅长研究的领域，这就像每个人都有自己的独特的天赋，有的人天生就唱歌好听，并且喜欢唱歌，而有的人天生对数字就比较敏感，任何人说一组数字他都能记得非常清楚。学校的研究领域也是这样的，一所学校不可能对每个领域都精通，高校应有自己独特发展的方向，要充分利用自己独特的优势条件展开相应的科学研究，从而鼓励更多的人投入研究中。

（5）财产管理与使用权

高校有权依法自行管理和使用，由举办者提供的资产、国家的财政支持以及捐赠的财产，但需要注意的是一定不能把用于教育或者科学研究活动的财产，用于其他目的，如果挪用就需要承担法律责任。

我国高校或者其他教育机构可以按照《中华人民共和国教育法》章程自主管理。高校自主管理权是高校在法律上享有的、为实现其办学宗旨、独立自主地进行教学管理活动的资格。

3. 校内规章制度制定权

为了更好地实现高校学生管理的目标，高校在合理范围之内有权依法，同时结合自身情况独立制定规范性文件。高校应当在严格遵守国家教育法规、规章以及自主规章制度的前提下，对各种高校规章制度等规范性文件进行科学制定，从某种程度而言这也是高校教育法治化的重要内在要求。高校在对规范性文件进行科学、合理制定的过程当中，应该始终贯穿和遵循“法律保留”的原则，确保其不同宪法或其他法律产生冲突，并且不可以超出法律法规所赋予的权限。

4. 学生惩戒权

高校的学生惩戒权分为两部分：一部分是国家授权的惩戒权，此部分惩戒权要接受行政监督；另一部分是高校自行设定的处罚权，属于高校自由裁量权的范畴。《普通高等学校学生管理规定》对于学校的处分权做出了明确的规定。高等学校在制定自身规章制度时，关于学生处分的章节部分必须严格遵循《普通高等学校学生管理规定》的内容，不能擅自扩大或缩小处分范围，高校有责任批评、教育违规违纪的学生，严重的可以给予适当的纪律处分。值得一提的是，高校在对学生进行纪律处罚的时候，应该同学生所犯错误的本质与严重程度保持高度的一致性。

5. 学籍管理权

学籍管理权是保证高校教学活动顺利开展不可或缺的制度性规范。《普通高等学校学生管理规定》用大量篇幅对高等学校的学籍管理权做出了详细的规定，尤其是第 52 条明确指出，高校有一定的自主权利对违规违纪，甚至违法学生，给予适当的批评教育或者处分，这就意味着高校能够按照实际情况，决定对学生的惩戒程度。依据该规定，高校有权自主确定学生学习年限、自主决定学生调整专业；对考试作弊者满足规定条件可以开除学籍。第 14 条规定，学生学期或者学年所修课程或者应修学分数以及升级、跳级、留级、降级、重修等要求，由学校规定。

6. 校园秩序管理权

校园秩序管理权涵盖校园进出许可、新闻报道、公寓管理、校内文化活动管理、校内政治活动管理、校内团体管理、校内经商管理等多方面内容。《高等学校校园秩序管理若干规定》第 5 条至第 17 条对以上各方面学校所拥有的管理权利做出了详细规定，并在第 18 条规定了学生妨碍学校行使相关权利时的处理措施，因校园秩序管理权涉及学生在校学习生活的方方面面，高校在行使校园秩序管理权的过程中，若无充分考虑，必然要对学生的各项权利产生一定的影响，甚至可能侵犯学生民事权利，产生高校与学生的民事法律纠纷。其中，按照《中华人民共和国高等教育法》的第 56 条，高校有责任鼓励学生在学习之余积极参与社会服务活动，通过不同的方式和渠道为学生提供主动参与勤工助学活动的机会，与此同时对学生进行正确引导与科学管理。这一规定从某种程度来说，一方面赋予了高校对学生社会服务和勤工助学活动进行管理的权利，也规定了学校必须保证将这项工作引导和管理好的义务。

（二）管理权利的来源

上级主管部门的委托是部分高校学生管理权的来源。行使此类职权时，作为上级管理行政部门所委派的权力持有者，高等教育机构必须承担特定的学生管理职责。高校在行使教育管理权的过程当中必须符合一定的条件，才可以获得相应的权力，简单来说就是具备了法律上的主体资格。从法律层面来看，高校学生管理权是一种准行政法上的权力，因此高校在执行这一职权的时候，既不能用自身名义承担相应的责任，同时也不能通过自身的名义去行使。高等学校是公共事业单位法人，在学校范围内提供高等教育公共服务，具有很强的公益性。高校想要实现真正意义上的公益性核心目标，应当在某些特定的法律和法规授权之外，享有一定的办学自主决策权，以便对高校这一特殊的公共场所进行管理。高校法律和法规授权之外，教育管理学生所必需的各项权利都属于公共管理权范畴，此项权利往往在高校内部管理规定中加以明确。

二、高校学生管理的义务

（一）具体的义务

1. 依法承担相应民事责任义务

作为独立的事业单位法人主体，高校独立承担民事责任。

（1）合理使用财产的义务

高校在管理学生的过程当中有责任和义务依据既定规定对资金进行合理使用。根据《中华人民共和国高等教育法》的第 64 条，高校在管理或者使用学生所交学费的时候，必须严格遵循国家的相关规定，严令禁止其他组织或个人以不同的名义挪用。依照《事业单位登记管理暂行条例》的第 15 条条款，事业单位在有序组织或者举办不同类型活动的过程当中必须对获得的合法收入进行合理使用，并且以国家相关法律法规为基础用于与其目标以及业务领域相一致的活动。与此同时，事业单位在接受捐赠或资助的时候，必须确保其行为与事业单位的目标和业务领域相一致，同时严格按照与捐赠者或资助者所约定的时间、方法等灵活使用。根据这一点，高校在组织和举办不同类型活动的时候，应该将获得的合法收入用于与高校办学目标以及业务领域相一致的活动，这不仅是高校履行其义务的基本要求，也是高校财务工作的一项重要内容。同时，无论是高校所接受的捐赠还是资助，必须按照与捐赠者或者资助者之间约定的时间、方式和合法用途来合理使用。

（2）赔偿和救助的义务

高校学生伤害案件一般应用过错原则和公平原则。在划定高校赔偿责任时，如因高校在教学、管理中的过错引起的学生伤亡，属于高校责任的，高校需要承担相应的民事赔偿责任；如果高校在学生伤害事故中没有出现过错，就不需要承担损害赔偿责任。在司法实践中，高校往往在自身无过错的前提下，给予学生一定的经济帮助，但此种行为不属于高校义务范畴。

（3）承担违约责任的义务

高校作为独立的法人主体，有自己的财产，可以以自己的名义对外承担法律责任。高校可以与其他社会主体签订民事合同，在这个过程中双方具有平等的民事主体地位，高校如不能严格履行合同规定的条款，需承担违约责任。

2.程序正当义务

高校自身学生管理工作有着自身的程序规则，要求高校学生管理部门必须依据法律法规制定高校的学生管理规章制度，并严格依照程序实施这些制度。高等学校的程序正当义务，应包含以下几个方面的内容。

（1）制定程序正当

高校制定制度的程序必须合理、公正、科学。

（2）执行程序正当

制度的执行必须严格遵照程序进行。制定程序正当与执行程序正当相辅相成，制定程序正当是执行程序正当的前提条件，而执行程序正当是制定程序正当的实现途径。

（3）权限法定

高校应当在自身授权范围内对学生进行教育管理，不能超出权限边界。

（4）平等

学校在学生管理过程中应公正地对待每一位学生，不因学生的家庭出身等对学生产生歧视行为，不偏袒、不徇私。

（5）公正

高校应秉公处理涉及学生利益的各种事项，处理手段和结果应当适度，不应过重或过轻。

综上所述，高校应该按照相应的流程和程序，承担起学籍管理的义务。

3.保证教育教学质量义务

高校有履行教育职能的义务。高校应培养学生具备相应的知识和能力，不同学历层次的学生需要达到国家规定的专业标准。根据《中华人民共和国高等教育法》第16条的具体规定，专科教育应确保让学生充分掌握和了解专业所需的基础理论以及专业知识，同时具备一定的基础技能与能力，并灵活运用于实践当中；本科教育的目标是使学生掌握和了解更加系统的专业基础理论和知识，同时具有专业所需的基础性技术，以便具有从事专业工作以及进行深入研究的基本能力；硕士研究生教育的目标一方面是让学生了解和熟练掌握基础的理论和知识、技能和方法，另一方面是提升学生从事专业工作和进行全方位深度研究工作的相关能力；博士研究教育的目标是确保学生能够对该学科广泛的基本理论和专业知识、技能与方法进行充分掌握，具备进行创新性科学研究以及实际操作的能力。

高校应通过教学质量管理体系来确保教学质量。教学质量管理体系的参与者为学生的利益相关者，包括教师、学生、家长、学校和政府。教学质量管理体系一般包括教学管理责任制、管理系统的教学资源、教学信息输入输出系统、教学质量检查、教学系统分析和改进。其中，教学管理责任制包括质量方针和目标、教学管理和教学管理评审等。

教学资源管理系统包括教师的吸收和推广、研究和培训、绩效考核、教学设施设备的采购和使用管理、图书馆的图书数量和类型等；教学信息输入系统包括教学计划、教材使用等；教学过程系统包括教师的教学和学生的学习、研究和发展历程、科学研究、课堂管理等；教学输出系统包括教育和就业；教学质量监控、分析和改进系统包括听课、教学评估、教材统计技能、调整和校正方法等。大学是学生接受高等教育的殿堂，其目标是培养高质量、能够适应社会需求的综合型和专门型人才，从而对整个社会的发展发挥重要的作用。教学质量是判断高校培养学生是否合格的第一标准，也是学生评价学校的主要标准。学校有责任、有义务通过对教学质量监督和控制来不断提高教学质量。

4. 接收符合条件的学生入学义务

根据《中华人民共和国高等教育法》第 9 条规定，公民依法享有接受高等教育的权利，也可以理解为高等学校有接收符合法定条件的公民进行高等教育的义务。

5. 有序开展日常学生管理工作义务

大学生日常教育管理工作具体包括学生日常教育管理、毕业生工作、心理健康教育、就业服务工作。学生日常教育管理工作的任何一方面出现问题，都会对学校全局产生不利影响。

高等学校在学生日常教育管理中的义务包括以下几个方面的内容。

①鼓励学生参加社会实践的义务。《普通高等学校学生管理规定》第 46 条规定，学校在管理期间有一定的责任鼓励、支持并正确引导学生积极参与不同类型的勤工助学活动，同时学校还应该按照自身情况提供必要的指导和帮助。

②信息公开的义务。除涉及国家机密、学生隐私的信息外，学校学生管理信息均应当向学生及社会公开，学生管理各项举措的制定和实施过程均应当公开、透明。

③对于学生不合理、不合法行为进行劝阻的义务。《普通高等学校学生管理规定》第47条规定，学生在校期间如果想要组织较大规模的集会、游行等活动，必须严格依照法律流程与规定提出申请，在得到正式批准后才可以有序开展。对于部分没有批准的活动，学校有责任依法进行劝阻。

6. 合法合理制定校内制度义务

高等学校制定的各项规章制度需要遵循法律优先、法律保留的原则。法律优先原则一直是中国法律界公认的必须遵循的基本原则。尽管高校有着办学自主权，有着自身的办学宗旨和教育方式，但这些不能成为高校规避法律的原因。高等教育的自由裁量权也是由法律所赋予的，高校的各种行为必须接受法律的监督。

高等学校应该坚持法律优先的原则。法律优先要求高校在制定和完善自己的规章制度时，应当遵循当前法律法规的要求，学生管理规章不应与法律和上级部门的规定存在冲突，这样才能确保高校内部的规章制度是合法有效的。任何与现行的法律法规有冲突的高校规则均应视为无效。在法律优先的前提下，高等学校自身的自由裁量权也应当受到法律的保护，但要避免自由裁量权的滥用问题，限制自由裁量权的无限膨胀。

高等学校校规校纪的内容应当尽可能明确化和标准化。学校规章制度设计应该便于操作，尽可能避免出现概括、含糊、容易引发歧义的语句，建立明确的实体和程序系统。学生可以从学校规章制度中明确判断出自己的行为可能带来的后果。在惩罚性的规章制定时应坚持错罚相当，对于高校学生的处罚，应考虑教育内容和惩戒内容的适当比例，以达到轻惩重戒的教育目标。

7. 保障支持学生参加学校民主管理义务

《普通高等学校学生管理规定》对学生在高校管理中的相关权利和义务进行了明确的规定，为学生参与高校管理提供了非常重要的保障。尤其是第41条明确指出，学校有责任对学生参与民主管理的组织结构进行构建，并且对其进行不断的完善与优化，以确保学生能够依法参与学校的民主管理活动。另外，这也从侧面说明了高校学生作为一个高素质群体，十分有必要参与到学校管理中来，成为学生管理的参与者，促进学校发展。实际上，高校学生在参与管理工作的过程当中受到了广泛的关注，其中就包括政府部门，这些政府部门通过不同的方式和渠道，鼓励学生积极、主动参与到高校的管理之中。

高校学生作为参与教学活动的重要主体，他们能够并且有机会在教师评价、教学设计等多个方面，给出合乎逻辑的诸多建议。在教学活动当中，学生的参与度会对教育质量产生直接的影响。在学校日常生活之中，应该将高校学生的作用和巨大潜能充分发挥出来，如在宿舍管理、课外活动中等，同时学生参与到高校管理工作中后，可以对高校管理工作产生积极影响。

观察最近几年的进展，我们可以看到，随着经济全球化趋势的发展和科学技术的发展，我们已经完全处于信息化时代，受其深入影响，高校的管理理念也在潜移默化中不断更新，主要表现为高校借助不同方式鼓励学生主动参与管理活动或者适当地下放权力，从而激发学生参与管理的热情。在这种发展的大背景下，许多学者开始加强对大学生参与学校管理工作的深层次研究。随着教育领域对管理重视程度的提升，越来越多的学生开始参与管理工作，不仅涉及对日常事务、后勤支持等多个方面的科学管理，甚至还包括对学校重要事项决策的管理。毫无疑问，这些措施为鼓励高校学生积极、主动参与管理创造了宝贵的机会。然而，我国部分高校由于受传统教育观念以及相关体制机制的一系列影响，在管理制度建设方面依旧存在不足，从而直接导致当前我国高校学生在参与管理过程中出现诸多问题。

8. 保护学生合法权利义务

在教育教学管理中，高校有责任保障学生的合法权益，同时还应采用强有力的手段来加大学生的权利救济力度。比如说，在对学生做出某些处理决定之前，学生管理者有义务告知学生其所拥有的申诉权和诉讼程序，对于学生的纪律处分必须在听取完学生申辩后才能做出。在即将做出对全部或部分学生的利益产生影响的决策时，有义务公开听取学生的意见建议。

9. 保护未成年学生义务

《中华人民共和国未成年人保护法》（以下简称《未成年人保护法》）第 25 条至第 41 条对学校在未成年人保护方面的义务进行了明确的规定。

其中，根据《未成年人保护法》的第 25 条，学校有责任对国家教育政策和方针进行全方位认真执行，通过有效的素质教育，提升教学的水平，同时致力于培养和提升学生在独立思考、创新以及实践方面的综合能力，帮助他们更好地进步和发展。

高校在开展教育教学期间的首要任务是充分尊重未成年学生的各种权益。根据《未成年人保护法》的第 29 条，学校有责任对未成年学生的受教育权利给予充分的尊重，在他们日常的生活和学习中给予适当的关心与爱护。值得一提的是，即便是面对部分品行欠佳或者学习遇到困难的学生，也应该及时帮助和指导，一定不可以带着“有色眼镜”去看待，同时也不可以违反法律和国家的相关规定将他们开除。

站在保障个人安全的层面看，学校有责任构建一套完整的安全制度，并对其进行持续的优化与完善，组织和开展不同类型的安全教育活动，不断加强这一方面的教育，同时落实相应的安全措施以确保他们的人身安全。当学校有序组织和安排未成年学生参与集体活动的时候，应该以促进他们身心的健康发展为核心，最大限度降低人身安全事故发生的可能性。学校要重视对未成年学生的思想道德教育，促使他们在潜移默化中逐渐养成良好的行为习惯。高等教育机构应当提高未成年学生在自我防护方面的意识与能力。

学校有责任在规定的合理范围内，为未成年学生提供适当的救助。一旦学校内的未成年学生遭遇人身伤害事故，或者在学校组织的校外活动中受到人身伤害，学校有责任迅速进行救助，确保问题得到妥善解决，并且将事情的完整经过及时向相关的管理部门报告。

在对未成年学生进行管理的过程中，高校的学生管理者应该以他们的身心发展的内在规律为基础，有序组织和开展社会生活指导、心理健康指导等教育活动。除此之外，学校也有责任与未成年学生的父母或其他法定监护人密切合作，以确保他们有足够的睡眠、娱乐以及体育活动时间，同时更不应增加他们在学业方面的负担。

10. 安全防范义务

安全防范义务指的是高校有维护校园正常秩序的义务，应保证在校园中学生合法权益免受侵害。根据《普通高等学校学生管理规定》的第 40 条，学校应该承担起维护校园秩序的责任，确保学生在校期间可以正常地生活与学习，为他们营造良好的生活和学习环境、氛围。众所周知，在我国社会主义市场经济条件下，校园管理不可忽视的组成部分之一就是校园治安，如果校园治安出现问题，会对教学质量产生影响的同时，也会损害教师、学生和其他工作人员的利益，甚至会给国家财产造成巨大损失。基于此，高校有必要不断加大对校园治安秩序的维护力度，可以说这对于确保学校教学的稳定性、教师和学生的人身、财产安全等，均具有不可估量的重要性。2002 年教育部颁布的《学生伤害事故处理办法》中，对学生伤害事故的范围、学校的相应职责、学生承担过错责任的程度以及出现学生伤害事故的处理办法都做了明确的规定。该办法要求学校的安全保卫、消防、设备管理不能存在明显的疏漏，向学生提供的药品、食品、饮用水应当符合国家卫生标准，学校教职员工应当恪尽职守，不能出现违反工作要求、道德操守、操作流程的行为。如因以上问题而导致学生产生伤亡事故，学校应当承担相应的赔偿责任。

《学生伤害事故处理办法》对学校义务使用了过错责任原则，即学校如无过错则不承担责任。高校学生大部分已年满 18 周岁，具有完全的民事行为能力，高校对于学生权益的保护，侧重于整体性保护。高校只要给学生提供安全可靠的学习生活环境，就完成了自己的义务内容。学生在学校提供的环境中，只要遵守正常的教学和生活秩序就可以避免权益受损。学校无义务去排除每个个体在特殊情况下受到伤害的可能性。

安全防范义务的一个重要方面就是增强学生的安全意识。由于我国高校教育之前的各阶段教育主要以高考为指向，导致了素质教育具有一定程度的缺失，高校学生入学时的安全防范意识较薄弱，缺乏相应的安全训练，遇到突发事件容易惊慌失措，可能会引发意外。因此，高校有义务加强高校安全教育，提升学生的安全意识和自救能力，最大限度地避免校园学生伤害事故发生。

为了能够更好、切实地履行安全防范义务，高校安全保卫部门应是保持高校治安稳定，保证学校教学、科研、工作和生活秩序顺利进行的基础队伍，同时高校也应当建立一个万无一失、疏而不漏的校园安全网络联动体系。对于校园中可能出现的突发事件，高校应具有一定的突发事件及时应对处置能力。高校突发事件往往难以预测，一旦出现会迅速蔓延和扩散，难以防控，对此，高校应该建立紧急处置预案，建立完善的应急预警和监测机制。事故一旦发生，各部门可以快速集结，形成联动，及时处理危机，隔离无关人员，避免恶性事件的发生。

（二）义务的来源

高校学生管理义务的来源主要有以下几个方面。

1.《中华人民共和国教育法》

《中华人民共和国教育法》规定的学校及其他教育机构的义务主要包括以下几个方面的内容。

①采用一些容易被人接受的方式使得监护人能够了解受教育者在学校的基本情况，这些基本情况主要包括受教育者的学习状况、生活适应度以及相关的考试成绩等。

②相关人员需要遵守法律法规。

②依法接受监督。

④维护受教育者、教师及其他职工的合法权益。

⑤根据国家有关规定收取费用并公开收费项目。

2.《事业单位登记管理暂行条例》

鉴于高等学校属于国家事业单位，也应当遵守国家事业单位的相关义务。《事业单位登记管理暂行条例》于 1998 年 10 月 25 日发布，2004 年 6 月 27 日修订其

第2条规定，事业单位的定义为为了社会公益目的，国家机构或其他组织对国有资产进行充分灵活运用而举办的，专门进行文化、教育等活动的社会服务组织。

3.《中华人民共和国高等教育法》

《中华人民共和国高等教育法》于1999年1月1日起实施，其总则篇中规定了我国高等教育所应当承担的义务：第四条中明确规定，学校的教育是为我国的社会主义服务的。我们在第三次科技革命的洗礼下，亲眼见证了科技给我们的生活带来的便利与好处，因此我们作为教育行业的工作者，需要为社会的发展培养更多的科技方面的创新人才，这样才能推动社会的发展，为社会的繁荣做出贡献。

除了上述所说的之外，《中华人民共和国高等教育法》也对高校的相关义务做出了必要的规定。第5条明确规定，设立高校时应该明确规定高校的任务，设立高校的首要目的就是培养专业的创新型科技人才，其目的是公益性的。在一些其他的条例中也规定高等学校不得将用于教学和科学研究活动的财产挪作他用。第59条规定，学校在学生毕业前需要及时为学生提供必要的后盾支持。学生毕业时，学校有义务为学生进行毕业指导，帮助学生就业，提高就业率。学校的发展前景、学校的总体发展方向都是由校长带领相关的管理者决策规定的，校长的责任非常重大，因此对于校长的带头作用，责任条例中也有明确的规定。

4.《普通高等学校学生管理规定》

通过对《普通高等学校学生管理规定》的查找与阅读可以发现，学校教育的目的是为社会培养相关方面的人才，这也是其教育的总体目标与根本任务。学校需要在遵循我国法律和教育规律的基础上管理学生，从而完成相应的教学任务。另外，学校还需要提升管理水平，为培养社会主义的人才奠定坚实的基础。

第五节　高校学生管理工作流程

一、健康服务与安全管理

（一）安全教育

我们都知道，不管是对于学校，还是各种机构或者工作场合来说，安全都是非常重要的。学校是人员密集的场所，所以校园中对学生的安全教育是绝对不能少的，其安全教育流程如图2-5-1所示。

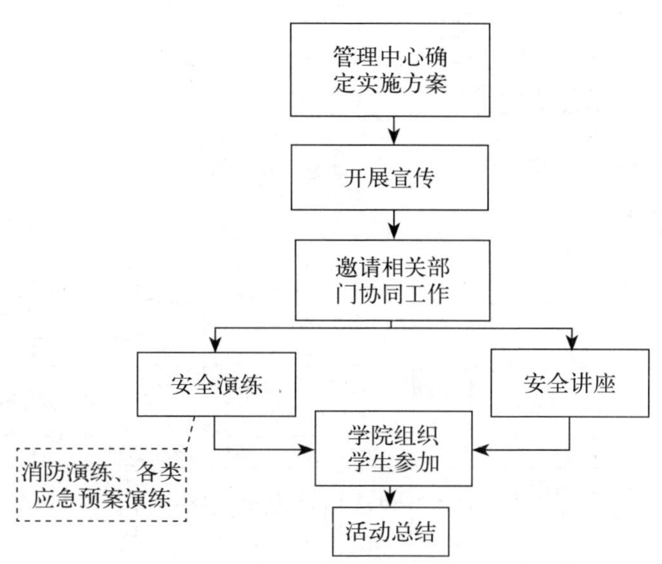

图 2-5-1　安全教育流程

在上述过程中，一些需要着重注意的具体事项如表 2-5-1 所示。

表 2-5-1　工作说明

承办人员	学生工作处大学生管理中心
实施对象	全日制普通高校学生
实施期限	全年
相关法规	《中华人民共和国消防法》 《普通高等学校学生安全教育及管理暂行规定》
注意事项	1. 注意做好安全教育活动宣传，提高学生参加的积极性； 2. 每次参与学生人数应适量，分批次进行，保障教育效果； 3. 做好相关部门及学生的协调工作
办理方式	1. 学生处管理中心按年度工作计划制订安全教育方案； 2. 邀请保卫处、公安部门等协同推进安全教育工作； 3. 各学院通过宿舍走访、海报横幅开展活动宣传工作； 4. 管理中心、各学院按方案组织学生参加

此外，还要准备学生安全教育材料，对相关的安全教育做总结。

（二）意外伤害类事件处理

在日常的生活中，谁也不可能保证自身每时每刻都是安全的，乘坐交通工具出行或者是在工作场合中都可能出现一些意外事故，特别是学校这类人员密集的场所，发生意外伤害类的事件是无法避免的，一旦发生意外伤害类事件，处理需要遵照图 2-5-2 所示程序进行。

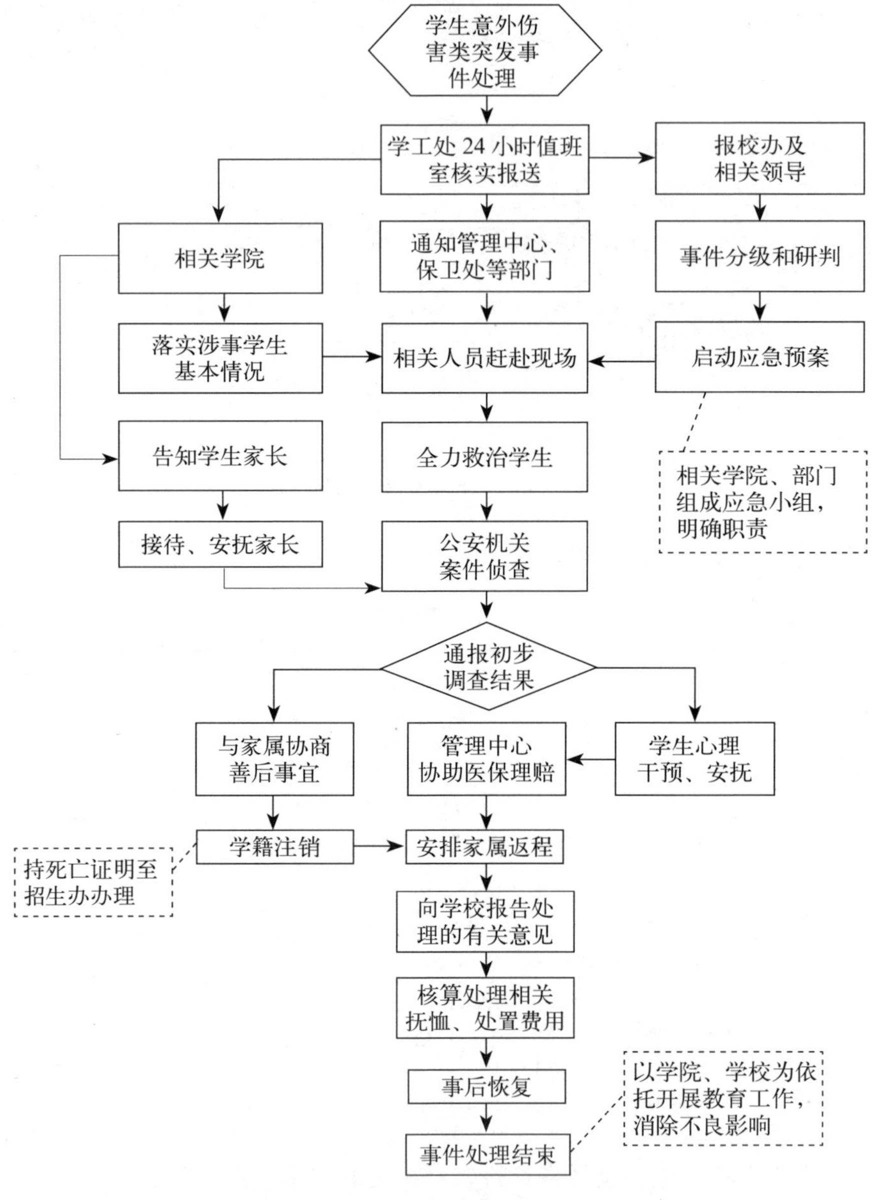

图 2-5-2　意外伤害类事件处理流程

在上述工作流程中，一些需要着重注意的事项具体如表 2-5-2 所示。

表 2-5-2　工作说明

承办人员	学生工作处大学生管理中心
相关单位	院长办公室、各学院、保卫处、校医院、财务处
实施对象	发生意外的高校学生
实施期限	全年
相关法规	《中华人民共和国民法通则》《中华人民共和国侵权责任法》 《学生伤害事故处理办法》《普通高等学校学生安全教育及管理暂行规定》
注意事项	1. 核实信息来源及真伪，及时汇报情况，第一时间赶赴现场； 2. 尽全力救治意外伤害学生； 3. 安抚疏散围观学生，注意保护现场，留存相关证据； 4. 保护学校及个人的名誉，任何人不得宣扬和编造事件缘由
办理方式	1. 校长办公室负责组织成立应急小组，启动应急预案，通知相关部门开展相关工作，明确各自职责； 2. 学工处负责突发事件的信息报送，学生善后事宜及相关部门的协调； 3. 学院负责提供学生基本信息，做好学生家属的接待与安抚工作，做好相关学生的思想教育及事后恢复工作； 4. 校医院主要负责伤员的救治，联系相关医疗机构，监测善后过程中人员健康情况，协助处理善后相关事宜； 5. 财务处根据事件处理情况提供相关抚恤、处置费用

此外，还要对相关的宣传活动做最后的总结工作。

（三）健康知识宣传

对于学院的健康知识宣传工作，工作流程需要按照如图 2-5-3 所示进行。

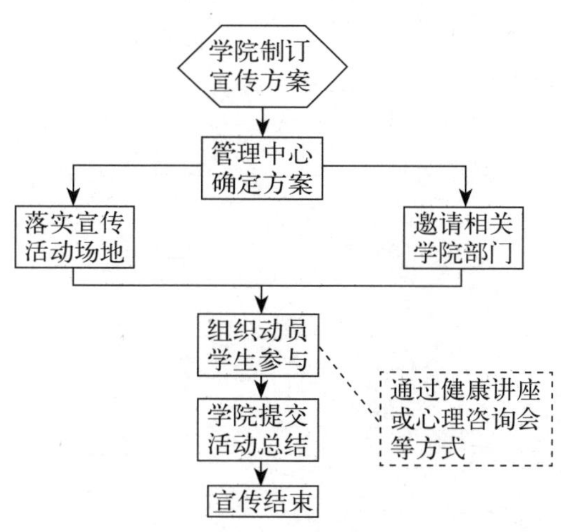

图 2-5-3　健康知识宣传流程

在上述工作流程中，一些需要着重注意的事项具体如表 2-5-3 所示。

表 2-5-3　工作说明

承办人员	学生工作处大学生管理中心
相关单位	各学院、校医院
实施对象	高校学生
实施期限	全年
相关法规	《普通高等学校学生安全教育及管理暂行规定》
注意事项	1. 注意做好活动的宣传工作，提高学生参加的积极性； 2. 及时了解学生的健康动态信息，做好相关生理、心理预防工作； 3. 做好相关部门及学生的协调工作
办理方式	1. 学生处管理中心指导学院开展健康知识宣传，并提供必要支持； 2. 学院按目前健康宣传需求邀请校医院或心理咨询中心开展相关讲座或召开咨询会； 3. 通过宿舍走访、张贴海报横幅开展讲座、咨询会宣传工作； 4. 各学院应鼓励学生参加健康讲座，增强自身防范意识

此外，还要对相关的宣传活动做最后的总结工作。

（四）医保服务

在这部分内容中主要对学生的居民保险办理与学生商业保险办理进行分析。

1. 居民保险办理

办理学生的居民保险需要按照如图 2-5-4 所示的程序进行。

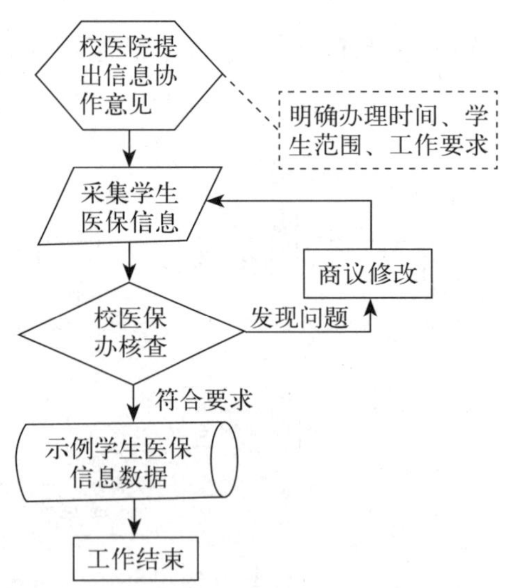

图 2-5-4　学生的居民保险办理流程

在上述工作流程中，一些需要着重注意的事项具体如表 2-5-4 所示。

表 2-5-4　工作说明

承办人员	学生工作处大学生管理中心
相关单位	校医院
实施对象	高校学生
实施期限	每年九月
相关法规	1. 各高校制定的大学学生基本医疗保障制度实施办法； 2. 各高校制定的大学生基本医疗保障制度的有关规定；
注意事项	1. 学生医保信息采集应确保准确无误； 2. 医保信息整合报送须及时高效
办理方式	1. 校医院向学工处提出书面协作意见； 2. 学工处管理中心通过学籍信息库及新生学籍卡采集学生信息； 3. 涉及学生个别信息处理时，由医保办或学生本人直接处理

除了上述所说的之外，还需要准备在校学生医疗保险信息统计表，具体内容如表 2-5-5 所示。

表 2-5-5　在校学生医疗保险信息统计样表

序号	身份证号	姓名	学号	院系	专业	班级	学生类别

2. 商业保险办理

办理学生商业保险过程需要按照如图 2-5-5 所示的程序进行。

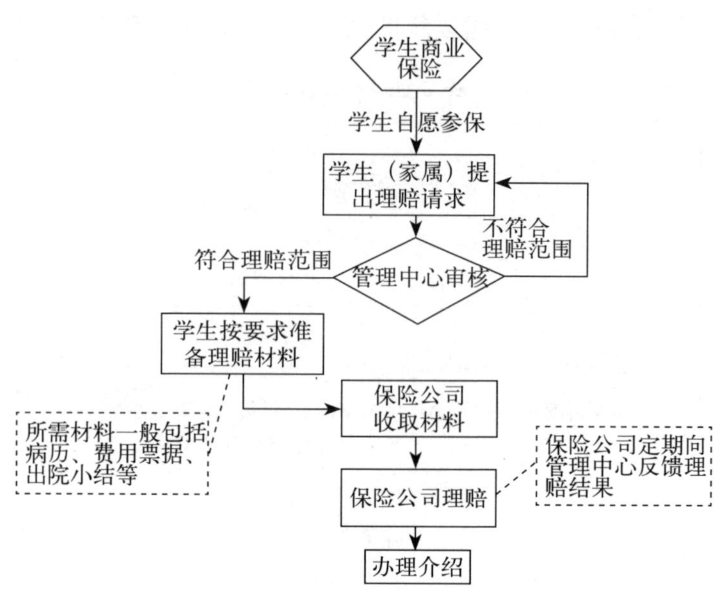

图 2-5-5　办理学生商业保险流程

在上述工作流程中，一些需要我们着重注意的事项具体如表 2-5-6 所示。

表 2-5-6　工作说明

承办人员	学生工作处大学生管理中心
相关单位	各学院、保险公司
实施对象	高校学生
实施期限	全年可办理，一个月办结
相关法规、政策	1.《中华人民共和国保险法》； 2.《国务院关于开展城镇居民基本医疗保险试点的指导意见》
注意事项	1. 学生同时购买居民医保和商业医保的，应先行理赔居民医保； 2. 商业医保办理确保准确、及时、高效； 3. 定期统计保险公司理赔结果，确保服务质量
办理方式	1. 管理中心依据投保名单审核学生是否参保； 2. 学生按要求整理理赔材料，保险公司定期到学校上门收取； 3. 保险公司内部审核理赔申请，直接向学生或家长支付理赔金，并将理赔结果反馈至管理中心

此外，还需要准备学校商业保险投保协议与学生保险理赔证明材料。

二、纪律教育与行为规范

（一）学生权益保障

学生权益的保障主要表现在两个方面：一是对学生在学习生活中诉求的处理，二是对学生违纪处分申诉的处理。

1. 对学习生活诉求的处理

在日常学生管理中，有时会收到学生在学习生活中的诉求，对这些情况的处理要遵循一定的流程，具体如图 2-5-6 所示。

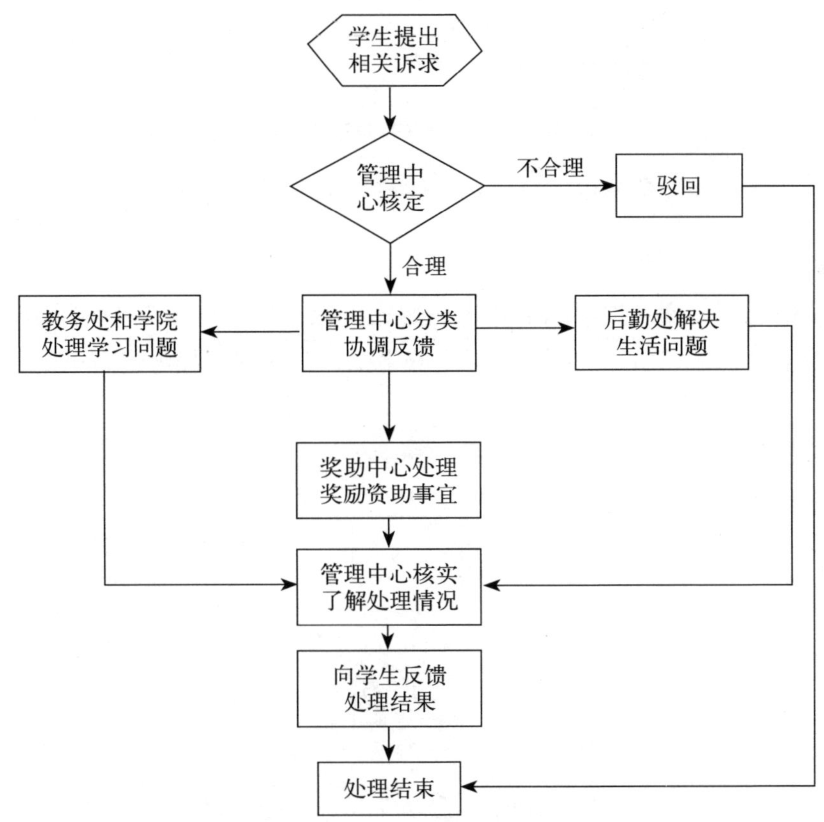

图 2-5-6　学习生活诉求处理

此外，还要准备学生申请表与处理结果文件。

2. 违纪处分申诉

学生违反学校的纪律会受到一定的处罚，具体流程如图 2-5-7 所示。

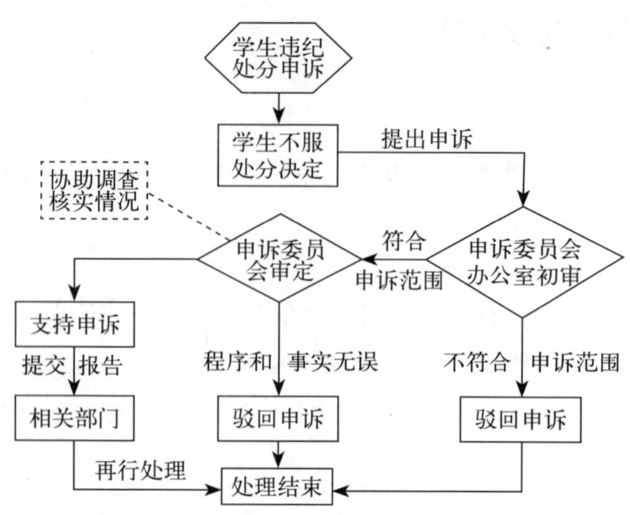

图 2-5-7　违纪处分申诉流程

此外，还需要准备学生处分决定文件与学生申诉申请书。

（二）学生退学处理

通常情况下，学生退学需要遵循一定的流程，具体如图 2-5-8 所示，但是在实际工作中，会遇到因各种情况而退学的学生，在处理过程中会有一些差异。

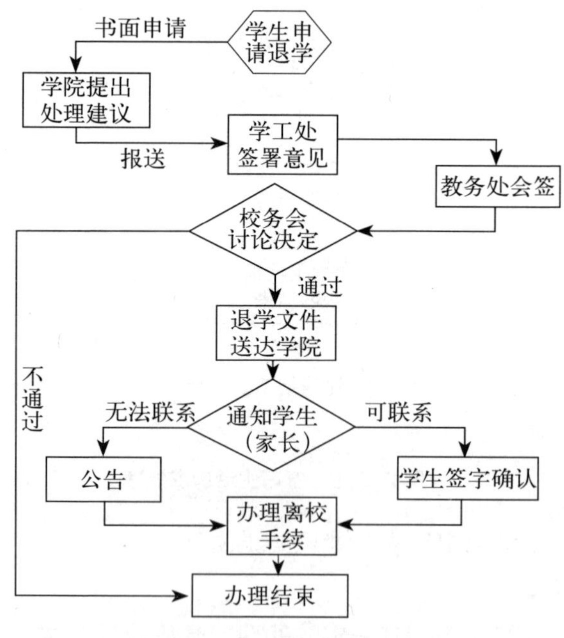

图 2-5-8　退学处理流程

此外，还需要准备学生退学申请材料与退学决定文件。

1. 生病退学处理

对于因生病而退学的学生来说，在办理退学的过程中要遵循一定的流程，具体如图 2-5-9 所示。

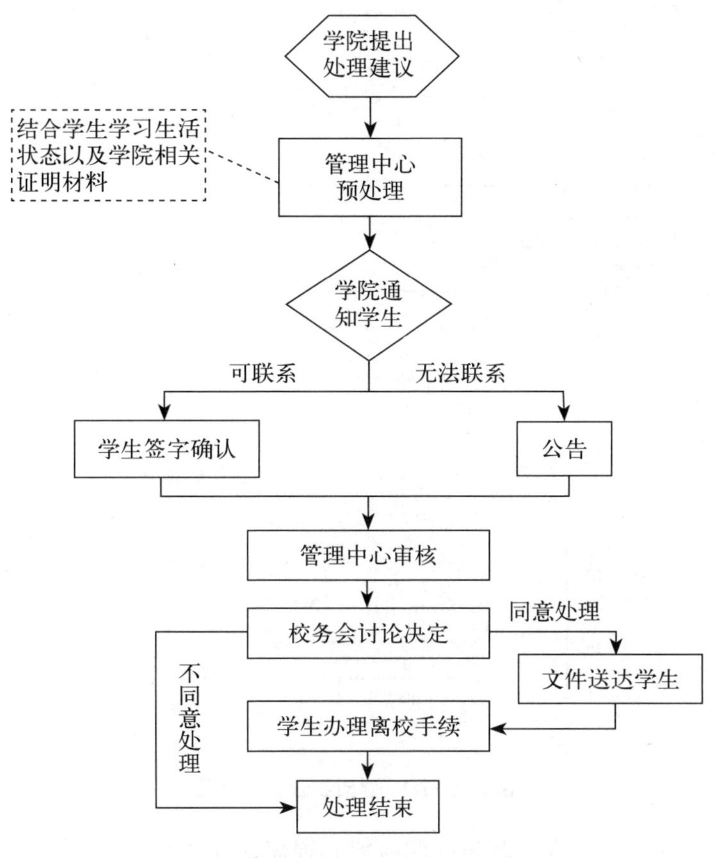

图 2-5-9　生病退学流程

此外，还需要准备给予退学证明材料与退学决定文件。

2. 学时学分退学处理

对于因学时学分而退学的学生来说，在办理退学的过程中要遵循一定的流程，具体如图 2-5-10 所示。

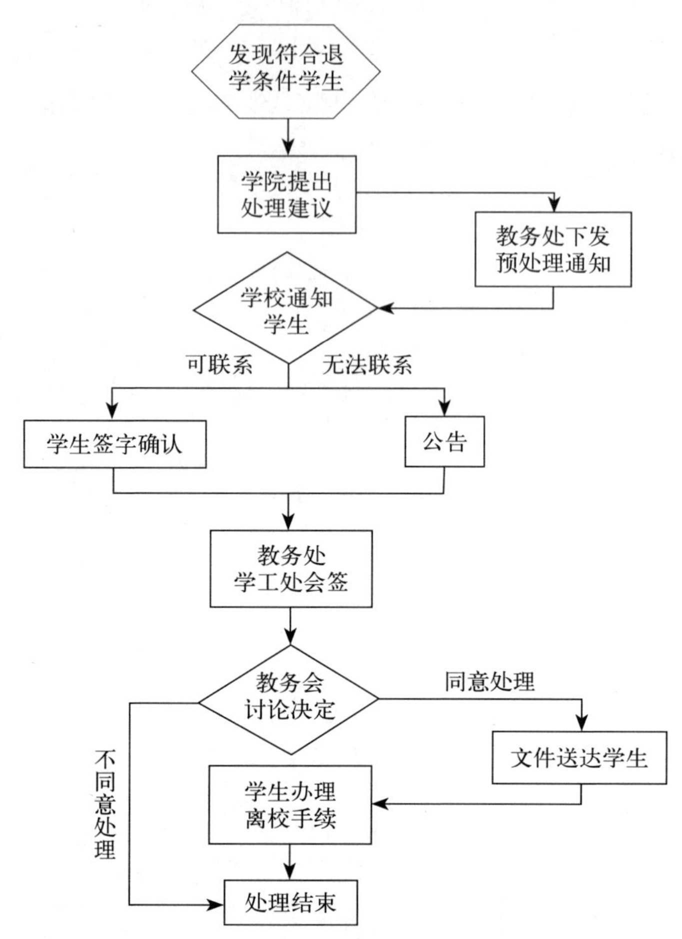

图 2-5-10　学时学分退学流程

此外，还需要准备给予退学证明材料与退学决定文件。

（三）学生日常行为管理

1. 优良行为奖励

对行为优良的学生应适当予以奖励，其奖励需要遵循一定的流程，具体如图 2-5-11 所示。

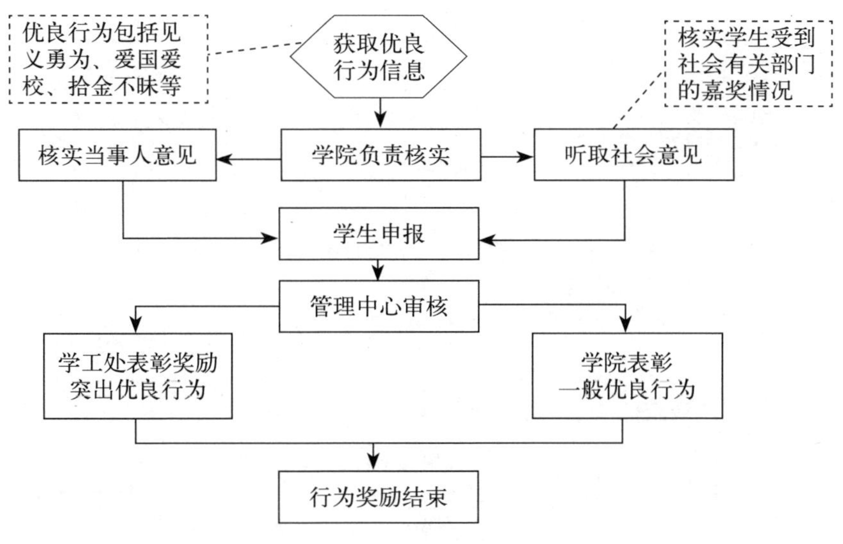

图 2-5-11　优良行为奖励流程

此外，还需要准备一份学生优良行为奖励申报表，其具体内容如表 2-5-7 所示。

表 2-5-7　学生优良行为奖励申报表

姓名		学院		班级		学号	
专业				联系电话			
奖励事由							

2. 日常违纪处理

对于学生日常行为违纪的处理，通常情况下，我们要遵循图 2-5-12 所示的处理流程。

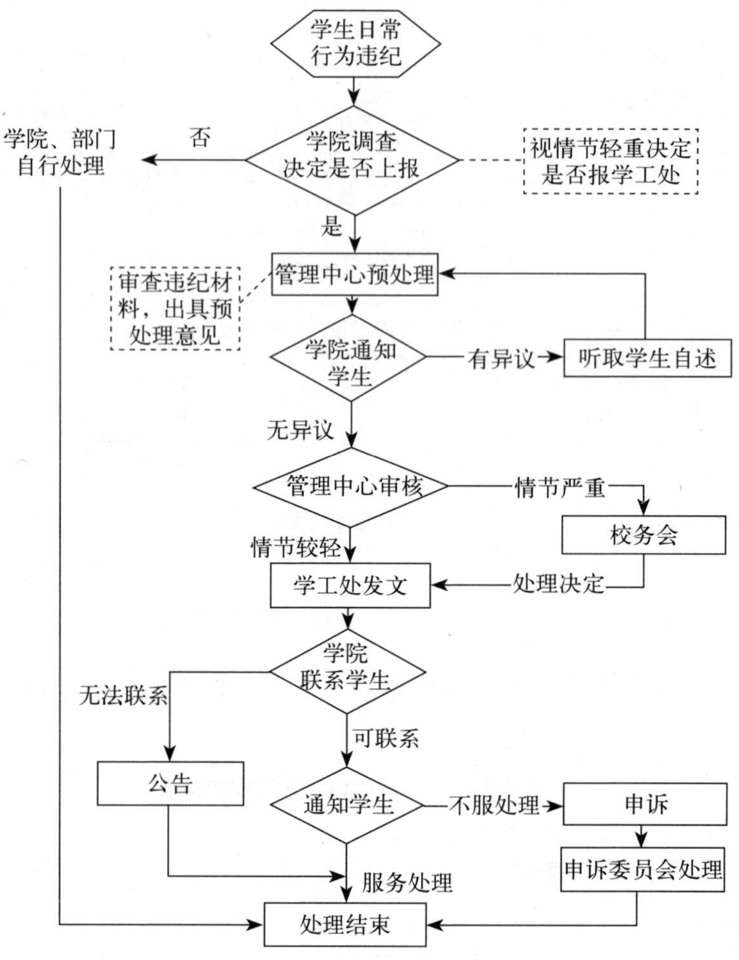

图 2-5-12　日常违纪处理流程

在必要的情况下还需要准备学生日常违纪行为证明材料与预处理通知书等，具体视情况而定。

3. 考试违纪处理

对于学生在考试中违纪的处理要遵循一定的流程，具体如图 2-5-13 所示。

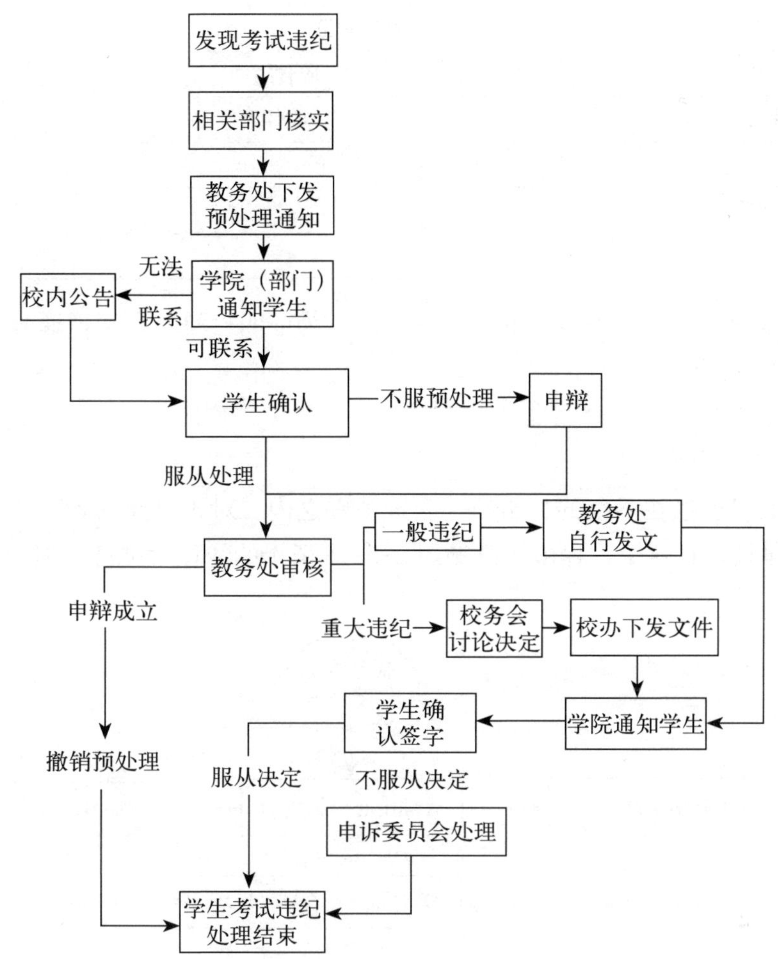

图 2-5-13　考试违纪处理流程

此外，还需要准备一份学生处理材料的登记表，其具体内容如表 2-5-8 所示。

表 2-5-8　学生处理材料登记表

学生姓名		性别	
籍贯		出生日期	
民族		学院及专业	
班级		学籍号	

续表

事由及处理意见			
送件时间		收件时间	
送件人		收件人	
学工处意见			
学校意见			
备注			

在必要的情况下，还需要准备学生违纪行为证明材料与预处理通知书等，具体视情况而定。

4. 早操管理

（1）组织早操

早操的管理也在学生的日常行为管理范围之内，对于早操的管理首先要做的就是组织早操，在这个过程中要遵循图 2-5-14 所示的流程来进行管理。

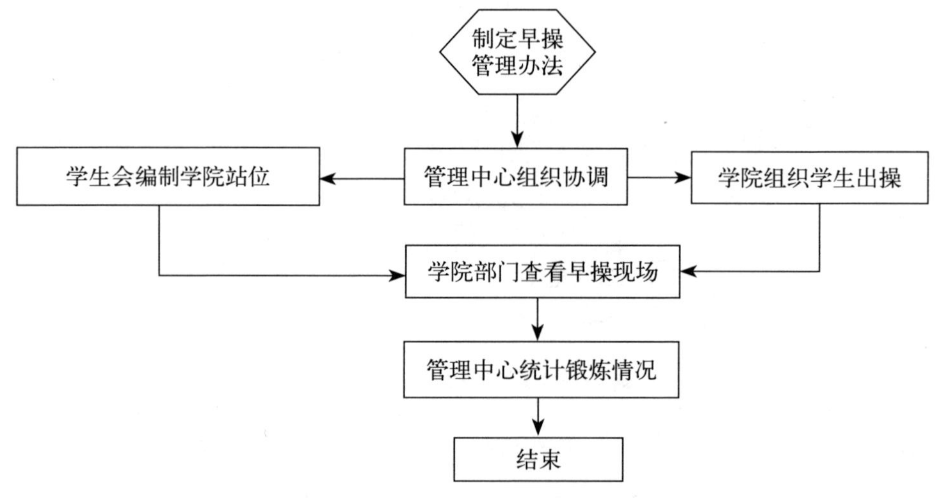

图 2-5-14 早操管理流程

（2）考评早操

在考评早操的过程中，我们需要按照图 2-5-15 所示的流程进行。

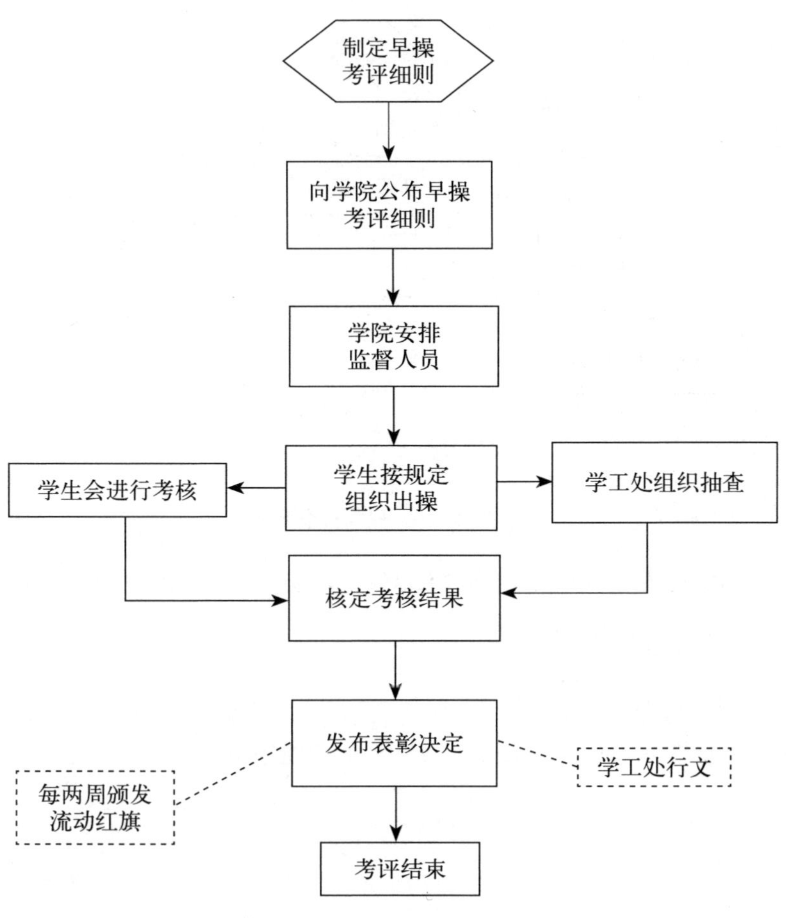

图 2-5-15　考评早操流程

此外，还需要准备一份学生会考核材料与早操锻炼表彰决定文件。

三、学生住宿服务与学院管理

（一）学院基础文明建设

学院基础文明建设主要是指对校园日常文明的检查，这些检查需按照图 2-5-16 所示的程序进行。

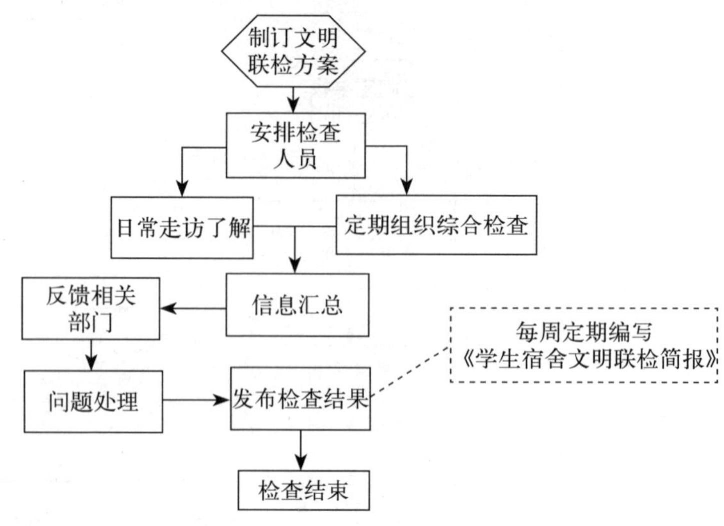

图 2-5-16　日常检查流程

此外，还需要准备《学生宿舍文明联检简报》与日常走访的记录。

（二）学院事务管理

1. 信息报送管理

学院信息报送需要按照如图 2-5-17 所示的程序进行。

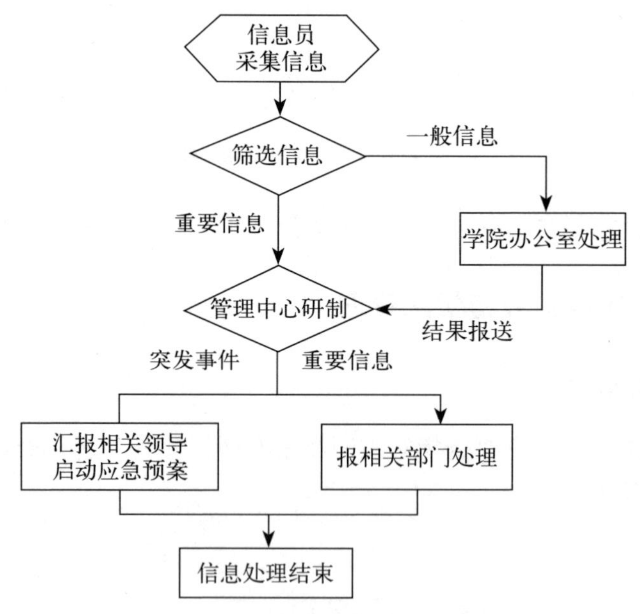

图 2-5-17　学院信息报送流程

此外，还需要准备信息员报送材料与信息处理结果文件。

2. 工作队伍建设

学院事务管理首先需要的就是管理人员，需要按照图 2-5-18 所示的程序进行。

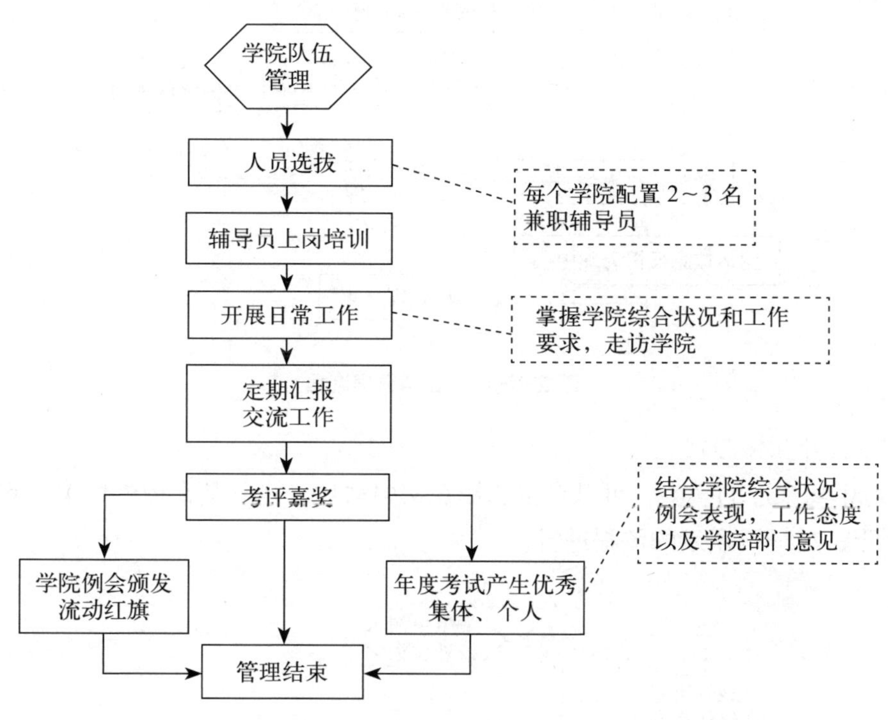

图 2-5-18　工作队伍建设流程

此外，还需要准备学院工作年鉴与年度优秀学院、优秀兼职辅导员表彰决定文件。

（三）高校学生住宿管理

1. 住宿管理

新生入学，我们首先要做的就是安排学生住宿，在这个过程中要遵循图 2-5-19 所示的流程进行。

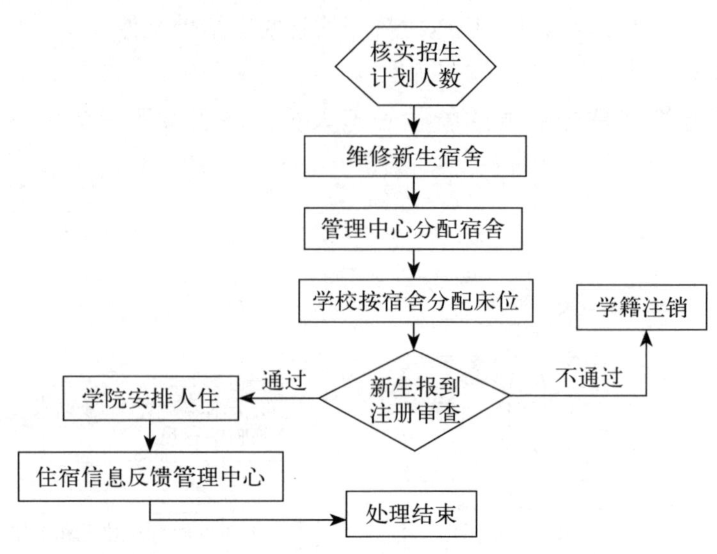

图 2-5-19　住宿管理流程

2. 校外住宿管理

对于离家近的学生，可以自主选择在家中居住，也就是在校外住宿，其管理需按照图 2-5-20 所示的流程进行。

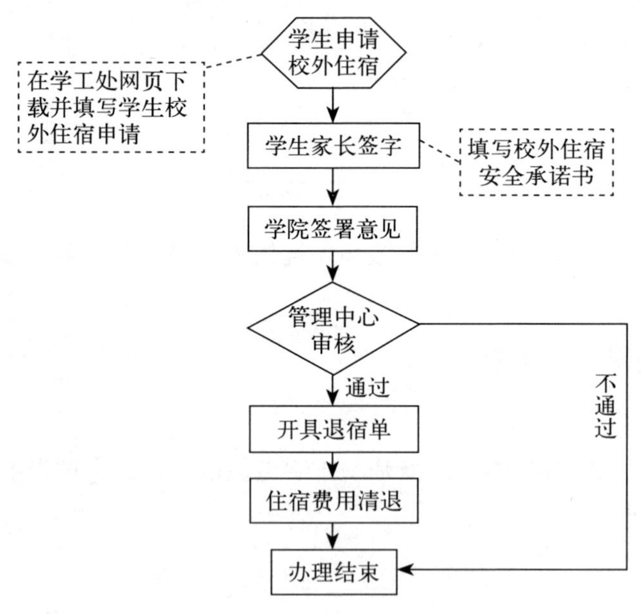

图 2-5-20　校外住宿管理流程

此外，还需要准备一份学生校外住宿申请表。特殊情况下，还需要准备学生校外住宿安全承诺书与退宿舍单存根联。

3. 宿舍调整管理

安排好的住宿可能会由于某些情况出现调整宿舍的现象，需要按照图 2-5-21 所示的流程进行。

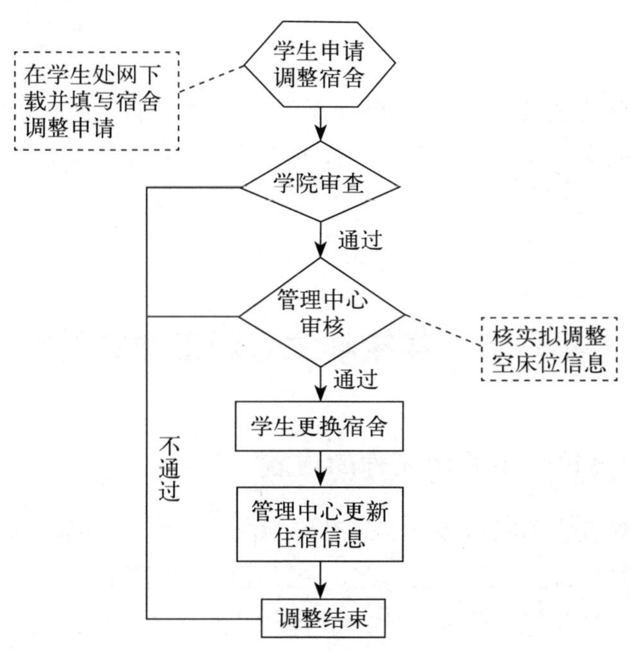

图 2-5-21　调整宿舍流程

此外，还需要准备一份学生宿舍调整申请表，具体内容如表 2-5-9 所示。

表 2-5-9　学生宿舍调整申请表

<table>
<tr><td>姓名</td><td></td><td>性别</td><td></td><td>学号</td><td></td><td>政治面貌</td><td></td></tr>
<tr><td>所在院校</td><td></td><td>原住宿舍</td><td colspan="3"></td><td>申请宿舍</td><td></td></tr>
<tr><td>申请原因</td><td colspan="5"></td><td>联系电话</td><td></td></tr>
</table>

第三章　高校学生管理工作的现状与问题

我国高校学生管理工作已经得到了初步发展。本章为高校学生管理工作的现状与问题，依次对高校学生管理工作的现状、高校学生管理工作的问题进行了介绍。

第一节　高校学生管理工作的现状

一、目前高校学生管理工作的成就

如今，高等教育不断进步，其改革不断深化，学生管理已成为一个至关重要的工作领域，需要高校不断探索。在这个过程中，高校不仅可以获得丰富的经验，还能实现一些教育目标，收获一定的成就。目前高校学生管理工作的成就具体涵盖以下几个方面的内容：

（一）学生管理工作扩展到多个层面

随着社会主义市场经济的不断发展和高等教育制度的不断完善，在高校中，学生管理工作的重要性日趋提升。此外，在高等教育领域，高校学生管理理念已经发生了改变，过去高校学生管理工作主要重视“管理”，而现在更注重以“发展、服务”为主导原则开展工作。目前，高校为学生提供服务已经与高校向学生提供教育和管理一样，变得极为重要，已经成为学生管理工作的关键职能之一。在绝大多数高校，学生服务工作主要有两种类型：第一类，学生服务工作可以采用由学生管理职能部门和下属服务中心共同承担的方式，或是由各院系自设服务中心独立负责的方式，这样一来，就有两种不同的学生服务工作模式可供高校选择，即为学生直接提供服务和为学生间接提供服务；第二类，一部分高校新建了学生服务中心，可以通过该中心直接为学生提供服务。第二类学生服务工作可以对第一类工作方式加以补充，对高校学生服务质量的提高大有益处。

学生服务工作的范畴已经得到了很大程度的拓展。当前，高校的学生服务已经不再局限于助学就业、心理健康教育、维权等领域，它已经有了更广泛的服务内容。另外，为了方便学生的学习与生活，许多高校设立了一些专门的服务机构，如助学服务中心、心理咨询中心和就业指导中心，为学生提供全面的、一站式的服务。这种机构可以提高学生服务工作的质量，并拓宽其服务范围。

（二）思政教育途径和载体更加多样和丰富

在我国，高校目前正在探索和尝试新的途径和方式来加强学生的思想政治教育，不断扩大教育的范围，并已经取得了明显的进展。

首先，我们明显可以看到，在接受思想政治理论教育后，学生在思想上取得的进步是十分显著的。高校通过思政课程和学生理论社团建设，有力地推进了学生思想政治教育工作的发展。此外，高校还陆续采取了一系列措施，例如，加大课程建设资金投入、将中国特色社会主义理论融入授课、改良教学方式与方法、更新考试制度，以及注重提升教师队伍的素质。在这种背景下，我们应该加强高校理论社团建设，并引导学生深入研究中国特色社会主义理论，以此巩固他们的理想信念，提高其政治理论素养。这是加强高校社团建设的一个重要方面，对于提升高校学生的综合素质而言是极为有益的。

其次，高校在学生日常思想政治教育方面的工作取得了显著进展。当学生入读高校时，学校会及时进行规章制度的宣讲，以便让新生认识到遵守规则、热爱国家和回报社会的重要性。

最后，高校在很大程度上加强了学生思想政治教育场所的建设。各大高校已经开始顺应互联网和新媒体的趋势，除了运用传统的宣传手段之外，还加强了校园电视台和网络新媒体的建设。这样一来，高校可以拓宽思想政治教育的渠道，让学生更加深入地了解校园文化，从而进一步提升学生的思想素质、改善校园学风。

（三）学生管理制度不断改进

从确保系统秩序的建立的角度看，制度能够发挥强而有力的规范人们行为的作用。为深化教育、加强科学管理、规范服务，高校必须依靠规范化制度，为教育、管理、服务提供有力支持。随着法治建设的逐步完备以及公众意识的不断增强，高校越来越注重将道德教育与行政管理紧密结合，以加强校规校纪建设。借助强有力的管理措施和系统的规章制度，高校能够引导学生朝着正确的方向发展，并培养其良好的行为习惯。自从我国实施《普通高等学校学生管理规定》以后，我国很多高校已经开始以该文件为基础，邀请法律专家以及学校师生进行广泛交流，秉持充分尊重学生主体地位的原则，制定了符合本校实际情况的学生管理规章制度，以期不断完善学生管理工作。这些制度有效提升了学生管理的水平。

当今社会，高校学生管理工作模式已经变得越来越多样化，其中包括三种主要模式。第一种模式是学校间接管理模式。按照这一模式，学生管理职能部门负责整体性、宏观性的学生管理工作，而院系学生管理队伍则承担具体的微观性工作。第二种模式是学校直接管理模式。按照这一模式，高校成立了一个专业的管理中心，以有效地管理学生工作的各个方面，确保高校对学生管理工作的直接管理，并确保高校能够获得良好的管理效果。第三种模式是将直接管理和间接管理相融合的模式。按照这一模式，高校设立了一个自主的学生事务管理中心，该中心的职能与学生管理部门在管理内容上有很多相似之处。

（四）学生管理工作队伍建设受到重视

要强化学生管理工作并确保其有效性，高校必须成立由具备娴熟技能的学生所领导和管理的工作小组。如今，各个高校致力于提高思政课教师和学生干部的专业素养、职业素养，努力为他们提供培训、学习、交流、深造的机会。采取提高学术成就、扩大知识领域的方式，高校可以组建综合素质水平较高的学生管理工作队伍，进而规范学生管理工作。与此同时，高校还制定了多项政策，以促进学生管理队伍建设。这些措施包括加大专业技术职务评定、课题申报以及科研立项等方面的资金投入力度，从而确保该队伍长期保持稳定状态。

很多高校已建立了针对学生管理队伍的管理、激励、约束等方面的机制，明确了各个工作岗位的具体职责，并建立了较为合理的绩效评价体系。通过考评和激励，高校提高了学生管理工作团队的创新能力，同时也提高了学生管理职位的吸引力。在这种情况下，学生管理工作干部都十分积极地开展相应工作，努力提升自身创造性，以促进学生管理工作的发展。学校、院系和学生一致重视考核机制与激励机制的建立，并采取了“辅导员日记”“班级目标管理法”等方法，以配合学生管理工作的开展。

二、我国高校学生管理的现有模式

（一）人格化管理模式

1. 人格化管理模式的含义

所谓人格化管理模式就是在管理过程中充分注意人性要素，以充分挖掘人的潜能为己任的管理模式。

人格化管理是一种“以人为本”的管理方法，就是从管理的指导思想到具体的管理原则和方法，都是从人出发，以人为核心的管理。它的实质在于充分尊重和理解被管理者的个性和创造才能，充分调动他们的积极性、主动性、创造性，并使其更好地投入工作中去，更有效地实现组织目标。至于其具体内容，包含很多要素，如对人的尊重、充分的激励、给人提供各种成长与发展机会等。

通常情况下，就读于同一所高校的学生具备一些共同特点。比如说，清华大学的学生以严谨的态度为人所知，而北京大学的学生则以浪漫和民主的思想为特色。由于不同高校在发展历史、背景等方面存在差异，其校园内都存在不同的“学院人格化”。而在同一班级中的同学们也会有一些共同点，这些共同点让不同的班级呈现出一定的特点，呈现出不同的“班级人格化”。甚至在大学宿舍里，也会产生不同程度的“宿舍人格化”。

2. 人格化管理模式的作用

纵观各个国家对当代人才的需求，我们可以发现现代人才需要承担更多的职责与任务，这要求他们具备更多的技能和更高的素质。此外，这些人才要拥有较强的社会责任意识，明确具体的人生追求方向，并不断增强自身的学习和创造能力，同时要掌握适应时代发展所需的技巧。为了发展学生的这些能力，高校需要采用现代化的管理方式，注重提升学生的内在修养。人格化管理模式强调的是人性化，力求提高大学生的内在素质，培养提升的优良品质，让他们能够主动杜绝不良和恶劣行为，促进优秀思想文化在社会上的传播和推广。这对于大学生的成长和大学文化的繁荣是至关重要的。

3. “学校人格化”管理

要实现“学校人格化”管理，高校需要从以下几方面入手：第一，高校要加大规章制度的落实力度；第二，高校要营造一个适宜学生学习的环境氛围；第三，高校要培养学生积极向上的心态。

“学校人性化”管理，是学生管理的更高层次，能够全方位掌握学校运作的动态。其作用是可以在宏观层面对学生管理工作进行统筹规划和指导，以促进高校管理的有效发展。为此，高校需要从领导层面入手，投入更多的人力、物力和财力，加强学校的基础设施、师资力量和学术建设，并制订相关工作计划，确立长期目标，以务实求真为核心原则，确保该工作的改善持之以恒，切莫急功近利、流于表面。

4.“班级、宿舍人格化”管理

在学校管理工作中，宿舍、班级等基层管理单位发挥着基础性作用。想要实现基层人格化，基层管理单位需要从以下几个方面入手。

（1）教育工作者发挥人格魅力

对于学生，特别是新生来说，教育工作者，尤其是教师和辅导员，在学生中威信较高，学生会常常模仿自己崇拜的教师和辅导员的一言一行。在“班级人格化”管理的过程中，辅导员担负了领导和执行多个方面任务的职责，包括组织、规划、监督和实践，他们是班级管理的核心角色。而在班级管理中，教师发挥着不可或缺的辅助作用，可以为辅导员所进行的管理工作提供很多帮助。所以，要使学生受到正向感染，辅导员应当保持高尚的职业道德、良好的生活素养和专业的工作作风；而教师应该以身作则，恪守严格的学术标准，进而引导学生形成高品质的学习态度。作为榜样，教师和辅导员应该在班级中发挥自身的重要作用，积极营造健康的班级文化氛围。

（2）个别学生发挥人格力量

无论在哪个班级里，都有具备突出领导才能的学生，这些学生的人格力量对于实现“班级人格化”发挥着至关重要的作用。有些学生的个人魅力可以影响和激励其他同学，从而促进班级整体形象的塑造与提升，这可以被视为“班级人格化”的一种推动力量。然而，学生的个性特质存在积极和消极之分，具备积极特质的学生可以对班级和其他同学产生积极影响。相反，具备消极特质的学生会为班级、为其他同学带来负面影响。所以，为了使学生的人格力量得以充分发挥，辅导员需要在可控范围内进行指导。为了消除消极人格的负面影响，辅导员需巧妙地引导和激发学生潜藏的积极人格，从而传播积极的力量。

（3）“宿舍人格化”管理要重细节

为了有效管理宿舍并对学生产生积极影响，辅导员需精心挑选具备以下特质的学生担任宿舍长：热情、严谨、包容开放、有责任心、能够以积极态度为其他学生提供服务。辅导员让具备这些特质的学生运用他们的能力来管理宿舍，可以有效地达到管理宿舍的目的。此外，高校还需要增强学生关于宿舍环境重要性的观念，并采用有效措施，确保宿舍的卫生环境达标。与此同时，营造和谐的宿舍氛围和构建多元化的宿舍文化也是至关重要的。“宿舍人格化”不仅能为学生提供优质的生活环境，更能满足学生对于高品质生活的期望。

（二）精细化管理模式

1. 精细化管理的含义

“精细化”（也被称为“精致化”）是一个管理学领域的概念，其来源可以追溯到科学管理原理的创始人泰勒（Taylor）的理论。随后，丰田公司将此概念引入生产领域，并将其不断改造优化，形成了现今广为人知的精益生产模式，即“丰田生产方式”（TPS）。国内一些学者已经对如何具体实现精细化管理进行了探讨。根据汪中求在《精细化管理》一书中的叙述，精细化管理被看作一种技术工具，可以帮助管理人员优化产品、服务和运营流程，能够有效提高管理效率和管理质量。精细化管理基于规范化原则，能够结合系统化措施，并采用数据化标准和信息化手段，以客户需求为中心，为服务者提供有效的服务工作指导。根据王铁军教授的观点，精细化管理是一种注重精益求精、追求周到细致的管理方式，具备人文精神与科学精神，能够帮助教育者在追求卓越的目标的同时关注细节、过程和结果。同时，它能够实现质量与效益的同步提升，达到教育投入和产出之间的平衡。这种管理方式是一种高度优化的管理模式。根据张彦教授的观点，“精细化”不仅仅是一种管理原则，更是一种管理理念，注重科学管理与人文管理的结合，能够反映以人为本的思想，重视个体主体性和内在意义。精细化管理是一种模式，其不仅强调“做什么”，更强调“怎么做”和“如何做得好”，即着眼于管理工作的微观操作和具体执行。[①]

2. 精细化管理的特点

从管理层面看，精细化管理是一种以人为中心的管理方式，强调在管理的各个环节中明确和认同员工的角色定位和主观能力。精细化管理的目标是将品质和效率两方面的管理完美结合，实现制度规范化、标准明确化、流程规范化、执行力强化和考核评估精准化等五个方面的全面协调与统一。精细化管理所具备的特征如下。

（1）以人为本

在管理中，人是至关重要的基础要素。精细化管理是一种管理理念，注重以人为中心，强调全员参与。从学校管理层面看，精细化管理强调将教职员工和学

① 张彦．以“精致化”要求推进大学生思想政治教育新发展[J]. 思想教育研究，2010（4）：24–27

生视作学校管理的多重角色，一方面，他们是被管理的对象；另一方面，他们也是管理主体和管理工作执行者。精细化管理旨在让高校的所有成员，即所有教职员工和各级学生，积极参与管理工作过程，促使他们发挥自身潜力，成为学校竞争力不可或缺的一部分。所以说，精细化管理不仅仅是学校领导和学生管理人员的责任，也需要全体成员的共同参与。

（2）重视责任落实

精细化管理注重过程和实施，即要求高校内的每位管理者履行自己的管理职责。明确参与管理的人员应承担的职责，意味着所有教职员工都要认真负责自己分内工作，确保自己的职责得到充分履行。要达到此目的，高校需要建立完善的制度，以确保责任得到切实落实；高校需要建立清晰的规范，以便为教职员工提供有效的履行职责的方向；高校需要制定明确的流程，以规范和引导教职员工的管理行动。此外，高校想要确保领导层的决策能够得到落实，就必须保证参与者拥有较高的执行能力。高校还需要建立一个完善的评估机制，确保责任得到有效执行，以便高校从细微处解决管理问题。

（3）重视科学化

若要运用精细化管理模式，高校首先必须实施科学化管理。精细化管理模式倡导以科学规律为指导，这一模式汲取了科学管理模式的经验，强调数量化分析、高效工作和绩效评估，能够体现科学在思维管理、工作安排和方法选择等方面的重要作用。

从具体体现层面看，精细化管理模式所具备的科学性是现代教育技术与科技方法的实践、组织机构的不断改善、工作模式的可持续发展。

（4）重视绩效性

如果想要成功实施精细化管理模式，就必须把重点放在绩效性上。精细化管理模式的绩效性特征可以从以下两个角度清晰地表现出来。首先，对学生管理工作进行绩效考核是一项关键任务。为确保学生管理工作的质量，高校需要建立一定的标准来评估其开展进度与执行情况。精细化管理本质上是一种较为标准化、规范化的管理方法，常规的绩效评估，能够更全面、准确地评估高效管理工作的具体表现，并且，除了思想政治工作，学生管理工作还包括合理分配实际资源，如物质、人力、财务等方面的资源。为达到最佳管理效果、收获最大化效益，学生管理工作必须采用精细化管理方式。而绩效评估则强调对在特定时间中的组织或个人投入和产出的具体情况进行评估考核。这里所说的“投入”包括物力资源投入、人力资源投入以及时间资源投入，所说的“产出”指的是工作任务在数量、质量和效率方面的完成情况。可以说，绩效评估的目的是使资源的投入和产出的有效性和效率最大化。因此，要实现对学生管理工作精细化管理的目标，高校必须引入绩效评估机制。其次，要求高校对管理学生的工作人员和学生进行绩效评估。高校将绩效评估与收益和薪资挂钩，可以提高学校管理层对该问题的重视度，有利于推动学生管理向更加精细化的方向发展，进而能够优化学生管理的整体效果，促进学生的发展。绩效考核并非仅是评估结果，它是一个不断完善和改进的过程管理，力求实现学校、广大教师和广大学生三方的共同成长。通过绩效考核，高校可以发现问题并提出改进建议，实现全面提升，最终让所有参与者获得发展。

3. 高校精细化管理模式的实施要点

（1）确定管理目标

以人为中心、因材施教、全方位发展的核心管理理念是高校应该始终坚持的管理原则，而高校管理工作的核心目标是提升教学质量。高校需要运用科学的管理理念和方法，并采用创新手段来推动教学精细化管理的实施，以此全面提升教学质量。面对广大学生，高校需要不断更新高等教育面貌，肩负起将学生培养成优质人才的社会使命。为了实现精细化管理的目标，高校需要将精细化管理理念引入高等教育之中，并采用全方位管理的方式来监督具体管理工作。通过这种方法，高校可以保证管理工作的每一处细节都得到最大限度的关注，使其实际效果得到凸显。精细化管理可以激发学生在学习中的积极性，并提升他们的个性化发展水平。同时，教师也能更主动地完成自己的工作。

（2）细分流程并梳理管理工作各流程间的关系

①实施流程。精细化管理模式的流程图如图 3-1-1 所示。

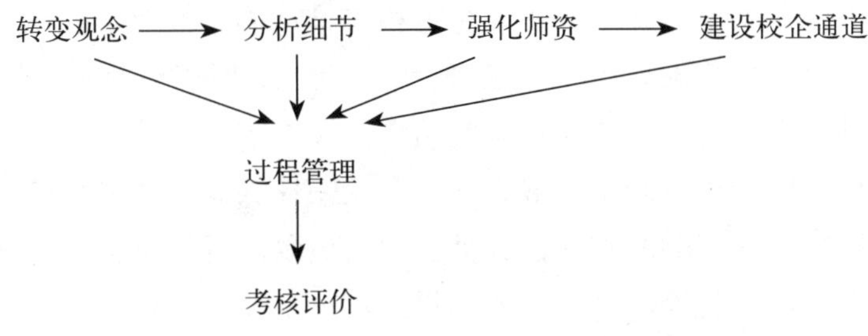

图 3-1-1 精细化管理模式实施流程图

转变观念。人的行为受思想观念的支配，转变管理观念是高校顺利实施精细化管理首先要做的事。

分析细节。高校应采用精细化管理，即以明确的目标为基础，将学生管理工作不断地细化、分解，并培养具备团结协作精神、统一目标的团队。组织建设是高校管理的重中之重，其属于高校管理的基石。因此，为了有效管理，高校需要从组织层面开始，建立党政合作机制，并将管理的重点下移到更细化的地方。通过建立一套完整的管理制度和体系，高校可以逐步明确各项工作的责任分工，并不断强化高校管理人员与广大师生的管理意识，从而将精细化管理贯穿于整个高等教育领域之中。

强化师资。学生管理的基本保障在于教师团队具备高水平的综合素质和综合实力。高校应该提升对教师培训的重视程度，探索新的培训方式，并确保教师团队的流通性，让年轻教师、能力尚浅的教师从内部走向外部，让优秀教师从外部进到师资团队内部。

建设校企通道。在学生管理工作开展的整个过程中，高校必须始终贯彻校企合作方式。学校与企业的合作对于学生未来职业发展具有巨大帮助，能够为他们进入职场和应对工作奠定关键性基础。在管理层面，高校应该坚持不断强调和贯彻落实校企合作的协议，以达成两个主要目标：第一，为学生提供实践的机会；第二，为相关企业在大学设立教学和研究机构提供支持。高校还要鼓励教职员工积极参与实践，深入了解行业运营形式和市场趋势，以便更全面地认知社会的发展态势和社会对人才需求的改变。

过程管理。高校要注重目标的实现，以此为方向提升管理效率，并对所有环节进行精益化改善。需要注意的是，高校需要确保该过程中的所有环节都足够精细。

考核评价。在管理方面，高校要注重相应措施的有效执行，充分发挥指挥的基本作用。在进行评定时，高校需要慎重选定展示评估结果的具体方式。同时，高校应以激励为主导原则，从宏观角度始终关注教职员工的切实发展，并汲取过去的经验教训、仔细制订未来发展方案。高校领导层需要明确自己的职责，并基于人人管理和处处管理的原则，让各级督导人员以及督导机构负责全面检查和监督学校的管理工作。此外，高校还要加强家校（家长与学校）互动，将家长反馈视为评估和提升教师的重要指标。在每月，高校都需要执行奖惩兑现，并在期末进行总结和表彰，以充分落实管理职责，建立有效的精细化管理模式。

②各步骤的实施关系。第一步，要实施精细化管理，高校首先需要积极转变管理观念；第二步，高校要更加详细地探究这个问题，通过修订制度、明确各方责任和任务分工，以及加强学校和家庭的合作等方式，将学生管理工作的标准化要求提高到更为细致的层面；第三步，高校要确保师资质量，重视提高教师队伍的整体素质，让管理教师围绕管理工作进行学习、自我提升。在进行这些步骤时，高校应重视过程管理，以确保整个精细化管理过程的质量达标。在管理工作中，考核评价是非常关键的监督环节，发挥着“指挥棒”的作用，高校对其加以运用，能够有效确保管理成效。

（3）细分并归类管理资源

学校的教育、管理和服务三大功能需要依赖学校资源而持续发展，这些资源又包括教育教学、学生管理和后勤服务等方面。这三类资源支持不同的管理流程，帮助高校实现更为精细的管理。每种资源都有其独特的分配优势，高校需要将它们融合在一起，以最大限度地利用资源，并实现优质管理的协同效应。为此，高校需要采取以下几项措施。

①加大师资队伍建设投入。高校成功完成教学使命和支持学生成长成才的关键是人力资源。在分配资源的过程中，高校需要特别关注师资队伍建设，尽量将资金用于开展教学、科研等相关活动。此外，高校还应出台一系列激励措施，以激发教师对学生管理工作的热情、主动性和创新精神。首先，高校可以实施一系列措施来改进薪酬分配制度，以鼓励广大教师对学术研究和教学的积极参与，并将教师薪酬与其实际教学贡献挂钩。这将有助于鼓励教师队伍进行自我提升和不断创新，并能够确保资金投入向优秀的教师和教学专家倾斜。其次，高校需要加大教师培训的投入力度，组织教师开展有计划、有针对性的企业研学和专业培训，以进一步全方位提高教师的综合素质。

②保障学生管理资源充足。高校学生管理工作分为日常管理和连续性管理两个方面。日常管理工作范围涵盖学生纪律、出勤、考勤和请销假等事项和提升学生的全面素质。学生的个人成长和发展需要日常管理工作的支持，良好的学习秩序和高效的学生管理有助于学校正常运转。因此，可以说日常管理工作对于高校建立坚实的教育基础至关重要。要确保连续性管理生效，高校需要为每一位学生创建身心发展档案，并保存能够证明他们发展过程和成果的资料，以确保学生管理工作的连续性。高校基于学生身心发展档案，通过绘制学生的个人成长曲线和因势利导的方式，能够有效推动学生个性化发展。为确保高校本身的正常运转以

及学生个人长期成长，高校需要针对日常管理、连续性管理进行资源、资金投入的合理配置，确保学生管理资源充足。

③确保后勤服务全面到位。高校需要注重向后勤服务注入人力、财力和物力。为了避免浪费公共资源，高校应该针对公共设施建立一套全面而具体的管理机制。高校也应对现代化电子设备进行系统管理，这样才能在延长其使用寿命的同时，有效地提高现代化电子设备的使用效率。为了保障学校的正常的资金使用，高校需要在监督考核上多下功夫，特别是要建立有效的饮食卫生管理体系，对食品来源进行严格管控。为了确保校园的安全性，高校需要改进校领导的全天带班制度和保卫人员的夜间巡逻制度，确保校园安全。为有效地消除各种安全隐患，高校必须严格命令相关工作人员遵循定期进行安全隐患报告和记录相关安全检查的规范。

（4）厘清管理细分流程与资源之间的关系

管理细分流程与资源的关系如图 3-1-2 所示。

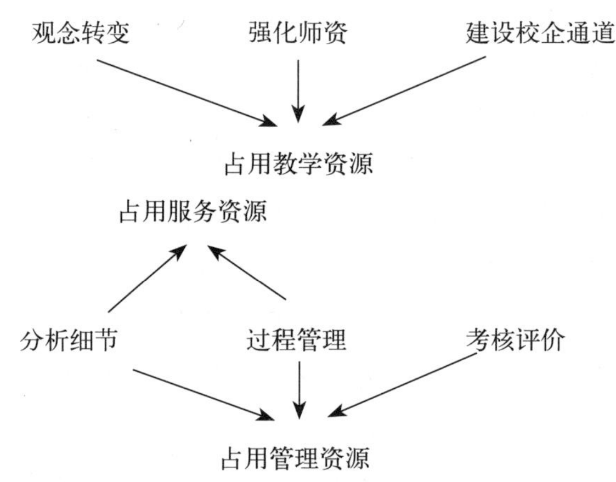

图 3-1-2　管理细分流程与资源关系图

4. 高校精细化管理模式的实施方式

（1）细化常规管理，完善各项制度

高校应该对常规管理进行细致划分，将教学、安全、后勤和师德作为管理重点，并有效地强化各项监督制度的实施及考核督查。同时，高校应建立完善的督查机制，注重对不同方面的监察，并有章法地进行责任分工。此外，高校管理层的领导需要加大管理校园的力度，注重协调各项工作。高校应该落实一人兼任多个职务的策略，以确保校园安全工作得到有效的、全面的监管。同时，高校需要强化对教职员工品德、职业道德以及工作纪律的考核评估。只有通过这些措施，高校才能实现使校园管理工作变得更加科学、规范和更为有据可依的目标。

（2）细化教学管理，注重过程管理

高校实施精细化管理的重点在于对教学进行更加精细化的管理。教学精细化将教育规范分解为四部分：集体备课、高效课堂、学科辅导、集体班会。教育组根据高校针对不同年级制定的具体目标，积极推进备课计划的实施和班级活动的开展，并坚持遵循学校和个人教学计划的结合原则，在注重协同合作的前提下，尽力保证教学工作顺利开展。此外，教育中需要针对所有会议和辅导进行记录。高校要通过多种方式（专项检查、督导、月度检查、优质课评选等）对教师进行检查、评估和考核，并将考核结果与其绩效进行挂钩。高校应该建立以“教学规范化”为核心的教学研究机制，积极促进教育科研成果的推广。

（3）细化学生管理，提高德育实效

我们可以把高校对学生展开的育人工作分为三个方面：教学、服务和管理。通过各种主题形式的教育，培养学生积极心态的同时，高校需要促进他们的心理健康，引导他们通过实践和探讨获得成长。除此之外，高校应致力于促进学生社团活动的发展，并为学生提供全面的支持，以使他们能够全面提升自身的综合素质。高校通过挖掘优秀学生在学生管理方面的才能，能够逐步培养并形成独具特色的校园文化。这种文化不仅能体现在走廊、宿舍和教室，而且能深入校园的各个角落。

（4）细化后勤服务，创建节约校园

高校可以以这四方面为入手点：首先，构建全面而详细的公共设施管理政策体系，以减少水资源、电资源等的浪费，维护现代教学设备，并发挥其最大的使用效益，同时注意延长其使用寿命；其次，增加学校管理经费，加强对经费支出的管理，同时采取更为严格的监管措施；再次，建立食堂考核评论系统，组织学生和教师就食堂服务质量开展座谈会；最后，针对广大学生和广大教师制定调查问卷，基于他们的反馈意见改进高校整改措施。

（三）网格化管理模式

1. 网格化管理模式的含义

最近几年间，随着信息技术的不断进步，我国的社会管理方式已经转变为网格化管理，这种管理模式极具创新性。网格化管理模式是一种现代化的管理方法，采用这种模式，我们能够在对管理对象进行评估时采用一系列标准，然后将其划分成规模相等、网状布局的小单元，同时能够在各个小单元之间构建信息协调机制。在运用现代信息技术的情况下，各个小单元之间的沟通能更加高效和方便，同时这也方便资源和知识的共享，从而进一步提升高校管理工作的效率和高校对于各种资源的整合水平。

所谓网格化管理模式，指的是将管理对象划分为若干个小单元并进行网格化管理，这种管理方法有助于预测和发现各种问题，从而更加及时和有效地进行下一步工作的准备。网格化管理模式可以帮助人们分配和协同管理组织资源，其目的是实现资源利用效益的最大化。具备开放性的网格化管理在实施后，可以激发管理对象的积极性，促进管理者与被管理者之间的协作和交流，从而帮助管理者更全面地解决问题，避免出现一对多的管理形态。此外，在该管理模式下，管理者可以将区域细分为小单元，并采用网格结构来实现信息在各个层级和区域之间的高效传递，能够消除存在于传统管理模式中的缺陷和漏洞，从而确保管理过程的严密性。

高校学生网格化管理模式以数字技术为主要支撑，强调以单元网格为核心，涵盖管理理念、操作手段、组织架构和管理流程，旨在实现学生工作数字化、精细化、高效化管理。在保持学校管理体系不变的情况下，高校可以考虑采用学生网格化管理模式重新设计高校的管理结构和学生管理方案，这种措施能够将管理区域划分为更小的网格单元，从而达到更好的管理效果。高校也可以建立明确的学生管理工作的流程，并利用最先进的信息技术和高科技设备，构建科学化的管理系统。一言蔽之，作为一种高效的管理模式，高校学生网格化管理模式采用各种现代科技手段，对学生管理的不同维度进行分块、细化、点化，能够实现高校对学生管理工作的立体化管理。

2. 网格化管理模式的内容

网格化管理模式的内容主要包括五个方面：一是网格的划分；二是信息数据库的建设；三是服务平台的建立；四是民情日志的收录；五是考核系统的完善。具体如表 3-1-1 所示。

表 3-1-1　网格化管理模式的主要内容

事项	做法
网格的划分	根据一定的标准原则，将管辖地域的人员划分成若干个网格单元，再根据划分好的网格结构，整合公共服务资源，添加服务团队，对网格内的居民提供多元化、精细化、个性化的各种服务
信息数据库的建设	通过网格管理员对辖区范围内人、地、事、物、组织等进行全面的信息采集管理，构建“网格化管理”基础数据库
服务平台的建立	建立各种网络平台和办事窗口，方便网格群众提交各类建议、诉求；网格服务队员通过各种平台、群众来访等方式，收集群众反映的问题和诉求，进入系统受理；对每个事件的受理、处理、办结以及反馈评价等情况能在平台上全面反映，并可按事件的类型、责任人、办理时间等要素进行分类查询，各级领导根据授权，可以通过平台了解办理进度、进行督办
民情日志的收录	网格负责人定期去走访群众，并将民情记录编成日志；网格负责人对走访记录的事情进行具体的处理，如果自己无法解决，按流程进行上报处理；上级可以通过日志来督查网格服务团队的服务频率和服务质量，考核服务团队
考核系统的完善	考核主要针对办事时限、基础数据的完善、老百姓的满意率等；考核是长效机制的重要手段，要形成事事有考核，人人有考核以及责任追究机制

3．网格化管理模式的具体实施

（1）高校学生党建管理方面

网格化管理模式的参与者和见证者包括各级党政组织、党小组、网格服务团队和学生个体，高校应该努力建立“网格单元 + 网格小组 + 各级网格长 + 学生”的管理体系。具体来说，构建这种体系，意味着以学生宿舍为网格单位，每个网格单位包括 6 到 8 位同学。之后，成立一个小组，每个小组由一名学生党员或积极分子担任组长，这时网格小组就会成为三级单元。若干个该小组形成二级网格单元，每个二级网格单元的组长由党员教工担任。在此基础上，将各个二级网格单元聚合成一级网格，一级网格是网格化管理的核心基础，由党总支书记直接负责相关工作。实行网格管理模式，能够摆脱班级模式所带来的束缚，也能够帮助高校针对不同的活动和学习形式开展多项工作，如党章学习宣传、红色教育实践、英雄故事研究等，并且，这种管理模式能够确保党建工作人员各司其职，相互支持，形成齐抓共管的新型格局，进而发挥党建工作在凝聚人心、宣传引导等方面的重要作用。

（2）高校学生团建管理方面

高校可以成为团建工作的理想场所。高校团委可以采用网格化管理模式，集成班级团支部、社团团支部、宿舍楼栋团支部和网络团支部四个组织，构建四大网络系统，使其具备网络中心的功能，以此来提升团建管理的效率。这四大网络系统能够覆盖学生学习、课外活动和住宿等各方面内容，能够使团队建设更贴近生活、更具常态化特点，还有助于充分发挥各种机制的作用，能够实现提高团队建设的实际成效的目标。举例而言，通过采取恰当的措施，楼栋团支部能够在不影响宿管单位对学生的管理的情况下，重点培养学生的人文关怀素养，从而实现全面、全时段的学生团队建设和管理。网络团支部可以将网络资源共享、网络资源实时交互以及网络资源突破时间和空间的限制等优势发挥出来，从而解决应届毕业生因实习、找工作不常在学校，管理不便的矛盾，切实实现对学生的动态管理、立体管理，最大限度地保障正常的教学、科研秩序，为人才培养提供良好的环境。

（3）高校消防安全管理方面

火灾猛于虎，高校消防安全不仅关乎师生的生命财产安全，而且是教学和科研工作顺利开展的必要前提。将网格化管理模式引入高校消防管理工作不失为一条可行的路径。以各宿舍、各班级、各实验室为基础成立消防安全三级网格，具体负责本网格的安全法规学习宣传、设备检查、线路排查等常规工作；以各院系为基础成立消防安全二级网格，具体通过阅报栏、校园广播、闭路电视、校园网络等媒介进行消防安全宣传；成立专门的消防安全管理工作小组作为一级网格，负责消防安全工作的整体部署和协调，从而实现消防安全管理“横向到边、纵向到底、管理到位”。

（4）高校学生突发事件管理方面

突发事件或突发公共事件涉及领域广、涵盖部门多，因此形成统一协同的应急体制机制是当下管理领域面临的突出难题。突发事件具有不确定性、破坏性、综合性、社会性、突发性和紧急性等特性。在突发事件爆发前、爆发后、消亡后的整个过程中，高校应用科学的方法对其加以干预和控制，最大限度地发挥管理的作用，尽量使损失降到最低。就高校学生突发事件的管理而言，网格化管理模式在预测和预警、事件报告、事件分析、处置对策、辅助组织制订指挥方案、事件的后期处理等方面具有独特的优势。在事件报告上，高校依托一线学生网格管理员，可以在第一时间，以最快速度，通过手机拍照、现场录像等方式将事件及时报送给信息中心，通过网格化管理的网格编码可以迅速获得事件位置、事件性质，同时通过数据的属性、位置，可以在现有的数据库中查找到所有相关的信息，为事件分析提供充足的信息。在处置对策与辅助组织制定指挥方案上，高校可以通过设立在各个楼栋的三级网格员，制订科学有效的应急方案，如分析现有的消防分布，查找最近的救援部门，分析最佳的救援路径，对道路信息进行分析，及时对道路进行疏导，等等。在此基础上，高校为指挥调度部门提供专业队伍、救援装备、医疗救护、储备物资等服务，从而最大限度减少损害，确保学生人身及财产安全。

（四）书院制管理模式

1. 书院制管理模式的含义

书院制管理模式作为高校学生教育教学管理模式，其出发点和归宿是提高教育质量，培养优秀的人才，其本质追求是学生自由而全面地发展。学生管理的改革要以学生为本，从学生发展的角度思考问题，书院制的核心就在于坚持“以学生为中心”的教育理念。在对书院制管理模式理论研究和实践经验的梳理中，可以发现书院制与“学生的全面发展”的需要相联系，无论是书院提倡的通识教育，还是欧美大学住宿学院倡导的博雅教育，都以“全人”教育为愿景，学生在学习专业知识的同时，还应当接受通识教育的熏陶，以更好地与社会连接。这仅依靠专业学院是很难实现的，因此将学生的专业学习与素质培养、通识教育、学生事务从管理机制上分开，前者由专业学院承担，后者由书院承担，这是学生培养的一种结构性变革。书院提供完善的生活和学习设施，创设良好的学习和生活空间，实行混合住宿，为各学科专业的学生相互交流学习提供机会和条件，并开展丰富的学生活动。这些特征都与宿舍紧密联系在一起，因而，李翠芳认为，书院制管理模式是以学生宿舍为管理空间和平台，以学生公寓为生活社区，对学生实施通识教育、思想品德教育和行为养成教育等方面教育的一种学生社区生活管理模式。[①] 书院的另外一个重要特点是实行导师制，为学生安排辅导员、导师和学习指导员，以更好地指导学生的学习和生活。

对于书院制学生管理模式的概念，目前还没有很权威的说法，不同学者从不同的研究角度对书院制概念进行了解释和定义。如陆宝萍认为，书院制是实现通识教育、素质教育和专才教育相结合，力图达到平衡教育目标的一种学生教育管理制度[②]；卢萍认为，书院制就是指高等学校为实现学生全面发展和提高文化素质的目标，充分借鉴西方及港台大学书院制度，通过改革学生住宿与学生管理制度而建立的一套书院制学生管理体系。[③]

---

① 李翠芳．书院制：学生管理体制的新探索[D]．大连：大连理工大学，2009．

② 陆宝萍．“三全育人”视域下高校书院社区育人的途径研究[J]．教育教学论坛，2023（28）：1—4．

③ 卢萍．高校学生社区书院制管理模式路径探析[J]．人才资源开发，2016（14）：64—65．

这些定义比较集中地体现了书院制的内涵和特征，具有一定科学性和合理性，但是也存在着局限，显得比较笼统，未能很好地概括出书院制的特征。有的观点把书院制简单地视为国内高校对欧美大学住宿学院制的借鉴，视角比较片面。书院制是在传承中国传统书院精神，借鉴住宿学院的形式的基础上产生的，在文化传承和学生培养目标等方面，两者存在着差异，不应把两者等同起来。

在借鉴诸多观点的基础上，本书将书院制管理定义为：书院制管理是坚持以学生为中心的理念，在传承中华传统书院精神，借鉴欧美大学住宿学院形式的基础上形成的，以住宿社区为平台，统筹学生事务管理，实行导师制和混合住宿，开展通识教育和多元教育活动，为学生创造良好的学习和生活空间，促进学生全面发展的新型学生管理体制。

2. 书院制管理模式的特征

（1）导师制度

书院实行导师制是为了更好地指导学生的学习和生活，在中国传统的书院中，和谐融洽的师生关系被广泛关注和传承。各所大学书院的导师制度可能存在差异，但一般来说，导师可以基本分为三类，一类是常任导师，主要由专职辅导员担任；一类是学业导师，一般由学校专业学院教师担任；还有一类是兼职导师，一般由具有管理经验的高年级学长或研究生担任。常任导师主要负责日常的学生事务工作，包括思想政治教育、心理咨询、生活指导等；学业导师通过学术讲座、学术沙龙、咨询导航、对话交流等方式，帮助解决学生在学习中遇到的问题，指导学生的课程作业和学术研究等；而兼职导师主要帮助学生解决学习和生活中遇到的比较细节的问题，以学长的身份给予帮助和建议。为了让导师对学生的指导有针对性，通常一位导师带 3～5 名学生，实行导师和学生的双向选择模式。书院的部分导师与学生同住书院社区，经常性地接触，师生间的感情变得熟络和融洽，教师对学生了解深入，让因材施教成为现实，教师可以根据学生的个性和特质进行更加贴切的指导。在长时间的共处中，导师的一言一行也影响着学生，导师的人格魅力也在潜移默化中传递给学生，导师的学术追求也会感染着学生潜心学习。

（2）混合住宿

国内高校长期是按照同学院、同专业、同班级的方式安排住宿的，这种住宿方式便于宿舍的集中管理，宿舍的结构比较稳定。为了弥补传统住宿方式存在的不足，很多书院实行了学生混合住宿的模式。当前各大学书院实施混合住宿的具体方式不尽相同，但大部分书院实行的是同一学科门类不同专业的学生随机混合住宿。混合住宿为不同专业的学生创造了相互学习交流的环境，有利于开阔学生的学习视野，促进跨专业、跨领域的交叉学习，激发学生的创新思维和创造能力。互诘式的对话交流是学习的一种有效形式，混合住宿无疑有利于学生之间展开互诘式的对话交流。有观点认为，互诘式的对话交流可以让学生摆脱专业的束缚，促进学生思维的发散与创新，使其获得广阔自由的发展。同一宿舍的同学作为一个紧密的群体，群体成员之间会产生相互影响，心理学家将这种相互影响称为同伴影响。学生混合住宿让这种同伴影响变得更加丰富多元，当学生在本专业学习中遇到困惑时，其他专业的同学带来的建议可能会帮助自己打开思路。混合住宿有利于扩大学生的交往半径，扩展人际关系网络，帮助学生学会友善地与他人相处，学会沟通时的理解和包容，更重要的是学会从不同角度去审视和思考问题。

（3）住宿功能完善

书院制学生管理模式是以学生宿舍为载体展开的，书院一般具有完善的生活基础设施。书院制生活社区一般设有宽敞明亮的餐厅，提供营养均衡、干净卫生、口味丰富的餐饮，布置优雅的用餐环境，方便书院师生用餐。宿舍设有独立卫生间、洗漱间，有简单实用的家具，有的安装了空调和暖气，可以连接互联网，24小时供应热水和饮用水。很多书院的宿舍楼内设有自助打印机、自动洗衣机、烘干机、生活药箱等公共设施和用品。在提升书院社区教育功能方面，书院设有图书馆或图书室，为学生提供阅览和借阅服务，藏书根据书院特色不同，在专业领域方面会有所侧重，如我国香港中文大学新亚书院以弘扬中华优秀传统文化为特色，关于中华文化方面的藏书就比较丰富。书院为了拓展学习空间，开设学习室，用于学生自习；开设讨论室，方便学生交流讨论。为了丰富学生的生活，书院还设有运动健身室、文化活动室、音乐房和咖啡厅等，方便同学间的日常交往，同时学生还可以利用这些设施锻炼自己的个性和提升才华。有的书院配置了导师的休息室和生活区，以便于师生间的日常交流。有的书院还建有花园或小公园，创造休闲、怡情的优美环境，也可用来举办户外活动。书院的标志建筑也成了隐性教育的素材。

（4）文化活动丰富

丰富多彩的文化活动是书院的重要特征之一，它起到了增长学生的知识，展现学生的才艺，发挥学生的个性等作用，让学生的课余生活变得丰富和充实。梳理书院的学生文化活动，主要划分为三类：第一类是学术文化类活动，包括学术讲座、学术沙龙、读书会、科技竞赛、校外交流等，如香港中文大学新亚书院钱宾四先生的学术文化讲座、汕头大学至诚书院的至诚·和君讲坛等；第二类是文体活动，书院经常举办诸如音乐会、文艺晚会、舞蹈表演、体育运动会、诗词朗诵会等活动，学生在活动中可以充分展现自我的天赋和才华，如西安交通大学彭康书院为了增强学生的体质，还开展了集体早操等文体活动；第三类是社会实践活动，书院为了增强学生的社会实践能力，开展暑期社会实践、社会调查、环境保护、户外拓展训练、公益志愿服务等活动，锻炼了学生的实践能力，同时也增强了学生的社会意识。此外，有的书院还举行师生午餐会、创意分享会等活动。为了推动学生活动的开展，书院还会制订活动计划，成立社团组织，为活动开展提供支持，不断提升活动的质量和内涵。

3. 高校书院制管理模式的实践

（1）西安交通大学的书院制

西安交通大学，中文简称“西安交大”，其前身是肇始于1896年的上海南洋公学。西安交大是教育部直属的全国重点高校，入选国家“211”“985”工程高校，“111计划”“2011计划”成员高校，并作为“珠峰计划”入选名校之一，培养了一大批杰出人才，在国内外广享盛誉。为建设具有影响的世界一流知名高校，学校积极进行教育探索，广泛借鉴国际先进的教育经验，开创新的教育范式，全方位改革办学模式。2005年西安交大以“文治苑”作为试点，进行书院制学生管理模式探索，2006年开始，学校率先实行书院制，本科生入住的不再是传统的宿舍，而是新型书院。西安交大的书院制改革，在国内高校中产生了积极而广泛的影响。

①西安交大的书院制管理理念。西安交大为了在人才培养、科学研究以及社会服务等方面保持领先地位，在反思传统教育模式存在的不足的基础上，积极进行教育改革创新。早在2003年，学校就提出了基于通识教育、科研能力和创新能力培养的“2+4+X”研究型大学人才培养新模式。其中“2”代表的意思是在学生学习的前两个学年，采取人文社会科学与自然科学融汇综合的原则，开展基础通识教育，培养学生的综合素质和自主学习能力。与此模式相联系，学校于2005年进行试点探索，并于次年建立书院，推行书院制学生管理模式，形成书院与学院相结合的“双院制”特色模式。

“双院制”将学生培养的结构进行划分，改变了以往学院侧重教学、科研、社会服务等方面的专业教育，而忽视学生的思想政治、基础通识等综合素质的培养的局面。学院专注于专业教育，而书院专门承担专业教育以外的综合素质培养，两者有机结合在一起。这里举一个较为形象化的比喻，即学院作为父亲，而书院则作为母亲，父亲角色的学院主要精力在于搞好专业教学和科研，而作为母亲角色的书院则肩负学生全面发展的工作。与这个比喻相应，书院还积极地将传统的宿舍改造为一个温馨的“大家庭”，这个家庭有融洽的师生关系、真挚的友伴感情。书院选取专业人员组成师资团队，全身心地培养学生的综合素质，对学生进行教育和管理。“双院制”通过多元化的教育形式和严格的要求，提高了学生的思想道德素养，培育了学生高雅的人格气质、良好的公民素质和社会责任感，全面提升了学生的组织协调能力、社会生活能力以及科学和人文意识。

西安交大彭康书院是第一所书院制管理模式的书院。此后，西安交大还相继建立了文治书院和宗濂书院。经过经验的不断积累，学校又建立了启德、仲英、励志、崇实、南洋五所书院。每所书院的规模不同，最少的500余人，最多的3 000余人，由不同专业的学生混合住宿。书院以宿舍楼的物理空间为依托，进行划分和管理，相对集中的宿舍楼群构成一个书院，形成各具特色的社区文化圈。在安排学生混合住宿时充分考虑到文理渗透的原则，书院最多的安排有20个专业，最少的也有9个专业，充分实现不同专业、不同年级学生的广泛交融。书院不是传统的住宿空间，而是学生素质教育和人格养成的社区，旨在促进学生德、智、体、美的全面发展，为学生提供成长心智、增强体魄、提高素质、增强能力、精进学业的广阔空间。书院寄希望于培育一种文化氛围，能唤醒学生身上失落已久的某种精神和气质，自觉抵御社会功利的诱惑，用爱心和善良来引导学生的学习和生活，帮助他们树立崇高理想和远大抱负。

②西安交大书院的管理和运行。西安交大重视书院的管理工作，创建了一个作为领导决策机构的指导委员会，旨在协助书院加强管理工作并推进建设。该指导委员会主要负责研究书院建设的原理和实践经验，并履行其他相关职责；协调书院与学院的职责边界，以加快书院建设步伐；制订并审核书院的中长期规划，定制书院工作章程，完善相关规章制度，并为书院的工作提供必要的指导。在书院层面，学校还设立了较为完备的组织管理体系。学校一般会邀请学高德厚、热心教育的知名人士担任书院院长或名誉院长，如文治书院院长安芷生教授为中国科学院院士，南洋书院院长潘宗光则是香港理工大学前校长。

西安交大将书院作为与学院平行的独立行政主体，以促进学生的全面发展为目标，不断完善制度建设和组织构建，制定书院章程和各种管理规章。书院基本建立了较为完整的组织框架，以南洋学院为例，书院建立了院长领导的院务委员会，负责书院的全面工作；书院党总支负责党务工作，领导书院团委开展工作；书院的学生会和各类学生社团在团委的指导下开展活动，这与港澳高校书院制组织模式是有所区别的；院务主任和副主任负责领导书院的日常学生事务工作；学业导师则与班主任和朋辈辅导员相联系，解决学生学习生活等方面的问题；此外，书院还设有学生自主议事机构——层议团。

③西安交大书院的突出特色。西安交大的书院制经过十多年的发展，在很多方面都体现出自己的特色。一是书院建立全面的学业辅导体系。为了有效地辅导学生解决学业问题，书院规定全体常任导师和兼职导师实行听课制度，导师每周至少听课一次，以更好地了解学生的学习进度、学习要点、学习难点等，结合自身的专业特长为学生答疑解惑。导师还要将学生的学业情况进行统计和分析，了解学生的整体学习情况和个体学习情况，并积极地与学院等职能部门沟通。二是引导学生了解国情，培养社会责任。书院每年暑假组织约 30% 的学生开展社会实践活动，在社会实践活动中培养学生认识问题、社会调研的能力，增加学生对国情的认识。还有超过六成的学生自建团队开展各类实践活动，并提交了实践报告书。他们关注的领域相当广泛，很多都是结合自己所学的专业展开的，也有一些是跨专业学生合作展开的，这些活动提升了学生发现、分析、解决问题的能力，同时也增强了学生关心社会、报效国家的责任感。三是进行明礼教育，培养感恩意识。书院针对学生感情表达比较内敛，缺少与父母的沟通的特点，安排学生每个学年给父母写一封信。书院开展“感知父母恩，报答社会情”等活动，倡导学生在假期为父母做一件有意义的事，培养学生的感恩意识，从父母给学校的回信中也能感知到家长对孩子成长的感动和期望。四是开展学术活动，拓宽知识视野。书院会积极邀请校内外的知名专家学者，为学生举办报告会、学术讲座等，内容覆盖各个学科领域。书院的学生社团也经常举办一些学术交流、科技创新活动，使学生的知识视野得以拓宽。五是开展“知心工程”，做到贴心指导。书院常任导师和兼职导师与学生共宿共膳，与学生建立了融洽的师生关系，将温馨的关怀融入日常管理中，经常与学生交流谈心。通过对学生情况和心理的了解，导师针对不同类型的学生采取不同的帮助和指导。此外，每所书院也各具特色，如励志书院的学生主要是国防生，因此会开展各类国防题材的活动，有的书院还实行集体出早操的规定，增强学生的体质，同时培养学生的团队意识和集体归属感。

（2）南方科技大学的书院制

南方科技大学，中文简称“南科大”，是一所广东省领导管理、深圳市创办的创新型高校。2012 年 4 月，教育部同意建校，并赋予学校探索具有中国特色的现代大学制度、探索创新人才培养模式的重大使命，将学校确定为国家高等教育综合改革试验校。学校坚持“创知、创新、创业”的办学特色，努力改革人才培养模式，培养创新型人才。学校实行书院制学生管理模式，在创校之初的 2011 年，学校就建立了致仁书院，又于 2013 年 9 月，建立树仁书院，于 2015 年和 2016 年建立了致诚、树德、致新、树礼四所书院，现在南科大拥有六所书院。

①南科大书院的管理理念。南科大将书院作为全面教育的核心组成部分，致力于促进学生在认知、情感、社会性等方面的多维成长，为学生提供丰富的课余活动，营造一个关系紧密、互动交流的师生社区。致仁书院以“格物致知，格心致仁”作为立院精神，将各种非形式教育与课堂教育结合起来，开展学术文化活动，探索实施适应性分类教学。书院传承“仁者爱人”的文化理念，培养学生“爱”的意识和“爱”的能力，并引入审美教育，涵养学生“温良致仁”的书院气质。致诚书院将“诚信为本”作为立院精神，强调培养学生的诚信意识，用至诚之心面对每一个人、每一件事，将德育作为书院的核心价值，希望学生既是具有广博知识和创新能力的科技精英，同时也要具备高尚的人格，坚定做人的原则。每所书院的立院精神各不相同，培养学生的方式也有所差异，但是都注重学生的道德教育、审美教育等，指向学生的全面发展。

②南科大书院的管理和运行。南科大书院作为学生管理的基础部门，承担学生的思想教育、学业辅导、生活指导及学生活动等工作。书院在管理和运行上成立了书院办公室，负责书院日常工作的开展。书院的管理实行院长负责制，在管理团队上，设院长一名，全面负责书院的管理工作；学术副院长一名，负责书院学术方面的工作；行政副院长一名，负责书院的行政管理工作；设辅导员三至五名，负责日常学生事务管理工作，此外，部分书院还设有社工。与西安交通大学书院相同，书院设立党总支和团委，开展党团建设工作。书院还设立了各种学生社团，如致诚书院设立了学生会，作为学生自我管理组织；设立致诚书院学习中心，为学生制定个性化学习计划，服务学生的自我学习和个性学习；成立书院新闻中心，发挥书院的对外宣传、交流展示等重要职能；致仁书院喜欢民乐的学生自发组织成立了民乐社，还邀请天文学家夏志宏教授作为指导教师，成立了天文社等。

③南科大书院的突出特色。书院注重形成独特文化特色，每所书院基本都拥有本院的立院精神，制定了院训和院规。书院还制作了院徽、院旗等作为书院的文化标识，并赋予其丰富的文化内涵。书院致力于开展不同的品牌活动，如致诚书院的《致诚开讲啦》，每期邀请学术大咖分享自己的学习故事和学术创意，邀请到了社会学家郑也夫教授、诺贝尔化学奖得主罗伯特·格拉布（Robert Grubbs）教授等一批知名学者，还举办了“致诚周末之夜”“学长学姐

带你飞”等活动；致仁书院则举办了很多温情的活动，如每月一次的集体生日会，邀请本月生日的导师、学生共同参加，融友情、师生情于一体，此外，还举办院长午餐会、烘焙节等活动。

三、高校学生管理工作队伍的现状

（一）学生管理工作队伍建设现状

自改革开放以来，我国政府和党组织对于高校学生管理工作队伍的建设一直十分关注，连续发布文件和召开会议，反映了党和政府着重加强高校学生管理工作人员队伍建设的指导和规划的决心。在高校学生管理中，辅导员队伍是不可或缺的“主力军”，其中不仅包括专职辅导员，还包括兼职辅导员。他们担负着非常重要的使命。现如今，高校辅导员的管理由学校党委和学生管理工作部（处）的领导层共同负责，前者负责全面规划、领导和管理辅导员团队的建设工作，后者负责组织和实施辅导员团队的管理和建设工作。同时，每个学院（系）负责对辅导员进行管理、培训，并负责对他们的工作表现进行评估，协助他们处理学生就业等事务。这意味着我们国家的高校学生管理队伍已经明确了每个人的管理职责。随着我国高等教育进入大众化、现代化甚至国际化的新阶段，社会多方对高校辅导员的职业要求也在不断提高，高校辅导员需要具备很强的综合能力。我国已经颁布了很多规范和条例，对高校辅导员的身份、人员配置、工作职责和培训计划等方面的具体事项进行了定位与规定。作为高校内部工作人员，辅导员既要承担教学方面的职责，又要承担管理工作的职责。他们有机会晋升职位和级别，但同时也受到学校和院系的双重监管。按照《关于进一步加强高等学校学生思想政治工作队伍建设的若干意见》的相关规定，高校需要确保每位学生辅导员负责的学生人数不超过 150 人。然而，在实际操作中，部分高校并没有很好地落实这个比例，存在辅导员不足的现象。

（二）学生管理工作者管理模式现状

在现阶段，我国大多数高校已经形成学生管理工作者队伍管理模式，建立了经验丰富的学生管理人员队伍，在学生管理方面取得了较为可喜的成果。很多高校通常会采用校级和院系级两级管理的方式来管理学生管理工作者，同时构建综合管理制度，通过一系列激励，提升学生管理工作者的工作积极性。此外，我国高校学生管理工作要求对学生管理工作者进行绩效评估，这项工作对于学生管理工作的有效性非常关键。需要注意的是，就考核内容看，除了要评估思想政治教育工作外，高校还应考核学生管理工作者的工作绩效、工作方式以及工作成果，并采用定量和定性相结合的方式，对高校学生管理工作者进行综合考核，以确保考核结果足够全面、足够科学、足够综合。在进行高校学生管理工作考核时，高校应在考核综合性的前提下，考虑一定的差异性因素。为了激励表现出色的学生管理工作者，高校应该为其提供经济、情感和职业方面的奖励；对于表现欠佳者，高校需要进行指导批评。长期考核不达标的高校学生管理工作者应该被列入优先淘汰名单，这样能够为高校学生管理工作的有效性提供保障。

另外，许多高校采取“双轨制”，以增加高校学生管理工作者的职业晋升机会、改善相应发展前景，从而确保他们保持较高的工作积极性并追求进步。所谓“双轨制”，指的是高校管理人员可以同时兼顾学生管理工作和自己的教学或科研工作，在处理学生管理问题的同时，高校管理工作人员可以拓展自身发展道路。

（三）学生管理工作者选配现状

作为学生管理工作的主力军，学生管理工作者队伍必须不断学习知识、积累经验，以适应时代的变化和工作对象多样化发展的趋势。在整体层面上看，大部分中国高校在学生管理工作者的选拔以及人员配备方面的做法十分类似。

首先，对学生管理工作者的选拔流程、选拔标准越加规范和严格。

其次，就学生管理工作者的配置看，大多数高校越来越强调专职人员与兼职人员之间的协作配合，并以学生管理工作专职人员充足为基础，为其配置相应数量的兼职工作人员。

四、高校学生管理体制改革的现状

（一）职能定位

从本质层面看，职能是指事物在发展过程中必须承担的使命和责任，而职能的科学性直接影响着事物发展的流程和结果。高校职能分配一旦出现问题，就会对高校的发展造成不利影响，甚至有可能使高校教育工作无法继续前进。职能定位存在三个主要问题：首先，在职能重点方面，部分高校过于偏重教学而较少关注实践；其次，在职能关系方面，部分高校往往忽视职能关系的长远发展，而过于追求眼前的短期利益；最后，在职能方式方面，部分高校存在形式主义严重、忽视实际问题的现象。

（二）权力关系

高校与社会、政府之间有着紧密的联系，因为高校肩负着与社会、政府密切相关的责任和使命。政府、社会和高校三方共同决定了高等教育学生管理体制的构建，这说明高校并非唯一影响高校学生管理体制的因素，政府和社会这两个因素也发挥了重要的作用。高校的自主性和所有权一直备受争论，争议的核心是高校应该遵守行政化原则还是非行政化原则。如果高校的公共利益凸显，高校管理将趋向行政化，政府会直接介入高校的发展过程与决策安排。这种情况在当前我国大部分高校中普遍存在。高校学生管理面临的挑战源于三个方面，即政府、社会和高校，而这三方面的制约导致高校学生管理工作存在很多问题。

（三）机构设置

为充分发挥职能作用，高校建立相应机构是十分必要的。这些机构能够承担高等教育的职责和任务，同时可以有效反映高校发展中权力关系的变化。高校的建设与发展直接受机构设置的影响，因此机构能够在高等教育学生管理体制中扮演重要的角色。合理的机构设置能够有效提升高校管理水平与高等教育质量。现阶段，高校需要着重解决两个问题：第一，现有机构的合理性亟待提升；第二，机构的设置不够健全。

（四）运行机制

在人类社会的有规律运行中，相应的运行机制受多种因素影响，这些因素的功能、结构以及运作的原理、形式等，是运行机制的主要组成部分。而运行机制是管理中必不可少的构成元素，被人们应用于计划、组织、实施各个环节。在高等教育学生管理体制中，运行机制发挥的作用不局限于决策过程，也扩展至高等教育内外各关系层面。当前，运行机制中主要存在三方面的有关问题：其一，决策机构缺乏科学性；其二，高校行政和教学职责的分界线不够清晰；其三，高校自我监管不力，管理机制存在缺陷。

在高等教育中，有关学生管理的制度改革仍存在多种矛盾，包括政府和高校之间的权力分配矛盾、不断变化的社会需求以及高校内部缺乏充分机构设置之间的矛盾。解决问题需要综合考虑上述矛盾的相互作用，因为最终的结果是由这些矛盾综合而成的，我们不能仅仅针对其中一个方面进行处理。

五、当前高校学生管理体系的发展特征

（一）现代化特征

在当前以知识为主导的经济时代，重视知识和文化已经成为社会的核心特征，因为知识与文化能够对经济发展方向产生重要影响。提升国家综合实力和国际竞争力的一个重要内容，就是信息化产业不断发展及其自主创新能力不断提升，在此过程中，高素质人才是十分关键的要素。高等教育的使命在于培养具备卓越才干、能够满足社会需求的高素质综合型人才，而高等教育学生管理能力在人才培养过程中具有不可或缺的作用。在知识经济时代，提升高等教育的管理水平，实现现代化和科学化的管理，是高等教育所需完成的重要任务。

（二）法治化特征

我国坚持依法治国，因此高校也应在实践中依据相关法律规定来管理校园事务。我国高等教育法律框架在不断地完善和拓展，这在改革开放之后体现得十分明显。我国于 1980 年召开的第五届全国人民代表大会常务委员会第十三次会议通过了《中华人民共和国学位条例》，这是我国首部教育法律，它的出现代表着我国高等教育进入依法治理的新阶段，具有重大的历史意义。目前，我国已经形成了一个比较完善、内部层次系统化且符合法律规定的高等教育学生管理机制。我国高等教育已经从宏观角度入手，将学生管理体系建立在法治化基础之上，并按照相关教育法规的要求进行具体实施，以保障学生权益。该体系完善，能够确保我国高等教育学生管理各个方面行为的合法性和规范性。然而，我们必须意识到，随着社会的发展，高等教育学生管理的法治程度也需要做出变化。在社会形势不断演变的情况下，我国需要不断完善高等教育学生管理的法治体系，以便推动高等教育学生管理法治化进程的持续发展。

（三）自主化特征

我国的高校必须遵循国家法治原则，并且相应地要推进高等教育法治化。尽管如此，我国很多高校的管理工作仍具备十分明显的自主化特点。高校自主管理，能够使自身拥有更多自主权，高校不需要借助外力，根据自身的情况就可以进行内部管理、规划以及政策的制定与实施，从而实现长远发展目标。我国高校管理工作具有注重规划、注重发展趋势的特点，其战略性特征与前瞻性特征较强。由

此看来，我国每所高校都应该考虑自身的成长和社会环境的变化，慎重预测未来高校教育的趋势和发展方向，明确自己的发展目标，并制定与之相符的发展战略，积极与有关利益相关者合作，以促进教育计划的有效实施。

当前我国社会经济和教育体系不断发展、不断完善，我国高等教育体系的自主管理特征愈加明显。我国高校发展既需要国家政策的支持，也离不开对自身的明确认识。因此，保证我国高等教育的自主化管理是知识经济时代对我国高校提出的必然要求。

第二节　高校学生管理工作的问题

高校的长远发展受其大学生管理工作水平的影响，而大学生管理工作的质量与高校是否能够将学生培养成全面发展的人才是直接相关的。尽管我国高校已在很长时间内致力于大学生管理工作的研究和实践，大学生管理工作也取得了一定的进展，但是鉴于政治和经济环境的不断变化，高校学生管理工作依然面临着各种挑战，具体包括以下几点内容。

一、个人方面的问题

当前，由于学生面临多重社会压力，如学习压力、工作就业压力等，同时，大学生绝大多数是独生子女，其中有些学生的个人意识强、集体意识弱，因而可能会产生一系列的心理问题。心理问题轻则可能会影响学生的学习、人际交往，使其产生一些心理疾病；重则会让一个学生误入歧途，甚至走上犯罪的道路。这不仅会影响一个学生的人生选择和前途，甚至可能造成一个家庭或者多个家庭的悲剧，更为严重的还会影响社会公共安全。

而且，由于信息的获取渠道更加广泛和便捷，信息更加多元化，学生受到的影响也不尽相同，并且学校的学生来自全国各地，其社会文化背景以及生活方式和风俗习惯也存在差异，因而他们聚集和居住在一起之后，难免会有一些心理上或者其他方面的问题和不习惯之处。

此外，许多孩子上大学也是第一次离开父母或者离开家乡，来到一个陌生的环境学习与生活，需要一个适应的过程，而在这个过程中，如果教师和辅导员不能及时与他们沟通，他们也有可能会产生一些心理问题。

二、学校方面的问题

（一）学生管理观念有待更新

管理观念指的是指导和影响管理行为的思维模式、准则或信念。我国曾实行计划经济，因此在高校中，开展教育和管理工作被公众视为学校本身的主动义务，而学生则被动接受教育和管理，这种思维定式限制了高校管理观念的改变与进步，导致学校和学生之间形成了不必要的主导与被动的关系。

在高校管理领域中，这种封闭式管理理念曾经发挥了非常重要的作用。但学生的主体性在其中没有得到足够的重视，这一理念限制了他们的个性发展并且抑制其创造力的提高。随着社会经济发展和进步，该管理理念所带来的负面效应也日益显现。因此，这种模式已经无法适应当前我国高等教育以及社会发展的需求。

（二）学生管理体制不完善

如今，我国众多高等学府仍奉行计划经济时期萌发并逐渐成形的学生管理模式，这种学生管理模式主要由两大系统构成：行政管理和思想教育。前一系统由院（系）学生管理办公室、学生工作处、各班级班委会三个组成部分组成，后一系统由学生工作部门、各学院或各系的团委员会以及班级团委员会等部分组成。尽管这种管理方式遵循了党政分离的准则，但从社会发展的角度看，它过于注重行政管理，会导致学校行政工作效率不高。此外，该管理方式会导致高校管理工作人员感到其所付出的努力并没有得到应有的回报。究其根源，主要是因为学生管理体制还不够完善。如果高校继续被约束在传统的管理体制中，过分注重规模扩张，采取党政分离的模式，并通过盲目效仿普通事业单位的管理架构来设立高校内部各职能部门，那么高校学生管理工作的发展将会面临寸步难行的局面。随着我国社会经济的持续增长和制度改革的不断深化，各大高校必须不断改进和创新高等教育的管理机制。鉴于我国高等教育存在多样性，同时高校需要保持教育体系的连贯性，高校应提高对制订发展规划的重视程度，以此为核心来开展管理工作。高校还应特别注重人才培养，力争构建以人才培养为中心的学生管理体制。

（三）学生管理渠道单一

现今，客观地看待我国高校学生管理工作的进展，我们可以发现，有相当一部分的高校加大了指导学生、为学生提供服务的力度，但这些高校并没有有效关注到存在于科学化管理渠道中的各种不足之处和出现的新情境。

第一，一些高校在信息化发展方面较为落后，其硬件设施条件不足。

第二，部分高校学生管理者尚未认识到研究和深刻掌握目前高校学生的特点是他们履行职责所必须进行的工作。

第三，随着高校后勤服务的社会化程度的不断提升，学生的活动范围得到了拓展，学习、娱乐、社交都是学生能够开展的生活活动；高校校园内的生活逐渐变得社区化，同班不同室的情况与同室不同班的情况已经非常普遍。

面对新兴的问题和情境，高校过去一贯运用的传统管理模式和手法已经过时。所以，当前高校学生管理工作的重点在于高校的管理手段和方式的科学化。

（四）学生管理制度不完善

高校学生管理制度作为高校用于管理学生的一系列的法律法规的总和，贯穿了我国高等教育发展的始终，有力地推动了我国高等教育的发展。然而随着我国的高等教育进入大众化阶段，高校大学生管理制度在与时俱进方面以及执行层面还存在许多新问题、新情况。

1. 学生管理人员考核制度有待完善

从考核层面看，高校需要对所有学生管理人员的道德标准、工作能力、工作态度和职业道德等方面进行综合评估。换句话说，高校需要全面审查学生管理人员的政治倾向、职业操守、思想素养、工作风范。此外，高校还需要考核所有学生管理人员对政策的理解程度、应用实践能力以及管理、服务和创新等方面的具体表现。具体来说，高校可以对他们进行考核的范围涵盖以下方面：工作态度、工作热情度、对高校制定的规章制度的遵守程度，以及每一位学生管理人员的职责履行情况、任务质量和效率、成果实现以及对高校学生管理工作贡献度等。目前，在我国高等教育界，还没有足够完整、足够系统的量化标准用以考核学生管理人员，并且现有考核方式通常都是扣减考核分数，缺乏相应奖励激励机制。这就导致一些学生管理人员只是在表面做出一些工作成果，没有真正投入工作中去，他们的工作效率和积极性不高。

2. 学生管理考核制度有待完善

在传统的学生管理中，一些教师会采用服从型管理模式。在这种模式下，教师往往会直接向学生下达指令，然而这样做会不可避免地让教师和学生处于对立的处境中，不利于激发学生的主观能动性和提高学生的创新能力，有时甚至会打击学生的自尊心，难以实现高校预期的管理目标。另外，当前学生管理过程以及考核制度中存在许多模糊不清的部分，管理工作的整体指导不够明晰，学生管理工作者需要面对很多挑战。此外，在学生考核制度中，还有一些应对紧急情况的暂行规定缺乏权威性，需要进一步完善。

3. 学生综合素质考核欠缺

现今，部分高校在评估学生表现时，常将学生每学期的期末考试成绩看作重要的评价指标，同时也以出勤率和考试成绩为衡量学生学习态度和学习能力的主要标准。现有的评估方式已经不再适用，它与教育的宗旨不相符，其评价观念较为陈旧。如果仅由课程教师个人来考核和评价，没有其他机构或人员参与，那么考核内容、标准和结果的全面性、公正性和客观性都无法得到保障，更无法令人信服，并且，采取这种评价方式，可能会让学生找不到全面成长的正确方向，难以客观地认识自我，更无法发掘学生的潜能。

4. 管理制度缺乏服务意识

当前高校学生管理制度仍侧重于约束、监督。这种管理制度在一定程度上能够起到保障学生安全、规范学生行为的作用。但随着“以人为本”理念的深入，这种管理制度的弊端日渐显露。其建设的出发点并没有从满足学生的根本利益出发，缺乏人文关怀与服务意识，管理目标与促进学生全面发展的核心目标不契合。维持高校正常教育秩序、生活秩序的管理制度能否得到认同、遵守，达到形成良好的秩序的目的，取决于是否结合了高校自身实际，符合学生个体需要与身心发展特点。高校学生管理制度本身要从促进学生全面发展出发来制定、修改、完善。

5. 管理制度执行不到位

高校学生管理工作者在管理制度的执行层面随意性较大，管理制度实施程序不规范。高校的管理制度以及管理人员由于缺乏法治精神，在实际管理工作中有“重实体、轻程序”的现象，因此造成学生的遵纪守法意识淡薄。问题出现后，管理工作者以“消防员”的角色出现，把大部分精力和时间用在调解与预防矛盾上，管理效果不是很好。如果能够实现高校学生管理的法治化建设，运用法律手段来管理协调高校学生的行为，不仅有利于提高管理工作的效率、质量，而且也能减少高等教育在管理方面的重复劳动，创造实施素质教育的条件。

（五）学生管理方式较松散

虽然部分学校意识到了微媒体的重要作用，在实践中也不断改进工作方法，但是对于微媒体的运用，仍然缺乏统一规划，管理方式也比较松散。如有些微信公众号发出来的信息不精准，出现了主题模糊无界、内容杂乱无序、质量良莠不齐等现象；有的微媒体对学生反馈的信息收集、整理不及时，只发挥了传播信息的功能，没有很好地实现交流、管理、服务的功用；还有一些平台是学生自发建立的，缺乏组织性，且缺少统一的规划和管理，使得学生管理工作者难以充分利用并实现管理功能。为了持续发挥微媒体在学生管理工作中的作用，就需要学校投入大量的人力、物力、财力，对校园各类微媒体进行长期管理、维护，而这是一个长期过程，这也是目前难以实现统一规划管理的重要原因。归根结底，管理方式松散主要是因为学校缺乏全方位的统筹规划，且所运用的微媒体之间不能构建成一个相互补充、相互融合的体系。

（六）学生管理队伍建设仍需完善

1. 管理队伍管理经验不足

如今，高校学生管理工作队伍越来越向年轻化方向发展。虽然青年管理工作者更容易与学生保持良好沟通，进而充分理解他们的想法和行为，但因为缺乏足够的工作经验，他们在处理某些具体问题时可能会出现过于主观、偏离客观标准的情况。此外，年轻的管理人员存在一些普遍问题，如在处理事务时难以保持冷静、情绪容易失控，以及耐性有所欠缺。如果无法在繁忙的工作中保持冷静，那么这些青年管理工作者很可能会影响管理工作的整体质量和效率。随着时代的发展，年轻化的趋势在高校学生管理工作者队伍中变得越发突出。为了有效管理高校学生，高校必须对这种年轻化的学生管理工作队伍进行更好的组织、培训和建设，并提高他们的综合素质和管理能力，进而为高校学生管理工作的有效开展提供保障。

2. 学生干部队伍素质有待提升

作为学生自我管理的重要推动者，学生干部需要以身作则，要具备卓越的思想品质、优异的学业成绩、全面的素养、健康的心理状况和出色的团队合作能力，从而从正面激励和影响其他学生，促使他们追求更好的自我发展。在学生管理工作领域，大多数学生干部能够表现出极佳的个人素质，具备胜任领导工作的能力。除此之外，他们还特别重视自我学习、自我控制和自我审视，并且他们对于职责也怀着强烈的责任心。不过，一部分学生干部在适应学生管理工作方面遇到挑战，无法有效发挥自己的作用，这阻碍了他们成为学生管理领域楷模的步伐。为了确保各项工作的有序实施，在高校学生干部队伍建设中，高校必须全面提升干部的各方面素质和能力，不断优化队伍的素质。

3. 学生管理的手段相对落后

现今，大学生成长的环境已经发生了根本性的变化，这种变化是随着时间的推移而产生的。大学生的人生经历更加丰富，这使得他们的个性具备了鲜明的特质。因此，为了更好地满足不同背景的学生群体的需求，学生管理工作者需要通过不断调整和改进他们的管理策略，确保管理方法更加精准有效。然而，有些高校在开展学生管理工作过程中，并没有充分了解当今大学生的特点。这些高校没有考虑到大学生在学生管理中对于心理健康方面的需求。此外，这些高校也未能充分运用包括网络信息技术在内的现代技术手段，进而难以提升学生管理工作的效率和成效。

（七）学生管理职责不明确、履行不到位

1. 管理人员职责不明确

客观来说，高校学生管理工作是比较烦琐的，它所涵盖的内容非常多，因而学生管理职责涵盖相当广泛的范围。以辅导员为代表的基层管理人员，不仅需要对学生进行思想教育，还要负责管理他们的言行举止，更要专注于提升广大学生的专业技能，进而对其毕业后的职业生涯规划作出指导。

高校的学生管理工作是繁重的。大多数辅导员表示，遇到问题时，学生总是首先向辅导员寻求协助和解决方案。然而，在有些情况下，辅导员可能不是最适合解决学生所提出问题的最佳人选。换句话说，高校需要谨慎地选择适合的人员来管理某些学生工作。比如说，专业的就业指导教师应该负责职业生涯规划和就业指导教育。然而，在实际工作中，高校内部常常安排不具备相关知识的人员负责这项工作，降低了学生管理工作的效率与质量。主要学生管理工作部门工作职责应当如表 3-2-1 所示。

表 3-2-1　主要学生管理工作部门工作职责

序号	部门	职责
1	学工处	制定、修改、完善、实施学生日常管理的规章制度，制订学生思想政治、法治安全等相关教育方案，组织新生入学教育，学生评优、评先，学生资助及勤工俭学等活动，指导学生会团委工作，配合管理学生网络行为，负责学生医疗保险及征兵工作、开展学生心理健康教育等
2	团委	制订团委的工作计划，对团员开展思想政治工作，组织校园活动和实践活动，指导学生社团工作，负责团费的管理、优秀团员评选活动等

续表

序号	部门	职责
3	辅导员	负责学生思想教育工作，引导学生规范行为习惯，开展心理健康教育工作、学生日常管理工作，指导学生开展各种活动，组织开展学生资助、评优评先及勤工俭学工作，负责学生寝室管理、学生职业生涯与就业指导等

2. 职责履行不到位、效率低

现如今，维护学校秩序仍是高校管理者的最高事项，他们往往会采取制定规章制度等措施来管理、约束学生。另外，学生组织的结构呈现单一线性形式，这使得校领导较少地负责学生的管理工作。此外，各个高校规模不断扩大、院系组织增加、师生比例失衡以及职能分配不合理等现象，给基层学生管理工作带来巨大压力，而学校领导和学生之间有效沟通的实现也存在诸多障碍。此外，汇报工作需要按级别递交，这导致学生管理工作的效率进一步降低。

（八）学生考核方式单一

随着高考扩招，生源发生变化，学生的层次有降低趋势，学校、教师对此应对不足，还是按照往年的内容及难度来讲授课程，有些学生接受起来就比较困难，对学习失去兴趣。目前，部分高校对学生的考核比较简单，绝大多数都是通过闭卷考试并结合学生的平时成绩来考核。考核方式的不合理造成学生大面积挂科，势必影响其学习积极性，进而产生迟到、旷课、早退等行为，给管理工作增加了难度。

（九）学分制管理引起新变革

目前，各个高校正在加强改革，将课程改革置于核心地位，推行跨学科教学，以便来自不同专业的学生共同修读，同时各个高校开始实施学分制管理方式。这种措施为传统学生管理工作带来了挑战，因为它要求传统的学生管理方式适应不同专业和班级的多样性，而不再像过去一样只需简单地管理按学年分组的班级。另外，学生管理者不仅要开展日常的思想政治教育，还需要引导学生规划自己的职业发展，并帮助他们进行自主学习、自我管理。学分制管理的引入，使得高校学生管理工作从以前的强制性慢慢转变为指导性，因此高校需要建立一个全新的平台，以满足学分制下学生管理的诸多要求。

（十）高校后勤社会化引发新问题

在市场经济不断繁荣、高校“服务育人”理念广泛普及的背景下，学生对他们所在高校的生活和学习环境提出了更加严苛的要求。这使得高校不得不不断优化后勤社会化改革的措施，以适应学生的需求。客观地说，这是高等教育发展过程中无法避免的现象。高校后勤社会化要求高校向社会开放校园市场，为社会人士开通渠道，使他们有机会进入各个大学校园，为学生提供更优质、更方便的服务。后勤社会化可以为广大高校学生提供更高品质的服务体验，学生可以通过勤工俭学等社会实践锤炼自己的毅力、培养自己坚韧不拔的品质，进而强化自身的自我管理能力。

然而，后勤社会化的推进，也为高校带来了一定的问题。第一，社会观念进入校园，影响了大学生价值观念的塑造和培养，使其价值观念发生了不同程度的变化；第二，将学生与学校之间的关系转变为经营者与顾客之间的关系，高校学生管理工作的难度有所增大；第三，高校本身也受到社会不稳定因素的影响，这导致校园内部出现不稳定现象。

（十一）学生管理信息化缺乏理念支持

教育信息化经过多年的建设和发展，取得了显著进展，并且各社会层面对其重要性的认识也有了提高，但我国各大高校，仍然有部分领导者缺少对教育信息化在推动教育改革和发展过程中的重要地位的深刻理解。一些管理者往往会认为信息化只是一项附加的辅助工作，他们不太愿意将信息化视为所有决策的主要考虑因素；他们的思考不够成熟，缺乏长远的战略性思考眼光。为了确保高等教育信息化建设的成功，高校领导需要深入了解信息化相关知识与技术，并且要全面规划教育信息化系统工程。如果高校领导者们对信息化建设的理念和认识不一致，且缺乏科学合理的规划，那么这会导致教育设备配置不均衡。当前，我国很多高校都采用高校内部不同职能部门按照业务分工自主开发信息系统的方法。就实际情况看，各个部门在使用系统技术等方面存在差异，致使信息代码缺乏一致性，进而导致重要数据无法共享。此外，由于各种应用系统各自采用独立运作的方式，整体系统显得混乱无序，整体运转效率低下。同时，这些系统之间也很难在信息上实现共享。

除此之外，由于传统观念的影响，许多管理人员未能充分认识到学生管理工作信息化的重要性，甚至有些管理人员对此持有不信任的态度，进而抵触对其的运用。个别辅导员也会因为对信息操作不当而产生重复劳动，进而对信息系统质疑。

（十二）各类信息技术运用不充分

尽管高校可以采用多种信息技术来管理学生，但是在不同的情境下，不同的人员可能会遇到多种挑战，这会导致很多人无法充分发挥自己的潜力。想要有效地管理学生，高校必须每天详细记录和总结众多细节问题。同时，在高校的学生管理工作中，高校应主要关注学生，并从学生的角度出发思考和研究，仔细考量学生的学业、生活、言行举止以及内心感受，以正确的引导方式帮助学生塑造正确的世界观、人生观和价值观。

1. 各院系学生管理工作平台不统一

在高校中，从工作性质、工作内容上看，院系不同，对应的学生管理工作不同。比如说，高校党委组织部的职责是带领师生党员深入学习理论知识，该部门会通过一系列技术，构建有助于开展本部门活动的平台。在平台构建完成后，高校党委组织部能够实现对本校师生的信息化管理。

虽然其他院系也在尝试建立专门用于管理建设的技术平台，但他们很少考虑对已有的工作平台使用方式的优化。常见的交流工具包括 QQ 群和微信群，在很多院系的管理工作中都没有被好好加以运用。许多学院和部门没有遵循基本的网页规范，其网页内容更新和新技术平台的运用均不达标，这就导致网页、新技术平台无法在学生管理工作中发挥作用。

2. 信息技术平台、工具运用不充分

校园官方网站的学生管理工作内容不够充足或未能被及时更新，导致校园官网受到的关注度不高。尽管一些学院更新了网站并添加了新内容，但是这些内容还没有足够的吸引力来吸引学生的关注，所以这些网站的访问量迟迟没有明显上涨。据相关研究显示，网站公告栏上的各种通知是点击浏览量最多的内容，但从高校学生管理层面看，网站上展示的思想政治教育方面的内容相对较少，这使得院系网站或校园网站无法对高校学生管理工作提供实质上的支持。尽管这些网站网页有内容，但这些内容缺乏创意。除此之外，这些网站的互动性十分欠缺，学生很难顺畅地与教职工沟通或根据实际情况提供反馈。也就是说，该网站未能为学生营造一个适宜于师生互相沟通和提供反馈的良好渠道。因此，信息化平台无法全面地反映学生的日常生活和学习状态。

（十三）学生助学管理存在的问题

1. 助学政策落实不到位

我国教育事业中把帮助家庭经济困难学生作为重中之重，并提出了“帮助一个贫困生，国家将多一个人才”的口号，高校助学工作也应当响应国家助学政策要求。据此，高校应设置专门的助学组织机构。该助学组织机构应按照该校全日制在校学生人数的20%配备工作人员来具体负责该机构的运行，然而，很多高校目前并未设置该机构，或者只是设置了空壳组织，并未配备专门的人员，与国家要求有很大的差距。高校助学工作是一项量大面广、政策性强的民生工程，没有配置专门的机构人员，要做好助学工作犹如纸上谈兵。除了机构和人员的设置，在经费上国家要求高校应从该校的事业费中提出4%～6%的学生经费专门用于家庭经济困难学生的助学工作，但这项工作同样很多高校达不到标准。助学工作要扎实有效地运行，一方面需要制度的保证，另一方面也需要经费、机构和人员的保障，否则助学工作难以实行。

2. 贫困生认定机制不完善

从国家对贫困生认定文件不断深入研究的角度出发，我国高校慢慢制订出了专门针对本校贫困生进行认定的方案，并建立了相应机制。目前，我国高校普遍采用的模式是学校颁布贫困生认定机制—学生自主申请—学校审核认定。在具体执行时，受部分人为因素、信息不对称因素、机制不完善因素的约束，贫困生的身份认定过程常常遇到不同问题，这些问题总结起来包括以下几点。

（1）认定概念模糊，缺乏量化、统一标准

在我国经济社会发展过程中，很多地区经济发展不平衡，同时，家庭经济困难学生概念模糊。鉴于高校学生来自全国不同地区，又存在各种复杂影响因素，因此贫困生的认定难度较大。在这样的情况下，高校很难用科学方法和定量标准来认定贫困生的身份，因为认定的操作过程中会遇到诸多模糊性问题。所以，高校通常主要依据主观判断和传统经验来对相应学生进行贫困生身份的审查和确认。

（2）难以判断认定材料真实度

国家、高校为了能帮助更多的困难学生，逐年增加奖助学金比例。在利益驱使下，部分非贫困学生为了获得学校的助学而弄虚作假，增加了贫困生认定工作的困难，蒙混过关或者存在很大水分的虚假材料也使得认定工作举步维艰。

（3）评议小组的形式的弊端

通常情况下，高校规定贫困生认定评议小组的成员必须是学生，这个小组内的成员也必须按要求参与贫困生的评审。尽管在成立这种小组的情况下，高校可以提高贫困生评审结果的客观性和监督的有效性，但这种做法也存在一些缺陷。首先，有些学生可能不愿透露家庭状况，被评为“贫困生”可能会影响他们的尊严。这是因为，一部分学生在成长过程中，如果所处环境艰苦，他们通常会保持高度自尊心，不愿被人怜悯同情，他们往往会拒绝接受援助；其次，学生的人际关系等因素可能会影响评审结果的客观公正性。

（4）认定程序不规范，主观性强

在评审过程中，除了学生提交的书面认定材料，班上的学生干部和同学以及辅导员对贫困生的日常观察很大程度上影响着认定的结果。由此而来的认定结果带着很大的偏差，一方面，辅导员与学生的接触与对学生的了解非常有限，因此，辅导员判断带有很大的片面性；另一方面，学生干部和同学与申请者的关系、感情的亲疏或多或少会影响评议，最终影响评判结果。这种认定过程和程序并不规范且带有很大的主观性。

3. 助学项目设置不合理

高校为了使学生在学习过程中形成良性的竞争，不断提升自我、完善自我，实行的奖励制度和助学制度大多是建立在综合素质测评之上的。但在实行过程中，这一制度出现了以下问题。

（1）缺乏统一、系统的助学体系

在高校中，助学体系缺乏一致性和系统性，会影响助学的效果和助学的力度，甚至出现不公平现象。在奖励和内部管理这两方面最能体现出助学系统的这一问题。

首先，国家、高校及校友、企事业单位、社会团体和个人等以各种名义设立的奖助学金金额越来越大，种类越来越多，每项设立的奖助学金的目的不同、奖励的对象不同，并且各项奖助学金相互独立，容易导致同一个学生申请多项奖助学金，重复申请，占用其他学生的奖助学金名额，也会使得综合素质高的学生没有获取相应奖学金的渠道。这样缺乏科学系统的管理，会导致问题不断出现，不利于发挥奖助学金的激励作用。

其次，在助学体系内部管理方面，助学部门相对分散，除了高校校内统一的奖助学金外，来自校友、企事业单位、社会团体和个人的奖助学金同时存在，奖励种类可谓“琳琅满目”，申请条件有很大出入，系统性不足，监督管理机制不健全，管理效果不佳，无法实现奖励目的。

（2）奖助项目设置落后

高校里现有的奖助项目往往忽视了特殊群体的存在，与社会发展脱节。奖助学金的设置不能忽视特殊群体的存在，各种特殊群体结合起来也是一个不容忽视的庞大群体。教育要体现公平性，奖助学金更要体现出公平性，所以在设立奖助学金时应该充分体现国家和学校对特殊群体的关怀和关注。

现有的奖助项目从设立之初至今修改力度不大，评比的标准和设立的目的针对的都是过去的社会环境和社会人才培养目标。但是社会在不断地进步，国家在不断地发展，针对原来的环境和目标设置的奖项已不能适应现代社会的发展，也不能适应现代社会对人才培养的要求。因此，高校在设立奖助学金项目时，种类、申请条件和评比条件的设置应当根据社会、国家的需求不断地调整，以适应社会发展的要求。

4. 助学目的难以实现

助学目的难以实现主要体现在参选主体、参选程序和参选形式三个方面。

首先，由于在奖助学金评选前，学校对相关的奖助制度、奖助项目及申请条件、申请时间等信息的宣传不足、通知不到位，在申请和评选过程中缺乏规范、存在问题，导致学生整体参与度低，关注奖助学金相关信息的学生少，起不到激发全体学生参与评选的热情的作用。参与的主体少、不积极使得奖助学金促进进步的目的难以实现。

其次，在学生参选程序方面，奖助学金的参选程序缺乏合理性、缺乏有效的监督管理。各种类型的奖助学金参选程序差异过大，管理不规范、评选标准不一致，容易产生反复评选现象。同时，在评选过程中，评选程序不透明，忽视公开、公平原则，容易出现同一个学生重复参评不同的奖项，占用其他学生参选的名额，容易出现不公平现象。不透明、不公开的机制容易导致评选过程中出现专权现象，由原本多人评选、评选小组评选变成由个别人员审定。另外，评选过程不系统、评选时间长等问题都会大大降低评选的可信度和参与度。

最后，奖助学金在形式上虽然表现为物质鼓励，但设置的主要目的是在提供物质资助的同时鼓励学生理性竞争，激励学生不断进步、不断完善自我。随着时间的推移，奖助学金在精神层面的作用逐渐被忽视，物质层面的作用不断被加强，使得奖励的目的难以实现，无法从精神层面上促进学生的学习，提高学生的精神境界。因此，在资助过程中，我们应该在将物质鼓励作为奖励形式的同时注重思想层面的引导，提高学生的学习积极性，充分发挥资助工作在物质层面和精神层面的双重作用。

（十四）学生危机事件管理存在问题

近年来，我国高校对学生危机事件管理的重视程度逐渐提高，管理工作取得了一定成效，但仍存在一些问题，管理的现状并不乐观。

1. 危机意识不足

有些高校的管理者往往会错误地认为高校人员结构较为单一，活动空间较为封闭，受外部影响较小，内部相对安全稳定，危机事件的出现只是极为个别的现象，因而在日常管理工作中很少会探讨危机管理的问题。有些高校虽然制订了危机应急预案，但只作为一种形象工程，用来应付上级的各类考核，很少对预案进行演练和完善。高校的管理者缺乏危机管理意识，学校缺乏危机预警能力和应对能力，也就导致了高校学生危机意识和应急能力的缺乏。

2. 危机处置不够及时

危机事件发生之初，果断决策、及时采取措施进行危机处置，是高校学生危机事件管理的关键。而我国部分高校在这方面的表现欠佳，危机处置迟缓滞后。危机意识淡薄、危机处置不及时，就会延误控制事态的最佳时机，增加危机管理成本。

3. 信息渠道不够畅通

信息渠道不畅通主要表现在以下三个方面。

（1）纵向信息不对称

这主要是指有些高校在向教育、公安等上级有关部门报告危机信息时，瞒报、漏报、缓报或避重就轻地报。有些高校之所以不愿意及时地、真实地向上级汇报信息，主要是因为危机事件的产生多数是源于日常管理工作的不到位。为了避免上级追究责任，有些高校就有选择性地汇报信息，最终导致上下级间危机信息不对称。

（2）横向信息不互通

目前有些高校已经建立了危机管理组织机构，但在日常的学习、工作、生活中，危机管理部门与学生、教师很少有沟通的机会。虽然学院作为与学生最为亲近的一个组织，最容易从学生群体中获得来自社会、政治、学校管理以及学生个人的、有可能引发危机的信息资料，但出于“家丑不可外扬”的错误观念和对自身利益的考虑，部分学院会选择“报喜不报忧”，将一些不利于稳定的信息自我消化，很少供学校管理者以及其他单位、部门共同探讨研判。这样，就造成了危机信息无法得到专业的分析处理，学生与学校各单位、部门间的信息不互通，使危机管理部门无法在危机发生前进行预警。

（3）面向公众的危机信息不透明

一些高校在爆发危机之后严格控制外来人员入校，坚决杜绝记者的采访，即便外界对此事有诸多猜测，校方也不站出来澄清事实，以正视听。这种“秘而不宣”的处事态度，是对学生、对社会公众极不尊重的表现。还有些高校担心一旦公布消息，会引起媒体的报道，会损坏高校的名誉，因而选择封锁消息。也因此，整理高校学生危机事件相关案例比较困难，在日常工作中获取的一些危机信息很难在政府主流媒体上获得证实，或很少能见到媒体对某一高校学生危机事件进行跟踪报道。

4. 善后处理不完善

高校学生危机事件善后处理是指危机事件的威胁和危害基本得到消除以后，学校组织开展的一系列事后恢复重建工作，包括计算危害造成的损失，恢复正常的教学、工作、生活秩序，妥善解决危机事件处理过程中引发的矛盾，修复事发后师生的心理创伤，恢复学校的社会形象等。近几年来，许多高校在危机事件管理中做了大量的工作，在善后处理方面也摸索出了自己的道路。有些高校对危机发生时的应急控制非常重视，其善后处理也旨在恢复正常的教学工作秩序；在修复师生心理创伤方面也只关注那些在危机事件中受到直接危害的人，而在整个校园内开展心理创伤修复的学校非常少；危机事件后，几乎所有学校都会对损坏的建筑物、设施设备进行修复和维修，但主动采取措施恢复社会形象的极少。当被问及“危机之后，学校的形象遭到损害、名誉受到破坏，该如何补救”时，有不少高校的回答是：“时间久了，这些危机事件就会淡出人们的视线范围，学校的形象也自然就会恢复了。”

5. 责任追究不清晰

（1）没有明确责任主体

在我国高校现行的规章制度和法律条文中，没有涉及各个类型的高校学生危机事件的责任划分，发生不同的危机事件时，学校、老师、学生及相关责任人应该各自承担什么责任，并没有定论。以至于高校一旦发生学生危机事件，对学生造成了伤害，社会一般都会同情弱势的学生群体，将事故发生的责任都归咎于学校。尤其是学生家长，更容易受到情感的冲击，以致失去理性，将所有危机事件的发生都归咎于学校，引起家长与高校的冲突。

（2）责任追究的方式往往是免职

有些高校在危机发生的第一时间不是想办法解决问题，而是用免职的方式对相关负责人进行处理。虽说学校的负责人在此次事件中存在着不可推卸的责任，但此时的免职对处理危机并没有太大帮助。高校应将工作重点放在解决问题上，后期将责任追究到底，并吸取经验教训。

三、社会方面的问题

（一）市场经济深入发展的影响

在市场经济不断深入发展的情况下，我国社会对具备高级知识的人才的需求量不断加大，愿意接受高等教育的人群越来越多。为此，政府实施了高等教育扩招的政策，以满足经济持续发展的需求。在扩招政策的推动下，我国高校在校学生人数逐步增加，而高等教育的定位也相应地由“精英教育”逐渐转变为“大众化教育”，这也使得高校学生管理工作面临很多新的挑战，无论是贫困生和独生子女比例不断增加、部分学生素质有所下降等情况的出现，还是高校实施学分制改革、引入弹性学制等重大变革，都在无形之中加大了高校学生管理工作的压力。随着学生人数的增加和高校规模的扩大，高校后勤设施已经无法满足学生的切实需求。例如，食堂空间狭小，餐区过于狭窄，师生在就餐时，食堂显得十分拥挤；大学生的课余活动缺乏多样性，文化体育设施不足，并且，随着经济的迅速发展和高等教育改革的不断深化，大学生的思想和行为开始多元化，传统的学生管理方式已不再具备有效性，这也给高校学生管理工作中带来了巨大的挑战。

（二）社会力量的参与不足

高校应该思考并规划出利用社会各界的资源的具体方式，为大学生提供更有益的发展条件。为了帮助学生更加全面地了解社会，高校可以邀请备受瞩目的知名人士充当荣誉辅导员角色，定期为学生提供人生规划方面的咨询。此外，高校应积极与企业和事业单位合作，为学生建立社会实践基地，进而为广大学生提供更多的实践机会，同时帮助高校拓宽培养人才的途径。

第四章　大数据背景下高校学生管理工作的发展

本章为大数据背景下高校学生管理工作的发展，主要针对大数据时代高校学生管理工作迎来的机遇、大数据时代高校学生管理工作面临的挑战、大数据时代高校学生管理工作的转型三部分做出论述。

第一节　大数据时代高校学生管理工作迎来的机遇

大数据的普及和发展给高校的学生管理工作带来了机遇。最大的机遇便是大数据彻底改变了人们传统的思维模式。过去不可计量、存储、分析，甚至跟“信息”基本不搭边的事物都被数据化了，我们对数据的精确性更加宽容，也不再热衷于寻找事物之间的因果关系。大数据为高校学生工作打开了一扇新的大门，也成为学生管理工作者获得新认知和创造新价值的源泉。

一、实现对所有数据的收集

在过去的很长一段时间里，因为记录、存储和计算的技术不够发达，我们仅能分析少量数据，所以在某些领域出现了一些用尽可能少的数据预测未来趋势的技术和学科，比如统计学的目的就是用一小部分数据来预言其他重大发现。我们似乎已经习惯了用最少的数据获取最多的信息，于是在小数据时代，随机采样是一种重要的研究方法。随机采样使许多看似非常困难的问题得以解决，也大大提高了人们的工作效率。比如，在调查学生对某个问题的看法和意见时，调查者不必花费巨大的人力和财力对每个学生进行调查，而只需随机抽查一部分学生即可。随机抽样确实成为现代测量和研究领域的主心骨，但随机抽样是在必须花费巨大的精力才能完成对所有数据的收集和分析的情况下做出的无奈选择。

统计学家研究证明，随机采样的精确性并不会随着样本数量的增加而提高，而是会随着采样随机性的增大而出现大幅度提升，也就是说采样的随机性甚至比样本的数量更重要，这也是随机采样成功的关键。但要想真正增大采样随机性非常困难，一旦在采样过程中出现一点偏差，分析结果就会有天壤之别。如果抽样的对象很复杂，比如是一个学生网络，那么很难找到一个最优的抽样标准，更难以得出科学的分析结果。更糟糕的是，随机采样不适合用来对子类别进行单独考察，因为一旦继续细分，分析结果的错误率会大大增加。例如，一个对 1 000 名学生进行的调查，如果要细分到"大学二年级的少数民族女生"，调查的人数就远远少于 1 000 人了，即使是完全随机的调查，也不可能只用少数的人来预测整个学校里的大学二年级的少数民族女生的意愿。所以，当我们想了解细分部分的情况时，随机采样的方法就失效了。在宏观领域有效的方法在微观领域就不可取了。随机采样的结果只可远观，无法准确地聚焦到某个点上。除此之外，由于随机采样是提前计划和安排好的，我们只能从采样数据中得到预设的答案和结果，而不可能采集到突然意识到的问题或出现的新问题，所以随机采样的结果缺乏延展性，调查结果不能用来分析计划之外的其他问题。

现如今，数据存储和计算变得简单，各种传感器和移动终端也能收集大量的数据，当我们可以很轻松地获得数据的时候，采样也就失去了它原有的意义。随着大数据的发展，在教育领域，尽量收集全部数据，让"样本 = 总体"已经成为可能。通过利用所有的数据，我们可以对一些细节进行考察，甚至对某些子类别进行深层次的研究。需要注意的是，这里的大数据的"大"，取的是相对意义，并非是指所采集的数据量有多大，而是指那种保留所有数据、丢弃随机分析的方法。Lytro（一家位于硅谷的创业公司）相机就是将大数据运用到了摄影中。传统的相机只可以记录一束光，但 Lytro 相机可以记录所有光，最多可达 1100 万束。因为可以捕捉到所有光束，所以用户没必要在一开始就决定生成什么样的照片，而是可以在拍摄之后再根据需要决定。所有的光束都被记录了，就相当于采集了所有的数据，因此这些照片不是一次性的，而是更具有可循环利用性。学生工作领域也是如此，学生工作需要关注每个学生的方方面面，既包括学生的思想动态、认知方式、行为举止、情感需求等，也包括各种随机性、即时性的动态与现象。在大数据时代，每个学生都是大数据的制造者、传播者、共享者和分析对象。我们没必要事先决定需要哪些信息，而是尽可能多地收集所有学生的所有信息，并根据工作需要用大数据去探索论证。

二、更好地接收混杂数据

在传统的工作中，因为“小数据”收集到的数据十分有限，一旦任何一个地方出现细小的错误都可能会对全盘数据分析产生非常大的影响，所以在数据的收集和整理过程中，最基本也最重要的就是减少错误，对数据的精确度要求非常苛刻。无论是家庭经济困难认定还是优秀学生评选，为了使结果更加准确公正，大部分学生工作者都致力于优化考核方法和测评策略。但是在大数据背景下，我们几乎可以掌握整个样本的数据，但也要为此付出一定的代价，那就是有些不准确甚至错误的数据也会混杂进来。在大数据时代，不精确信息的出现已经不是缺点，而是一个新的亮点。大数据极强的容错性可以让我们对细小的错误忽略不计。例如，在每年度的家庭经济困难认定工作中，传统的做法是根据影响家庭经济情况的几项指标对所有申请补助的学生的家庭经济情况进行量化评估，按其评估分值进行排序，初步判断学生的困难程度，并综合考虑学生的消费情况、操行表现等。由于学生消费情况无法准确衡量，所以对影响家庭经济情况的几项指标数据的采集务必十分精确，但学生可能会有瞒报谎报等行为，要想获得精确的数据十分困难。在大数据时代，情况则完全不同。

大数据除了可以对几项指标进行量化外，还可以收集学生的校园卡消费信息、网上购物信息，甚至可以获取这部分学生的全部信息，由于数据量增大，因此不必要求信息的极度精确，收集到的信息中也必然包含了很多不准确甚至错误的信息，但庞大的数据量就可以抵消数据不准确造成的影响。大数据还能实时追踪更新每个学生的不同信息，为调查者提供更多的额外价值，在挖掘出调查者想要的信息的基础上，更能让调查者掌握事物的发展态势，真实、客观地认识和了解每个学生。

大数据除了有内容方面的混杂性，其在结构方面也有很多混乱。学生在网络以及各种传感器上产生了大量音频、图像、视频等信息，这些都是非机构化数据。目前，在人类社会产生的数据中，只有 5% 是结构化数据，剩下的 95% 都是非结构化数据。正是这些看似不够精确、结构比较混乱的数据给我们打开了一扇提高学生管理工作效率的窗户。我们既不必花费大量的人力物力去寻找事物唯一的答案，也不必为了提高数据的精确性而付出很大的代价，更不必害怕某个单元或环节的信息错误会对全局结果产生不利影响。大数据教会我们不要纠结于信息的极度准确，而要接收更加纷繁复杂的数据。大数据的优势绝不是海量数据优于少量数据那么简单，而是大数据的简单算法会比小数据的复杂算法产生更好的效果。

三、挖掘关系实现工作预测

在小数据时代，我们更加注重分析事物的因果关系，一般会根据自己的经验开始假设，然后采集数据和收集证据来论证自己的假设，假设要么被证实，要么被推翻。但由于分析本身就是源于假设，整个分析过程也难免会受到偏见的影响以及自身经验和阅历的限制，很容易导致错误的出现。在小数据时代，我们也会进行相关关系分析，但由于数据采集困难，收集分析数据耗资巨大，并且由于计算能力有限，大部分相关关系分析都仅限于寻求线性关系，但实际情况绝非这么简单，经过复杂的分析，数据之间也存在非线性关系。在大数据背景下，可用的数据如此之多，相关关系真正发挥了它的价值。

相关关系的核心是找出两个数据之间的数理关系。如果找到一个现象的关联物，相关关系可以帮助我们更方便、更快捷地分析现在和预测未来。例如，如果A和B经常一起发生，只要我们观察到A发生了，就可以预测B也可能发生了，尤其当B是一个不易直接测量和观察的现象时，通过A就可以推测B。相关关系对未来的预测基于大数据的理性分析功能。众所周知，一个高校学生从普通学生到变成贫困生不会是瞬间的，而是会逐渐暴露出问题。通过对数据的收集，我们可以事先收到该生要出现问题的信号，比如到课率下降、迟到早退现象严重、作业上交不及时等，这都为问题的发生敲响了警钟。我们把这些异常情况与正常情况进行对比，尽早重视该生的状况，就能在问题形成之前主动采取帮扶措施，防止事态恶化。

因此，大数据时代更加注重相关关系，而不是因果关系。通过找到一个关联物并监控它，我们就能知道将会发生什么，而不是为什么会发生。但实际情况是，当我们知道了“是什么”，也就是进行相关关系分析后，我们又想知道“为什么”，于是会继续追问事件背后的因果关系。所以相关关系分析同时也是研究因果关系的前提，只有找出可能相关的事物，才能在此基础上进行因果关系分析，只有预测出问题的发生，才能及时地追寻问题根源并解决问题，相关关系分析在很大程度上能够对因果关系分析起作用。

大数据时代带来了很多学生管理工作方面的思维变革，打破了很多常规理念和研究范式的局限，带来了前所未有的新思路，将会推动高校学生管理工作方式的转变。这种巨大的价值和影响使我们对大数据的选择将不再是一种利弊的权衡，而是一种必然。

四、创新高校学生管理载体

以大数据技术为代表的信息技术的飞速发展，为高校学生管理提供了新的载体。传统的高校学生管理主要借助于交谈、书信、电话、报纸、广播、电视等来完成，但是这些载体已经不能适应大数据时代。在大数据时代，互联网已经成为主要的载体，高校学生管理尤其是思想政治教育载体的信息化已成为一种趋势。网络的虚拟性使学生在网上建立虚拟共同体、虚拟社区等成为现实，QQ、微信、短信、微博、网络心理咨询等越来越成为一种大众交流的方式。短信、微博等逐渐被纳入高校学生管理载体的范畴，这是当前大数据时代迅速发展带来的机遇，也符合高校学生管理发展的趋势。这些新载体的出现是对传统高校学生管理载体的补充和发展。手机的使用在我国相当普及，手机已经成为生活必需品，每个人甚至有不止一部手机。手机突破了时间、地点的限制，人们可以通过手机随时随地发信息、打电话。学校可以提供不同的高校学生管理板块，学生可以根据自己的需求免费短信定制这些内容，随时随地获取信息。微博也是大数据时代深受人们欢迎的新媒体平台，微博作为高校学生管理的新载体，更具有针对性和实效性，其最大的优势不仅在于用户类型广，而且还在于它的闪电式传播，一条有吸引力的信息能在短时间内遍及全球。大数据时代，很多高校逐渐建立了自己的微博，其微博上不仅有最新通知政策，还有学生感兴趣的时事政治、娱乐新闻等内容，但是不同的是，学校的官方微博除了形式新颖外，还要善于开发出学生感兴趣的内容背后的教育价值，实现一举两得。除了微博之外，大数据时代为高校学生管理还提供了一个心理健康管理的新载体——高校网络心理咨询，主要是指一些心理方面的专家或心理学院的教师开设网上工作室，帮助解答咨询者的心理问题，帮助其学会调适、寻求发展。电子邮件比传统的信件省时省力，而且大部分是用匿名的方式，这种方式使学生没有后顾之忧，更有利于及时发现和解决高校学生管理中存在的问题。大数据时代促进了高校工作载体的创新。

第二节　大数据时代高校学生管理工作面临的挑战

一、学生个性鲜明，管理难度大

现代社会中的每一代人都会受到自身成长环境和社会变革的影响，“90 后”和“00 后”大学生群体也不例外。“90 后”和“00 后”大学生群体整体上成长于国家快速发展的时期。独生子女政策和人均收入水平的提高使他们享受了较多的关爱和优渥的物质条件，导致他们在一定程度上表现出依赖性较强的特点。同时，“90 后”和“00 后”大学生也生活在一个注重个人奋斗和自主选择的社会中。自费上大学、自主择业等时代要求需要他们进行独立思考，这对其适应能力和自信心提出了挑战。在这个社会价值观和行为方式转型的过程中，“90 后”和“00 后”大学生呈现出以自我为中心、追求个人利益和自由、不太关心他人的感受和需求的特点。有些大学生更注重个人成就和荣誉，而不是团队合作和共同进步。同时，他们缺乏有效的人际交往技巧和沟通能力，难以与他人建立良好的关系。此外，他们往往更容易受到群体的影响，追求与他人相同的行为和思维方式，还更容易受到挫折和失败的影响，表现出情绪不稳定和抗压能力较弱的特点。

与父辈相比，“90 后”和“00 后”大学生成长的时代环境不同。他们是在中国社会改革和快速发展的时期成长起来的。这个时期充满了各种社会、经济和科技的变革，对年轻一代的成长产生了一定的影响。与此同时，新的媒体和通信技术的普及也使其社交与沟通方式呈现出新的特点。“90 后”和“00 后”的父母十分重视对他们的教育规划，也给予其一定程度的自由，以期培养其能力和独立性。这种教育方式使“90 后”和“00 后”大学生更加重视独立思考和对个人目标的追求，也形成了其探求自我和渴望自由的个性特点。

由于生活方式的变化，一些年轻人相比在现实中交朋友，更倾向于在网络世界中进行虚拟沟通。这导致他们在现实中的沟通能力较弱，而更擅长虚拟沟通。长此以往，这种孤独感和虚拟沟通的方式造就了他们独特的思维方式和价值观。面对社会的期待和家庭的规划，一些年轻人表现出叛逆的行为，并希望展现自己的个性。

随着时间的推移，“00 后”成为大学生群体中的主要力量。得益于教育和家庭环境的影响，许多“00 后”表现出对自己的能力和未来充满信心的态度。他们愿意学习更多的知识和技能来实现自己的目标，同时也相信自己可以克服困难。“00 后”大学生具有明确的个人理想和远大的目标，并且能够将这些理想与实际情况相结合，然后付诸实际行动。他们视野开阔，待人热情，敢于表达自己的意见和尝试新的事物。

“00 后”大学生具有较强的自我意识，更注重自我需求和权益，并更加倾向于独立思考和表达自己的观点。“00 后”大学生大多对未来怀抱一些美好的梦想。这也可以看作年轻一代特有的追求和表现。另外，“00 后”大学生比较敏感，对外部环境的变化和影响具有较强的感知能力。这种敏感与他们生长的社会环境有关。

二、信息孤岛问题

信息孤岛指的是某个特定的个体、群体或地区由于各种原因与外界信息流通断绝或信息受限的情况。在信息孤岛中，个体或群体无法获取到外界的信息资源，导致其在知识、技能、文化等方面处于相对落后或不完整的状态。信息孤岛可能由多种因素引起，包括地理因素、技术因素、经济因素、教育水平因素等。比如，偏远地区、边远岛屿等由于地理条件限制，难以接触到先进的通信设备和网络技术，导致信息交流受阻。

此外，一些地区由于经济条件限制，无法获得充足的信息设施，导致信息资源的匮乏。教育水平低也会导致信息获取和利用能力的不足，导致信息孤岛现象。信息孤岛对于个体和群体的发展有很大的负面影响。缺乏及时、全面的信息会限制人们的知识更新和技能提升，限制创新和发展的机会，加剧社会和经济的不平等状况。

高校在信息化发展中存在相互孤立的情况，导致了高校教育信息孤岛现象的出现。统一、协调的资源交流和共享机制的缺乏，严重阻碍了教育资源的共享和优化，使得不同高校的网络体系被隔离开来，形成了一个个信息孤岛。由于缺乏有效的资源共享机制，各高校在信息化建设中往往各自为政，导致大量的教育资源被重复投资和开发，造成了严重的浪费。

同时，由于各高校的信息化水平参差不齐，一些高校在信息化建设中投入了大量资金和人力，但并未得到相应的回报，进一步加剧了教育资源的浪费。此外，由于各高校之间的信息无法互通，学生和教师需要跨校学习或交流时，常常遇到信息不对称的情况。例如，教师需要花费大量时间和精力去适应不同的教学系统和资源平台，严重影响了教学和科研的效率。

高校学生管理部门之间也存在信息孤岛问题，彼此之间缺乏充足的信息交流和共享。为了满足自身的管理需求，高校的学生管理部门分别建立了不同的管理系统，这些系统独立运作，导致了部门间信息交流和分享的匮乏。当设计综合管理系统时，高校更注重理论层面的衔接，但却未能充分考虑到网络空间与现实校园之间的有机结合问题。

在计算机发展的不同阶段，各个高校根据当时的需求和条件开发了不同的信息管理系统。这些系统在开发过程中，受到当时的技术水平、应用需求、资金投入等因素的影响，数据库、管理规则等方面标准不同，这就为后续的信息系统整合带来了困难。在使用信息管理系统时，各部门只能根据当初的设计思路和执行程序进行操作。

由于不同部门之间的业务需求和操作流程存在差异，因此无法直接将不同系统的数据和业务进行整合。这就导致了各部门之间的信息无法有效共享，出现了信息孤岛。这些信息孤岛的形成，使得同一个学校内可能出现多个独立的小系统。这些系统之间相互独立运行、互不兼容，导致部门之间的沟通出现不和谐的声音。例如，学生信息管理系统、人事管理系统、财务系统等各自为政，难以实现数据的共享和交互。这些小范围的信息孤岛不仅影响了部门之间的信息共享和沟通，还可能导致资源的浪费和重复建设。同时，由于不同部门之间的信息系统无法相互连接，因此出现了重复的数据录入、重复的维护工作以及无法共享的资源等问题。这不仅增加了工作量和管理成本，还可能导致数据不一致、信息失真等问题。

所以，当前我国高校学生管理面临着“信息孤岛”的问题，难以将不同院系的信息资源充分集成，难以实现各个院系独立的管理系统之间及时高效的数据共享，阻碍了学校层面的信息管理平台的建设，难以构建强有力的统一信息管理平台。学生管理工作缺乏统一信息平台支撑也就难以有效开展。

三、网络安全问题

随着现代大数据和其他信息技术的迅猛发展，信息正以前所未有的速度向虚拟化、网络化、数字化的方向迈进。这一变革在为人们带来便捷的同时，也为网络安全带来了一系列的挑战。

计算机病毒对于校园网络和用户来说是一个严重的威胁。计算机病毒会以自我复制的方式在校园网络中传播，这会导致大量已被病毒感染的计算机同时向其他计算机发送病毒，从而导致网络带宽消耗增加，网速变慢甚至网络瘫痪。某些计算机病毒的目的是篡改数据。这会导致学校网络中的用户丢失重要文件或数据，甚至可能整个系统被破坏。

一些计算机病毒旨在窃取用户的个人信息、登录凭证等。这会导致学生和教职员工的隐私遭受侵犯，如个人账号被盗用或身份被冒用。某些恶意的计算机病毒可以对操作系统或关键软件进行破坏，导致系统崩溃或无法正常运行。计算机病毒有时可以作为传播其他恶意软件或间谍软件的途径。这会引发更多的安全问题，如信息泄露、用户活动被监视等。

网络安全漏洞是指计算机网络中存在的安全风险和弱点，或很容易被攻击者利用的漏洞或缺陷。这些漏洞可以是软件、硬件、网络协议或配置等方面存在的问题，给黑客或其他恶意用户提供了入侵、破坏或获取非法访问权限的机会。

网络安全漏洞形成的原因有很多，如编码错误、配置错误、系统不完善、密码简单、协议的脆弱性等。攻击者可以利用这些漏洞进行各种攻击。例如，远程执行命令、拒绝服务攻击、窃取信息、身份认证绕过等。一旦网络安全漏洞被发现和利用，就会导致敏感数据的泄露、网络瘫痪、个人隐私被侵犯，甚至造成重大的经济和社会损失。

随着网络信息的普及，网络入侵行为也越来越技术化和平常化，给用户的信息安全带来了潜在威胁。黑客数量的增加和技术水平的提高，会破坏学校的正常生活秩序。网络中有潜在风险的图片、链接、网址，会为学校和个人的信息安全带来信息泄露等潜在威胁。

校园网安全得不到保障，就无法构建安全可靠的高校学生管理的大数据宣传和交流平台，管理人员和不同管理部门之间无法进行安全的信息传达，学生管理工作面临着复杂的网络安全问题。

四、海量信息数据处理难度大

在互联网信息技术广泛应用的时代背景下，学生在使用互联网时形成了大量的视频、音频、图片、文字、邮件等大量的数据信息，这些信息杂糅在一起形成了数量庞杂的大数据。

在高校中，利用大数据进行科学的分析有助于了解学生的思想和行为动态。以图书馆借阅情况为例，通过分析学生的借书记录，可以发现哪些书籍最受学生欢迎；深入挖掘借书数据，可以获得有关学生阅读偏好、思考方式和学习动向的宝贵信息。这种数据分析可以为高校学生管理者提供清晰的学生群体画像，以更好地了解学生的需求和兴趣。这些信息可以帮助学校更好地调整和优化课程设置，以满足学生的需求，同时为学校制定有针对性的政策和措施提供了有力的依据。

然而，在实际的高校学生管理工作中，对海量信息数据的处理存在一些困难。

首先，数据的增长速度快，数据来源多样，每个学生产生的数据量巨大，导致管理者需要处理大量的数据并进行合理的归类和分析。

其次，数据的复杂性和多样性使得管理者对数据进行深入分析和挖掘变得更为困难。不同类型的数据需要采用不同的处理技术和算法，管理者需要具备相关的数据分析和统计技能。

随着信息数据处理技术的不断更新和发展，新的数据处理工具和方法层出不穷，这些工具和方法可以帮助管理者更高效地进行数据处理和分析。然而，对于一些传统的高校学生管理者来说，可能需要花费更多的时间和精力来认识和掌握这些新的工具和方法。首先，对于一些年龄较大的高校学生管理者来说，可能没有接触过这些新的数据处理工具和方法，因此需要从零开始认识和学习。其次，由于新的数据处理工具和方法不断涌现，即使是一些年轻的高校学生管理者也可能需要不断更新和升级他们的技能。他们需要关注最新的数据处理技术和发展趋势，以便能够更好地满足不断变化的工作需求。此外，认识和掌握新的数据处理工具和方法还需要一定的实践经验。这可能需要高校学生管理者在实践中不断尝试和摸索，通过实际操作来加深对工具和方法的了解和掌握。

五、数据主义问题

高校学生管理不是工厂流水线一样的工作，是复杂多向交互的管理过程。管理者具有数据意识，借助高校大数据平台建设，可以提高学生管理的效率和效能，增加工作的权威性和可靠性。但数据意识不等于数据主义，大数据也并不是万能的，大数据技术本身存在局限性，对大数据技术的盲目崇拜和过度依赖，往往容易使人走向数据主义，从根本上忽略数据的价值和本质，导致高校学生管理反而被大数据所支配控制，扩大了大数据的负面影响。高校学生管理各部门都过分强调大数据的重要性，但未能领会大数据赋能的内涵，部门之间各自建立不同的信息数据系统，以期获得大数据赋能作用，并将其视为私有资源，数据资源分散在各部门，数据标准化程度不一致，反而提高了数据在部门间的流通门槛，对科学决策和提高效率毫无益处。数据主义的直接影响就是数据成了进行判断的唯一标准，各管理主体“为了数据而数据”，尽可能多地获取数据，用数据来增强客观性和公正性，以大数据为基础进行判断决策，从根本上忽视了数据的本质和真正价值，甚至出现数据注水、数据造假等现象，造成数据资源失真和不合理利用，进而走向极端的数据独裁。

过分片面强调大数据的重要性，容易导致高校学生管理中的数据滥用和误用，数据供给与实际需求二者失调，难以满足高校学生管理的现实需求。高校学生管理者本应用来了解关心学生的时间被统计相关的数据占用，舍本逐末，降低了管理效率和效果。在大数据与高校学生管理相结合的过程中，衍生了许多大数据平台和应用，但许多高校大数据平台只能算是网页导航平台，仅是将各部门原有的网页和数据应用搭建在统一平台，但内在的基本数据并未联通，各部门之间的数据仍难以共享。其次，高校各类应用缺乏统一规划，如教务、后勤、学生管理等应用许多功能并未建设完全，存在功能建设重叠、大数据平台更换速度快等问题。在这种情况下，也容易造成各平台信息数据收集工作重复，对学校师生使用大数据平台和应用造成不便，原有平台的数据也难以完全转移，导致许多应用使用率较低，流于形式，反而加大了学生使用难度。对数据的过多需求，让管理工作者陷入不间断的数据统计、数据报表的统计怪圈，学生个体也被简单数据化和物化。

大数据技术极易导致数据主义与数据独裁，因此，大数据时代高校学生管理面临着被大数据技术异化的风险。

六、管理模式落后于大数据时代

大数据技术为高校学生管理带来的不仅仅是技术上的帮助，还是一种思维上的转变，高校学生管理需要与时俱进，除了采取大数据技术辅助管理之外，还要基于大数据构建新的管理模式。但是当前，高校学生管理模式明显地落后于大数据时代。

当今社会，信息化的发展日新月异，学生获取信息的渠道已经不仅仅限于课堂上学到的书本知识，智能手机的普及让学生可以轻松地获得最新的社会新闻及科技信息，并且非常便捷地进行沟通和交流。学生的学习、生活、娱乐等逐步走出校园。过去耳提面命的单一教育模式已经逐渐落伍，面对这些新情况、新问题，学生管理工作模式亟待改进。

当下的高校学生管理手段通常比较单一，缺乏多样性和灵活性，这不仅可能导致管理模式与在校生的认知方式存在一定的偏差，还可能影响管理的质量和效率，使最终的管理效果不尽如人意。现有的高校学生管理模式，往往是学校根据对学生的了解和分析，结合管理理念和目标，制定出的适合的管理方法和方式，以满足学生培养和管理的需求。不同的学校和学科领域可能会采取不同的管理模式，但都是基于对学生需求和条件的综合考虑而做出的选择。在实践中，一些具有较大影响力的管理模式，如班导制管理、柔性管理、主导服务型管理、学长制管理等，在不同地区和历史阶段发挥了一定作用，但随着大数据时代的发展，传统模式的弊端日益显露。

传统模式的弊端主要体现在：①学生管理队伍缺乏专业化训练，缺乏分工和配合，职业化、专业化水平较低；②管理工作的预设对象大多是学生整体，很难顾及学生个体，学生参与管理的主体地位不突出，个性化需求得不到满足，工作效率低；③由于学生组织机构规章制度的限制，高校学生管理工作只能按部就班，效率低，应变能力弱；④新形势下，高校学生管理工作面临新的矛盾和变化，高校需要适应并探索新的改革路子。

第三节　大数据时代高校学生管理工作的转型

随着网络技术的发展，大数据将蔓延至各传统行业和领域，同样将会为教育领域打开一扇崭新的大门。大数据浪潮将改变人们的价值观念和生产生活方式，也将给高校学生管理工作带来前所未有的挑战与机遇。只有通过高校学生管理工作的转型才能打破原有的工作阻碍和壁垒，更好地抓住机遇、解决问题、应对挑战。所谓转型，是指事物的组织机制、运行模式和人们的思想观念等在与外界环境的互动中发生根本性转变的过程，也是一个求新求变和主动追求创新的过程。高校学生管理工作转型是根据外部社会环境的变化，对高校的战略决策、运行模式和工作方法等进行动态的调整，用符合时代发展要求的新模式取代原有的旧模式，以此实现更高层级的工作目标。下面主要对高校学生管理工作的转型进行论述，这些转型有的已经发生，有的正在发生，有的则将要发生，无论哪种情况，都将推动高校学生管理工作在新环境中迈向一个新的台阶。

一、高校学生管理工作模式的转型

工作模式是工作方式的范本。高校学生管理工作模式代表了高校学生管理工作的标准样式，主要包括前期的工作决策、过程中的工作措施和后期的工作评价，工作模式贯穿于高校学生管理工作的始终。

（一）管理决策从经验政策型到多元证据支撑型

管理决策的制定必须从实际出发，综合运用现代科学的新成果和先进的技术手段，在科学预测的前提下，切实把握教育对象的变化规律和条件，为实现特定的目标，从多种预选方案中做出最优选择，以获得最佳的或满意的经济效果和社会效果。在整个高等教育强调以民为本，管理决策领域兴起“以证据为本”的浪潮中，尤其是信息与数据的采集将不再是难题之后，传统意义上的决策模式，如调研、座谈等将不再符合时代的发展要求。《中共中央关于全面深化改革若干重大问题的决定》要求中国教育“全面深化改革”，其中最重要的就是教育决策改革，从传统的经验政策型向多元证据支撑型转型。

随着数据对事物样貌的还原和预测分析能力越来越强，依赖数据提供的多元证据为支撑的决策更为科学、客观和理性。有研究者在调查了179个大型上市公司后发现基于数据分析结果来进行决策的公司享有5%的其他方面因素无法解释的生产率增长。依赖数据和实证的决策在教育领域也备受青睐。美国联邦政府教育部技术办公室发布的《通过教育数据挖掘和学习分析改进教与学：问题简介》中指出，在教育数据挖掘和学习分析中将开始应用大数据。国际上也出现了很多广泛收集教育数据的研究项目，如国际学生评估项目。该项目是由经济合作与发展组织（OECD）发起和组织的，其宗旨就是为工作决策提供数据支撑。另外OECD长期以来与各成员国在教育数据库上的工作也显示出现代教育政策有可能会处处都受益于这些经科学研究处理过的大规模数据证据的趋势。

借助大数据技术提供的大量数据和实证进行的工作决策具有很多优势。首先，通过对涉及学生与教育方方面面的海量数据进行收集、挖掘和分析，采取定性与定量相结合的方式，通过对数据信息的可视化展示，启发决策者开阔眼界，多角度、立体式、全方位利用数据，全面了解教育系统特征，科学评估教育发展现状，认识目前存在的问题，做出更科学合理的决策。其次，大数据具有很好的预测能力，通过对数据的分析找出高等教育的发展规律，预测未来的发展趋势，使决策者站在一个更高的平台上对全局进行掌控和把握，用前瞻性的眼光审视未来可能出现的问题，制定出具有可持续发展属性的管理决策。另外，大数据可以对整个教育情况进行监测，其不仅可以在宏观层面上发挥良好作用，也可以聚焦微观层面，将贯穿管理决策过程的问题通过数据的形式描述出来，这个反馈的过程也可以做到迅速及时，通过数据反馈，让问题得以及早发现，有利于决策者更好地调控系统，制定更加以人为本并富有个性的管理决策。

大数据时代的教育不再是依靠理念和经验传承的社会学学科，而管理决策也将相应地转变为实证科学中的一个具体问题。多元证据支撑型的管理决策弥补了以往高校学生管理工作中无法科学理性地制定决策的不足，使高校学生管理工作向着提供科学的事务管理的方向大步迈进。

（二）管理措施从数据应用型到数据挖掘型

1. 数据采集方法的创新

不同时代有不同的数据采集和使用方法，大数据时代要立足于在数据获取、存储、共享以及计算机计算能力飞速发展上的优势，突破传统的思维定式，克服技术难题，不断探索适用于新时代的数据采集方法。不但要拓宽采集渠道，还要丰富数据采集类型，除了结构化数据，更要关注非结构化数据，尽可能覆盖到与学生相关的所有信息，在采集的过程中不仅要注重采集的广度和深度，更要注重细度。

高校学生管理工作是一个系统性工程，在数据采集时要树立全局意识，既要采集横向信息，如学生个人信息、与学生相关的教学信息、学生管理信息、医务保障信息等，也要包括纵向信息，以时间为坐标轴汇总学生从入学到毕业，甚至离开校园走上工作岗位以后的各阶段数据，通过纵横信息交叉，形成一个网络化的学生管理工作信息管理系统，将所有与学生相关的信息都囊括其中。网络化的信息管理系统在一定程度上彰显了学生管理工作的机制，即学生管理工作不是一个部门的工作，而是高校中所有部门的工作，不同部门之间有一种相互关联、相互配合的紧密关系。

网络化的信息管理系统彰显了教育合力。要想将这个数据网络织紧织密，在管理工作中须主要收集以下三类数据。一是个人信息数据，主要来源于学校与学生管理工作相关的各分管部门所掌握的数据。例如，招生办公室的学生招生信息，档案部门的学生档案信息，教务处的学生学籍信息，公寓管理部门的学生住宿信息，学生管理工作部门的学生奖惩信息等。二是传感数据，主要来源于校园数字化管理平台和各种传感器、物联网等收集到的数据。例如，校园一卡通，学生进出教室、宿舍、图书馆及实验室等场所的记录，图书借阅记录，就餐消费记录等数据信息。三是交互数据，主要来源于学生在各大网络社交平台和网络课堂等网络空间所产生的动态数据，如聊天信息、购物记录和搜索记录等。还有通过安装在校园、宿舍、教室等场所的感应设备等采集的学生行为信息，如听课时的微表情、微动作等，这些都能反映出学生对这门课程的投入度、关注度以及与教师的互动情况等。在这三类数据中，个人信息数据和传感数据属于静态数据，个人信息数据是学生的属性数据，传感数据记录了学生的生活活动轨迹，一般都是结构化数据，非常容易获得。交互数据属于动态数据，包含了大量非结构化数据，主要记录了学生在网络这一特定领域的情感行为变化以及由感应设备所还原的学生生活的真实样貌。相比于个人信息数据和传感数据而言，交互数据的获取相对困难，需要专业的设备和技术支持。

高校要根据工作需要，在继承传统工作中的优良做法的基础上，不断开拓、创新对数据资源的管理与共享方法，加快对数据标准的统一，明确语义网络，规范数据管理和使用的方法与流程，厘清不同数据之间的关系，搭建临近领域数据库，整合种类繁杂的混乱数据，实现不同系统之间数据的良性互动和分享，避免自成一家，消除“信息孤岛”。例如，学生学籍管理系统、学生医疗保健管理系统、学生志愿服务管理系统的数据，可以通过数据接口进行交换和汇总，并利用云计算对数据管理系统和校园网络系统进行整合，聚集更多的教育资源，构建一整套科学合理的数据采集、存储、交流以及应用决策流程。

2. 数据使用流程的规范

在数据安全和对数据合理合法使用的基础上，高校管理工作者要根据工作需求和传统的工作经验，利用发展性的眼光和创新性的做法，探索构建一套数据采集、利用以及决策的科学化流程，将原来各系统分散的工作整合起来，让数据在各组织之间合理地流动起来，使各学生管理工作部门充分利用大数据的力量，防止沟通不足、条块分割等现象的出现。以假期开学后的学生注册工作为例，需要辅导员、教务员、学工办主任以及各班班长、生活委员等通力合作，统计汇总学生报到返校的相关信息，并逐级上报至学校分管部门，这是数据采集汇总的过程，与以往工作并无很大差异。分管部门在收到全校学生的报到返校信息后，往往只会进行简单的统计汇总，看有多少学生没有按时到校，具体原因是什么，有没有少数民族学生等，以便维护正常的教学秩序，防范安全事故，此项工作做到这里基本也就结束了。但在大数据时代，这样的工作流程并不科学完整，甚至只做到了数据收集，还没有进行深度的数据挖掘、分析利用和信息反馈。分管部门在收到全校的报到返校信息后，在进行简单的汇总统计基础上，可以对比各学院近几年的报到率，查看有没有变化，学生报到率的变化与学院近几年的发展有没有内在的联系，不同学科门类之间的报到率有没有显著的差异，甚至可以挖掘哪些学生经常不按时返校，再结合学校教务数据库的信息，分析不按时返校这件小事与学生的学业水平有没有关联。信息挖掘绝不限于以上几种，学校可以根据管理需求，整合不同组织和部门负责的数据库资源，如对学生学籍信息库、成绩管理库、财务系统等进行分析利用，充分挖掘数据价值。

除此之外，最重要的就是结果反馈。要将分析结果通报各学院，各学院还要将结果具体通报至各个学生班级，根据出现的问题提出改进意见。衍生出来的分析结果可以在学院领导层进行分享交流，以期发现平时关注不到的问题。这只是高校学生管理工作中一个最普通的环节，其他工作也是如此。这些需要有关部门对管理工作流程进行科学的规划，并根据实际情况不断优化，在各项完善的规章制度保障下，在不侵犯学生个人隐私、防止学生信息泄露的基础上，通过数据挖掘、分析、利用促进学校人才培养目标的顺利实现。

3. 数据隐含价值的挖掘

传统教育一般认为，良好的行为习惯是提升学习成绩的重要保证。在这些行为习惯中，上课不迟到早退、经常去自习室等行为与学习成绩直接相关。早起早睡、有规律地洗衣服和收拾房间等虽然不能直接提高学习成绩，却能反映学生积极向上的精神风貌、良好的生活状态和较强的自律能力，这都是取得良好成绩的必要因素，与学习成绩间接相关。不过，这些被普遍接受的结论很难被定量描述，也缺乏一定的证明和说服性。如果能将这些现象进行定量的证明，充分挖掘数据背后隐含的价值，并提出一些参照性的建议，那么这项研究的意义将非常重大。

事实上，在小数据时代，要想印证良好的生活行为习惯对学习成绩产生的积极影响非常困难，也很难清楚地了解不同成绩水平的学生群体与他们的行为特征之间的对应关系。但在大数据时代人们就可以挖掘出数据隐含的价值，描绘出学习成绩好的学生的生活轨迹和行为规律，就会发现看似不起眼的洗澡时间、打水次数、吃早饭次数等最普通的数据也能说明很重要的问题。所以在大数据时代，学生管理工作者不能忽视和轻视任何一个数据，要挖掘出数据背后隐含的价值，让数据给我们提出更多的建议，让数据告诉我们更多无法发现和印证的规律。

大数据时代，“数据”就是生产力，从被动的数据应用向主动的数据挖掘的转型是实现新时期高校学生管理工作目标的重要基础，同时解决了以往高校学生管理工作中缺少准确可靠的管理手段的问题。

（三）管理评价从传统经验型到客观科学型

管理评价是学生管理工作中一个非常重要的环节，无论是课堂教学还是一项活动的举办，只有得到了客观、科学、公正、全面的评价，才有利于各项工作积极改进，才能发挥评价机制应有的作用。但长期以来，管理评价主要是依赖于经验和以结果为导向的，评价维度单一，对过程中的细节和数据没有足够的重视，不够客观科学。

大数据技术可以革除以上弊端。大数据技术可以记录并分析教师与学生的长期行为，做到不遗漏任何一个动作和细节，得出对教学行为、习惯和方式方法的客观评价。通过大数据的分析，不仅可以拉近教师与学生的距离，还可以利用先进的技术分析教育活动、评价教育过程，进而提升教育效果。管理评价从传统经验型转变为客观科学型具有以下几点优势。

首先，通过对海量数据的分析，实现了教育教学活动的规律的总结。比如，在课堂教学活动中，记录学生的表情、动作的转换、在某一页书上停留的时间等，分析出教师讲授的知识大部分学生是否能够理解，教师授课的形式学生是否乐于接受，如果大部分学生出现了皱眉、摇头等动作，则说明这个知识点需要教师重复讲授。在新一代的在线学习平台上，通过记录学生点击鼠标的行为，研究学生的学习轨迹，在每个知识点上用了多长时间，哪类题目容易出错，哪个公式没有掌握等。这些高度个性化的数据可以分析每个学生的个体行为。

其次，实现了对学生的多角度、全方位、立体式评价，而不仅仅是从考试成绩的单一维度来评价学生。通过数据挖掘和分析，更全面清晰地了解学生的所思所想和所作所为，而不是让考试成绩对学生评价一锤定音。例如，通过学生点击红色网站的次数、购买思想政治类相关内容的书籍的情况、在网络上参与相关话题讨论的情况等，了解学生的政治理论素养情况。再如，在同一个班级中，某位同学与班内其他同学之间的联系很少，基本没有产生通信数据，则说明该生在人际交往方面出现了问题。即便是一次考试成绩，通过数据分析也可以更深层次地剖析出问题，是记忆力好，还是逻辑思维能力强，或是学习方法得当，以便对每个学生有更个性化的评价。

最后，管理评价不再依赖于结果评价，真正实现了过程性评价。传统的管理评价以结果为导向，忽视了教育过程，更在乎的是教师教得好不好、学生成绩好不好、活动办得好不好、工作总结好不好。而在大数据时代则完全革除了这一弊端，在师生不知情的情况下，可以利用先进的技术手段，记录下整个活动的所有过程和细节，避免了填写调查问卷时可能出现的掩饰。经过数据汇总和分析，发现一些仅通过活动总结无法发现的问题。

评价方式的转型克服了以往管理工作中容易出现的主观、片面的不足，有利于推动高校学生管理工作更加客观、科学和理性。

二、高校学生管理工作方法的转型

工作方法，顾名思义，指的是为完成某一项具体的工作而采用的一定的思维方式，运用的一定的工具。所处的环境不同，工作方法不同。在大数据时代，传统的工作方法已不能适应时代的发展要求，工作方法亟待转型。

（一）从获取学生碎片化信息到洞察学生真实状况

小数据时代，学生管理工作者对学生的了解是片面的，其获取的往往是学生在某一方面的碎片化信息，因而无法对学生形成完整和系统性的认识。但大数据时代，学生管理工作者再也不用担心对学生的了解不够真实全面，学生管理工作者将比以往任何时候都更加走近学生。毫不夸张地说，凭借先进的技术和足够大的存储空间，对所有学生产生的所有数据进行实时采集将不再是梦想，学生管理工作者能够更加全面科学地读懂学生，使学生管理工作从获取碎片化信息向洞察学生真实状况转型。

首先，数据的收集是由机器自动完成的，学生是在不知情的情况下表现出的最真实和自然的一面，其中不掺杂第三方的干预。大数据的这种采集方式与传统的问卷调查、交流谈心、团体辅导等方式相比，能够将外界干扰降到最低，大大减轻了学生的心理压力，让其在轻松自然的环境中还原事情的本来面目，所以，大数据的数据源是纯净而准确的。其次，大数据的数据采集要求做到“样本＝总体”，这就要求学生管理工作者在采集数据信息时要开阔思维，多角度、全方位、立体化地把握事物全貌，除了采集结构化数据，更要注重非结构化数据，数据来源也要兼具广泛性、多元性和全面性的特点，不遗漏任何一个信息点。最重要的是，大数据时代，信息的增长和传播速度远远超过人们的想象，在这种新形势下，学生的思维敏捷性和跳跃性不断提高，思想、感情、对事物的认知也处于不断的变化中。当学生管理工作者注意到这些变化时，其收集的数据早已成了过去时，数据价值大打折扣。大数据技术则没有学生管理工作者在面对变化和改变时所产生的反应时间，从而采集到珍贵的过程性、即时性数据，掌握事物动态和发展趋势。

从获取碎片化信息向洞察学生真实状况的转型克服了以往高校学生管理工作中无法全面准确地认识了解学生的困难，同时也为实现对学生进行精准的思想政治教育和个性的发展指导奠定了坚实的基础。

（二）从被动接受学生行为到主动预测学生行为

大数据时代，学生管理工作者面对突发事件束手无策的局面将很少出现，因为我们将不再被动地接受学生行为，转而主动预测学生行为。在大数据时代，根据收集的海量数据，通过设置科学的数据观测点，将观测点上的行为进行相关分析，学生管理工作者能够在问题萌发的初始阶段发现异常，实时感受和预知所有学生的心理、学习、习惯等个人和群体状态，而使用传统方式大约只有 20% 的学生情况可以被把握。学生管理工作在大数据时代有了更高的主动性。

数据收集仅仅是预测学生行为的第一步。在这些杂乱无章的海量数据中，学生管理工作者要进行数据挖掘分析，探寻不同现象之间的相关关系。电子科技大学的教育大数据研究所开发了一套基于大数据的“学生画像”系统，这个系统覆盖了全校两万余名本科生，利用学生在校期间的活动轨迹，在学习成绩、心理健康等方面进行积极预测。

在学生的学习成绩方面，学生“画像”系统可以描绘出所有学生的学习状态，预测学习成绩，并已经成功实现了挂科预警。挂科预警主要从两个方面进行分析：一是学生过去的学习基础。众所周知，学生对先导课程的掌握程度对后续课程的学习有很大的影响，“学生画像”系统通过分析学生已考科目成绩、已考科目与将考科目之间的相关性进行挂科预测。二是学生的学习生活规律和努力程度。通过对一些数据的计算，如学生在一定时期的作息规律，以及进出图书馆的次数、相关课程的图书借阅量、教学楼打水率等，便可预测出学生挂科的可能性，如果有学生正处于挂科的边缘，系统会将类似于“某同学电工学有 86% 的可能性挂科”的信息推送给该生辅导员，辅导员可以提前介入，对学生进行帮扶。若在小数据时代，除非学生已经挂科，否则辅导员无法提前得知，即使学生出现挂科情况，挂科原因也很难准确分析。

在心理健康方面，高校学生从高压的高中环境进入大学这种完全依靠自我教育、自我管理、自我服务的宽松氛围中，无法完全适应，再加上抗压能力和抗挫折能力较弱，容易产生心理波动，出现心理问题。通过对高校中产生的数据进行分析，如果跟踪发现有学生的近期行为与平时掌握到的习惯不同，则需要学生管理工作者高度重视。如在对学生的网络行为监测过程中，发现该生近期搜索的关键词中消极词汇居多，在论坛、贴吧等平台中也总是留有负面评论，则说明该生近期生活状态较差，学生管理工作者要关注该生的心理健康状况，及时进行心理干预和疏导。除此之外，抑郁是高校学生中比较容易出现的一类心理问题。透过高校学生的行为动态预知其隐含的心理问题，为及时疏导争取时间，这对于开展心理健康教育工作有很大的益处。

除此之外，通过挖掘学生管理工作中的相关关系，监测学生行为习惯中的异常举动，也可以实现成功预测。例如，宿舍门禁刷卡记录与学生学习成绩之间的关系：如果某个学生平时回宿舍的时间是晚上 10 点，近期回宿舍的时间长期维持在晚上 8 点，则在回宿舍时间这个数据观测点上出现了异常，这时就要引起学生管理工作者的重视。该生突然改变了作息时间，可能生活中出现了变故，直接导致的现象就是晚上自习时间减少，学习成绩很有可能会出现下滑，此时学生管理工作者就要提前做好了解和帮扶工作，预防发生事件。再如，校园卡就餐信息与学生思想动态变化之间的关系：在监测的学生校园卡就餐消费数据中，发现某个学生的就餐消费额出现了大幅度降低，说明该生近期出现了财务危机，这必然会引起该生的情绪变化，此时就要高度重视该学生的思想动态。如果没有对消费数据的监测，很难在学生表露出任何异常之前预测学生未来的行为动态。再如，同学之间通信数据与人际交往之间的关系：同一个班级或宿舍的同学之间一定会产生一些通信数据，如果发现某位同学与班内或宿舍内其他同学很少产生或几乎不产生任何通信数据，则说明该生在人际交往方面出现了问题，这种问题如果没有数据发声，仅靠日常观察很难发现。若在校期间连续三天没有监测到某位学生进出宿舍的刷卡记录，则要进行异常行为预警，该生有可能失联。

事实上，这几个相关关系仅是学生管理工作中的冰山一角，而有价值的相关关系存在于学生管理工作的方方面面。对大数据的挖掘和分析给了学生管理工作者很多惊喜，让学生管理工作者发现了很多如若不然将会在大量数据中被淹没的苗头和迹象。通过对观测点上数据的收集、与日常数据的对比、与平均数据的比较、与其他数据相关关系的挖掘从而构建分析模型，预测学生未来的行为，对学生进行有针对性的指导和干预。

（三）从集体教育、一刀切到个性化、精准化服务

随着时代对人才培养质量的要求越来越高，社会呼吁高校培养出更富有个性和创新精神的人才以适应未来社会的不断变化。国际个性化教育协会将个性化教育定义成为受教育者量身定制教育目标、教育计划、教育培训方法、辅导方案并加以执行，组织相关专业人员为受教育者提供学习管理策略和知识管理技术以及整合有效的教育资源，帮助受教育者突破生存限制，实现自我成长、自我实现和自我超越。[①] 在技术短缺和存储能力不足的小数据时代，个性化教育使学生管理工作者备受困扰，但在大数据时代，就能够让因材施教成为可能。

在商业领域，大数据的个性化服务早已有了很多成功案例。通过在网络上收

---

① 杨妮，熊健杰．美国高中个性化教育策略及其启示[J]．教育导刊，2013（1）：46–49．

集用户的行为轨迹和购物喜好等信息，从中挖掘出用户可能感兴趣的产品和服务，从而向顾客提供个性化的推荐。当我们在网络上搜索想买的书籍时，系统会根据该书的主题自动推荐内容相似的书籍以供我们选择；当我们登录微博时，系统会自动推荐可能认识或可能关注的人群。这就是大数据个性化服务的良好应用。

个性化服务在教育领域的应用是一个发展趋势。我国在 2010 年颁布的《国家中长期教育改革和发展规划纲要（2010—2020 年）》中提出学校要关注学生的不同特点和个性差异，发展每一个学生的优势潜能。纲要中还提出要为学生构建个性化的教育环境。面对如此高的要求和挑战，大数据技术和理念可以很好地解决这个问题。例如，学生在互联网上的点击记录、浏览痕迹、发表的博文评论等可以很好地反映出学生的生活状况、认知倾向、兴趣爱好，甚至获取到学生的体验、感受等心理数据。这些数据都具有高度个性化的特征，对其他个体没有任何意义，但对特定个体举足轻重。通过捕捉不同学生对不同事物的需求，有针对性地推送学生感兴趣的内容，如相关主题的书籍、文章、影音资料等，潜移默化地对其进行感染和引导。亚利桑那州立大学就通过挖掘“脸书”页面数据为学生提供个性化的学习指导。又如，一种智能自适应教学系统在学生的个性化教学中已得到充分应用和展示。这一系统会根据所收集的学生背景、行为和评估等数据即时决定和随时调整个人每一步的学习内容，并提供相应的反馈和指导。如果学生在某一知识点上得分率很高，系统自动屏蔽与此知识点相关的题目，反之，则会增加与此相关的题目进行强化训练。通过这种个性化的服务，让学生将精力更多地投入自己的薄弱环节中，达到事半功倍的效果。还有，同样是“计算机科学与技术”这门很多学院都会开设的基础课程，智能自适应教学系统可以针对不同学院学生的学科背景推送不同的学习内容。在计算机学院、信息学院等工科学院，重点推送一些理论性的、难度稍大的附加内容开拓学生的思维，但对管理学院、经济学院等文科学院则重点推送一些如何将所学知识在日常生活中进行应用的实践内容。即使在同一个学院，根据智能自适应教学系统所反映出的不同学生的学习行为习惯和特点，也要推送不同的内容，让学生通过大数据应用得到个性化的指导和更多的配套资源。

基于大数据技术，高校学生管理可以实现向精准化服务的转型。

首先，借助大数据服务，高校可以为学生提供“精准化就业”服务。高校整理并汇聚学生课业成绩方面的多种信息资源，依据信息处理标准进行标准化处理、归类、转换与编码，以此确定最终的精准扶持对象，形成包含就业困难毕业生的相关数据档案与数据信息资料库。

其次，高校通过对大数据信息资料库的定期与不定期的监督、审查与跟踪，不断更新完善每名就业困难毕业生的学业进展情况、求职信息动态等信息，并对信息特征与本质加以分析，实现对“大数据档案”的精准管理，促进就业资源供需方面的精准筛选与匹配，加快对毕业生就业困难群体支撑体系的建立，推进大数据精准治理水平的提高。如在对高校大数据信息库整合的基础上，采取现代大数据分析技术，调查与分析毕业生求职意愿，并以此为基础进行就业单位相关岗位需求匹配工作，为其智能优选相适应的岗位，以大数据精准推送的方式向毕业生推送各种符合条件的就业信息，从而提高大数据时代学生就业服务方面的精准度。

最后，借助大数据技术，高校可以为学生提供“精准扶贫”服务。高校应用大数据技术能够对学生图书馆借阅、日常消费、辅导员评价等各类关键信息进行汇总，并对其进行统计、整合与分析，筛选出家庭经济有困难的学生数据，建立该类学生的专项数据库，并予以监督控制与风险预警，及时足额发放困难补助金，确保精准扶贫工作的顺利进行。所谓风险预警是指高校利用大数据技术对家庭困难群体的行为设立智能预警工作机制，该机制主要由分类分级的预警系统构成，预警系统会依据各项预警临界值对每位贫困生的日常消费行为以及家庭经济现状实施数据的动态监测管理，一旦各项指标未达到被资助标准，则会发出警报，提醒相关部门人员进行排查和解决，对资助渠道加以转变和调节。高校应用大数据技术做好学生精准扶贫工作的过程中，促进了教育精准扶贫体系的建立与完善，有力提升了高校扶贫的准确性和高效性，使学生生活水平得到保障，深入推动了高校的管理工作做实、做稳、做好。

综合而言，高校学生管理工作从传统的集体教育和一刀切管理向个性化、精准化服务的转型，弥补了以往高校学生管理工作中无法提供个性指导的不足，有利于为每个学生提供私人定制的发展方案，实现个性发展。

（四）从控制舆论走向到运用数据掌握话语权

中共中央、国务院颁发的《关于进一步加强和改进大学生思想政治教育的意见》中指出，在新形势下要努力拓展高校学生思想政治教育的有效途径，主动占领网络思想政治教育新阵地。但在小数据时代，这种占领是不彻底的，是盲目而没有针对性的。因为思想领域本来就具有不确定、私密和动态变化等特性，很难直接测量，我们无法确切地知道当代高校学生真正喜欢什么，关注什么，只能根据国家的重大政策和时事热点对思想政治教育进行部署，虽然能较好地控制高校的舆论走向，但也始终无法摘掉思想政治教育说教、乏味的帽子，具有很强的无力感。

大数据让高校对学生的思想引领从被动变为主动，话语分量不断提升。高校要充分运用大数据挖掘既有时代特色，又有中国情怀，同时能被广大高校学生所关注的话题，并在此基础上设置主题，进行思想政治教育和一系列研究讨论活动，还要根据当代高校学生的成长环境和背景，选择其乐于接受的话语体系、活动方式和传播途径，如专家访谈、线上交流、时事评论等，积极主动地引领高校学生把握时代脉搏，树立符合时代要求的新思想和新观念。

除此之外，高校应该与各大媒体建立良好的合作关系，依托新华网、新浪网等网络媒体，以及百度、谷歌等搜索引擎和微信、微博等社交软件建立以大数据挖掘分析为基础的网络舆情监控平台，通过对数据信息的动态监控和内容分析，及时掌握广大高校学生对重大公共事件的观点和看法以及事件的发展趋势，第一时间发现苗头性和倾向性问题。对于正面积极的信息，通过舆论宣传放大其音量；对于负面消极的信息，则要及时查明情况、疏导控制、降低其话语音量。因此，高校通过大数据不但能掌握话语主动权，还能随时掌握事态的发展动向和趋势，形成预警机制，避免突发事件的发生。高校学生管理工作真正从控制舆论走向向掌握话语主动权大步迈进，这也是后续开展精准的思想政治教育的前提。

三、高校学生管理工作数据管理的转型

大数据时代，数据在得到前所未有的重视的同时，也将释放前所未有的价值。高校学生管理工作对数据的管理必将走上一条科学、正规的道路。数据规范的完善与落实对高校学生管理工作的实施起到了保驾护航的作用。只有具有规范的数据标准并严格遵循，才能使高校学生管理工作在大数据时代不受杂乱无章的数据所困，才能充分发挥数据价值，并能使学生隐私得到保护、信息安全得到保障。

（一）从缺乏统一部署到完善数据标准与使用规范

目前，高校中还没有成立专门的机构对数据进行管理，但在学生管理工作中，不同部门对数据都有大量需求，于是不同部门各自为政，开发不同的信息系统，又没有完善的数据标准和使用规范，缺乏统一部署与顶层设计，导致数据难以保持一致，阻碍了数据共享，大大降低了数据价值。

为确保对数据的管理、使用和共享，高校前期在数据收集时要严格遵循一定的数据标准，根据学生管理工作的实际需要，建立高校学生数据信息采集编码规范及相应的子集规范，统一学生、各职能部门和业务系统编码，给其分配贯穿所

有应用始终的唯一编码；制定完善编码、数据信息的管理、更新和维护规范，如针对高校学生电子行为，制定校园一卡通、网络认证等数据标准，规范电子行为数据。

在大数据时代下，每个人都产生数据，也都消费数据，所以在学生管理工作的大数据管理和使用中，要充分调动每个人的积极性和主动性，力求全员参与。高校可以根据自身特点建立两支队伍，一支是专业队伍，即信息管理员队伍，该队伍的管理工作人员根据数据标准和管理规范统一数据管理，对各部门信息采集、存储、共享和使用等流程进行监控和规范，责任到人，严格把关，确保数据的唯一、准确和规范；另一支队伍是数据的日常维护和使用队伍，由各学院分管领导、辅导员、班主任等学生管理工作者组成，具体负责学生基本日常信息的维护和基础数据的使用。两支队伍缺一不可，密切配合，形成一个良好的数据维护和监控网络，确保大数据管理与使用的规范化。

从缺乏统一部署向完善数据标准与使用规范的转型弥补了传统高校学生管理工作中数据管理方面缺乏完整性与系统性、信息孤岛大量存在、阻碍信息共享的不足，充分加强了数据流通，增强了数据价值。

（二）从轻视信息安全问题到重视学生数据安全

高校学生管理工作者要增强数据安全意识，提升技术能力，充分利用大数据给工作带来的各项便利，充分挖掘大数据的价值，同时必须不断完善相应的规章制度，切实保障学生数据安全。在大数据时代，每个人在网络上的轨迹都变得非常透明，个人资料、通信信息、聊天记录、购物详情等都被完完整整地记录了下来，并且很容易被查询。通过分析网络上的信息甚至可以很准确地推测或搜索一个人的线下生活。高校学生是使用网络的主力军之一，再加上校园一卡通的使用和校园中各种传感器的安置，使学生的大量个人数据和活动信息可以被轻而易举地采集，校园安全、个人隐私等都面临着前所未有的安全挑战。如果这些数据信息不能被妥善地存储和处理，一旦遭到泄露，就意味着这些数据可以被其他组织和个人随意挖掘分析，轻则使学生成为某种产品的推销对象，不断地接收垃圾信息，重则成为手机网络诈骗的受害者，后果不堪设想。这不仅对数据使用边界的明确性提出了要求，也对数据存储的物理安全性以及数据的多副本与容灾机制提出了更高的要求。

所以，首先要建立的就是数据信息的管理和使用等安全制度。面对海量的数据，高校要成立专门的部门统筹数据的采集、存储、挖掘、分析和使用等工作。

此部门中既要有计算机领域的专业人才，也要有在学生管理工作领域有所建树的专家。要以该部门为主建立健全有关数据信息的一系列规章制度。根据各部门的职能，给各组织和个人分配一定的权限用于对数据的挖掘和分析，而不能跨越权限对其他数据和信息进行查看和使用；数据挖掘和分析的结果要通过安全合理的通道在各组织和个人之间进行分享；根据数据分析结果的不同在适当范围内公布，不能影响学生的正常学习生活；每个数据库要配备专人进行管理和维护，建立强大的安全防御体系，及时发现和识别安全漏洞，防止数据泄露或被其他机构非法获得；定期做好数据备份，完善容灾机制，避免由于存储设备的物理损坏而导致数据丢失等。

从轻视信息安全问题向重视学生数据安全的转型符合大数据时代的发展要求，在利用数据提升高校学生管理工作科学性的同时，最大限度地减少由数据带来的安全隐患，还校园一片净土。

（三）从隐私保护制度空白到新建隐私保护模式

在大数据时代，我们的一切言行举止似乎都可以被数据化，对行为的预测和对规律的揭示也已经从宏观层面延伸到微观层面，在这个一切都近乎透明的时代，对个人隐私的保护更应该得到重视，但目前在高校学生管理工作中，与学生隐私保护相关的规章制度还基本空白。

长期以来，个人信息如何处理以及由谁来处理都由人们自己决定，自己信息的使用权紧握在自己手中，这是隐私规范的核心，也在最大程度上保护了个人隐私。但在大数据时代，数据的价值主要体现在深度挖掘和二次使用上，简单的数据收集并不会过多地涉及个人隐私，所以传统的隐私规范似乎不太起作用了。

在这个新环境下，亟须新建一个与大数据时代相契合的隐私保护模式，这个模式关注的重点不应是在数据收集之初征得个人同意，而应让数据使用者为其行为承担责任。所以在高校中，学生管理工作者可以利用先进的技术手段收集学生日常学习生活中的各种信息，但要在严格的规范和框架范围内进行数据的二次利用。

将保护个人隐私的责任从学生身上转移到学生管理工作者身上，既有意义，也有很充分的理由，因为学生管理工作者比任何人都明白他们要用数据来做什么，会不会对学生个体的权益造成侵犯，他们也是这些数据价值的最大受益者，理所应当为自己的行为负责任。学校和学生管理工作者应当秉持保护学生隐私、维护学生利益的原则，不对个人信息进行过度的挖掘和分析，不因任何的诱惑而滥用科技手段；认真地思考每一项科技活动的价值内涵与可能造成的社会后果；审慎地进行可能具有不明确的深远影响的科技活动。

此外，为了平衡数据的二次利用所带来的价值与过度挖掘所带来的风险之间的关系，高校要根据各部门的实际工作需要以及数据的内在风险等因素，制定相应的规章制度，划定不同类型的学生数据可以保留和必须删除的时间范围。这一制度限定了学生信息被存储和使用的时间，消除了数据可能被永久记忆的顾虑和恐慌，在一定程度上保护了学生隐私。给数据规定消除时间也激励了学生管理工作者在有限的时间内对数据进行分析使用，提高其工作效率。

除了通过转变管理方式来进行隐私保护，推出新技术也是一个很好的途径。例如，有一个创新举措就是故意将数据模糊化，使对数据的查询只能显示概况而不能得到精确结果，这就保证了特定学生的信息不被泄露。信息的模糊处理在利用大数据进行决策方面是个很好的方法，而且不会损坏数据的价值。高校领导在制定决策时，只需利用大数据所总结出来的规律和预测出来的未来发展趋势，而不必清楚地了解每个学生的个人信息。信息的模糊处理既满足了制定政策的需要，也保护了学生的隐私。

个人隐私被泄露和个人信息数据被不当使用的途径有很多，但我们不能因为这种潜在风险而停止对数据的收集和使用，高校应当尽快出台相应的规章制度，开发并推行新的技术手段，学生管理工作者应不断提高自己的道德水平和责任担当意识，合理使用数据，最大限度发挥大数据这把“双刃剑”的正面作用。

四、高校学生管理工作转型的校内环境保障

高校学生管理工作环境既包括传统的课堂和教室，也包括不断拓展的网络空间。课堂和教室有明确封闭的界限，网络则不受任何空间和地域的限制。大数据时代，高校学生管理工作环境更多地向线上迁移。

（一）学生管理工作阵地拓展至网络

传统的学生管理工作主要是通过线下方式来完成，如，开各种座谈会、研讨会，尤其是思想教育管理更加依赖线下课堂，往往以教师讲、学生听的单向传输形式为主，不但枯燥无味，学生对传授的内容也只能被动接受，不能自主选择，在这个以人为本的时代这种方式没有真正确立学生的主体地位，学生不但容易缺乏接受教育的积极性和主动性，还很容易产生抵触情绪和逆反心理，严重影响管理、教育的效果。即便是学生管理工作者与学生进行一对一的谈话引导，但由于

身份的不同，两者之间也很容易产生隔阂和屏障，无法进行心灵的沟通。在学生发展指导方面，形势更不乐观。比如与每个学生都息息相关的就业指导工作，大多还停留在就业形势分析和就业技巧讲座、就业指导报告会、就业经验交流会、就业单位宣讲会等层面，没有实现人职匹配，出现了“两难”的现象，即“招聘难”和“应聘难”：虽然用人单位有大量的岗位空缺，却苦于招聘不到合适的人才；虽然学生各方面都比较优秀，但苦于找不到理想的工作。

大数据时代的来临扭转了之前的局面，学生管理工作阵地由线下拓展至线上。

首先，学生的学习空间、教师的教学空间扩展至线上，对于学生学习行为的管理也跟着拓展至线上。网络课堂、人机交互、在线交流越来越多，教育不再仅仅局限于学校，课堂教学也出现了新的替代模式，具有绝对优势地位的传统教育受到了严峻挑战。“慕课”“翻转课堂”等在线教育模式之所以能发展得如此强大，除了因为它具有更强的互动性和自主性之外，更在于它符合人们的“自组织学习”的特性，还能通过对学生学习过程中留存的大量行为数据的收集分析，对学生进行行为评价和下一步的学习诱导。对于教育者来说，这是一个大转变的时代。我们目睹着教育界的各种力量在重新洗牌。教学模式的多元并存会是一个长期存在的现象。但是毫无疑问，新技术从外围给教师增加了新的竞争对手，新技术的应用又导致了学生在心理预期、学习习惯等方面的变化，这就从核心和内部促进了教学过程的转变。学生变了，不如以前“好带”，这并不是坏事，在这个转变中，不知潜藏了多少机遇和可能性等待着有心之人去发现！辅导员等在对学生的专业学习进行管理的时候，也能以各种网络教育平台为阵地，借助这些线上平台搜集学生学习的各种数据，以数据为支撑评价学生、调整管理措施和方法，如在奖学金的管理上就可以参考这些平台上的数据。此外，还有很多对学生学习的管理可以直接从线下转移至线上，如对学生补考、请假、学分等的管理可以直接在线上的管理平台上进行，不必要求学生到辅导员办公处提交请假条或者填写学分申请单等。

除了一些专业课程学习的管理可以在线上教育平台上完成外，思想政治、心理健康、职业规划等管理内容也可以主动占领网络教育新阵地。利用大数据技术建立一个思政教育的网络课堂，使学生在接受教育时不必再受时间、地点和形式的限制，让学生自主选择自己感兴趣的内容，增强学生的主体意识。学生管理工作者也要将工作重心更多地向线上转移，不断丰富网络课堂内容，建立高校学生话语体系，与学生在网络上平等地进行对话交流，进行思想引领和发展指导；受教育者也可以对学习内容进行完善和修改，促进教育资源的共享。网络课堂在开展教育的同时，也记录下了不同学生对不同时事热点、专题内容的关注度和不同个体的思想动态、学习效果，学校可以通过数据分析不断调整教育内容和形式，从而实现良性循环。

与此同时，很多学校已经利用大数据技术建立了关于学生职业发展指导的专业性网站。以就业指导为例，有些学校在网络上为学生提供职业测评、个性分析、求职意向选择等服务，并结合学生在校期间的其他数据，形成每个毕业生的就业信息，将大量分散、复杂的就业需求信息与学生的信息进行分析匹配，帮助每个毕业生找到更加适合自己的工作。专业性网站的建立整合了校内外的各种资源，充分利用了网络优势，也加快了学生管理工作阵地从线下到线上的拓展。学生管理工作阵地的拓展，为学生管理工作的转型提供了软性条件上的环境保障。

（二）数字化校园建设取得成果

随着高校改革的不断深化，以教育信息化带动教育现代化已经成为重要的战略选择。各大高校都在大力推进信息技术与教育教学的深度融合，实现教育思想、理念、方法和手段全方位创新。

数字化校园是指利用计算机技术和网络技术，将学校包括教学、科研、管理、服务等在内的信息资源数字化，并实现数字化的信息管理方式和沟通传播方式，从而使数字资源得到充分优化利用的一种虚拟教育环境。通过实现从环境、资源到应用的全部数字化，在传统校园基础上构建一个数字空间，以拓展现实校园的时间和空间维度，提高传统校园的运行效率，扩展传统校园的业务功能，最终实现教育过程的全面信息化，从而实现提高管理水平和工作效率的目的。

数字校园承载了教育信息化的发展，并推进其向教育现代化不断迈进。当今时代，物联网、云计算等新兴技术的出现以及在数字校园建设中的兴起，拓宽了教育数据的渠道，数据采集方式也日趋多样化，使结构化和半结构化数据的收集、存储和分析使用成为可能，大数据成为数字校园的新选择。

如今我国数字化校园建设和应用已达到较高水平。国内很多学校特别是高校投入了大量的人力、物力和财力建设数字化校园，网络基础设施、硬件环境、软件建设等各方面都得到了很大的优化。通过数字化校园的建设与应用，很多学校对各种资源进行了有效的集成、整合与优化，不断提升资源共享程度，消除数据的重复录入，为师生员工及校外用户提供统一的“一站式”信息服务平台。

随着数字化校园的不断深入发展，目前，大数据、物联网、虚拟技术、云计算、人工智能、移动互联、智慧课堂、智慧教室等现代信息技术在教育领域快速发展和广泛应用，极大地推动了教育信息化与信息化产业的发展。2018 年 4 月 13 日，教育部印发《教育信息化 2.0 行动计划》，宣布我国的教育信息化进入 2.0 时代，这也将促进教育信息化向更高级阶段和新的形态发展，即由“数字化校园”向“智慧校园”发展。

总而言之，我国高校已经初步完成数字化校园建设，多功能的校内一卡通、智慧图书馆、各种智能自助机器等软硬件设施的初步建成，使得学生在校园内可以随时随地地使用网络来学习和生活，从而产生了大量的数据，为学生管理工作对大数据的挖掘和集成提供了基础，使得学生管理工作者可以从学生数据中挖掘出各种有效信息以辅助管理工作的更好开展，并且，数字化校园建设中构建了多种学生管理相关的系统平台，开发了多种学生管理工作需要的技术，如数据分析技术等，这些都是高校学生管理工作转型的良好保障。

第五章 大数据时代高校学生管理模式的创新

本章为大数据时代高校学生管理模式的创新，主要包含大数据时代高校学生管理模式创新的意义、大数据时代高校学生管理模式创新存在的问题、大数据时代高校学生管理创新基本思路、大数据时代高校学生管理创新方法四部分内容。

第一节 大数据时代高校学生管理模式创新的意义

大数据时代，高校学生管理模式创新的关键是将大数据技术与学生管理深度融合，提高高校学生管理实效。大数据与高校学生管理的融合使得高校学生管理的数据挖掘和数据分析更加精准，大大提高了数据信息处理效率。在大数据技术的加持下，高校学生管理的工作手段更加多样、方式更加灵活，高校学生管理的工作覆盖面更加广泛，育人功能更加凸显，管理主体更加协同，极大提高了高校学生管理主体合力和现代化水平。

一、有助于促进高校学生管理多元主体协同

高校学生管理过程中，主要包含学生管理政策制定者、学生管理执行者和学生管理遵守者三个主体，具体指学校学工管理部门、院系学工队伍和学生群体。但由于信息不对称、政策执行偏差、学生个性化凸显等因素，各主体之间缺乏管理的协同性、系统性和连贯性，学生管理呈现“碎片化”“条块化”的状态。结合大数据时代的特征，创新高校学生管理模式，将开放互动的互联网思维应用到学生管理之中，打破了传统的“金字塔式”层级管理方式，创新优化了高校学生管理各部门间及其内部的信息传递模式，推动了高校学生管理机制从层级权威转向数据引领，推动了学生管理方式从条块分割转向主动协同、从单一部门负责转

向多元协同。学生个体也成为学生事务管理的参与主体，数据信息传输迅速，各主体能够及时反馈和沟通自身的需求和意见，借助大数据平台，能够快速、及时地掌握各类信息数据和资源，了解当前政策制定方向和改进之处，及时协调各管理主体，减少管理中的矛盾和冲突，构建平等互动的管理协作模式，共同形成决策方案。

大数据时代，高校学生管理面临的是比以往更具开放性、多样性和复杂性的管理环境。这不仅要求高校学生管理及时创新管理方式方法，同时也为高校学生管理能力的增强提供了新的管理思路和技术工具。随着高校学生管理模式创新实践的不断深入，高校主管部门、院系学生管理主体的大数据治理思维不断加强。基于信息基础设施的完善，不断推进大数据与学生管理模式的融合，积极开展大数据整合管理、分析挖掘。从业务匹配、技术融合、数据应用的维度，搭建多元融合的立体大数据赋能框架；从目标协同、主体协同、路径协同的维度出发，开展一体化大数据赋能的组织规划协调；构建多元主体协同参与机制，从而促进大数据与高校学生管理工作的深度融合。在高校学生管理的各方面，融入大数据思维，取得高校学生管理的协同效应和整体治理实效，使得高校学生管理模式创新不仅有助于提高学生管理工作效能，也能因高校学生各主体间的交互协同关系的加强，而引起高校学生管理结构向扁平化转变，推动高校学生管理创新发展。

二、有助于促进高校学生管理服务精准化

不同于其他管理活动，高校学生管理的对象主体为高校学生。当代高校学生思维活跃，自我意识强，学生主体的个性化需求也不断增多，同时随着网络环境和社会环境变化的不断加快，高校学生管理过程也更加复杂。借助大数据创新学生管理模式，能够深度挖掘分析学生学习行为数据、校园生活行为数据等，精准建立学生数字档案，细致了解每一个学生的学习风格、生活习惯、心理动态等，精准制订学生个性化发展方案。同时，根据高校学生管理目标的不同，管理者可以运用大数据技术，以数据挖掘、可视化等方式，精准筛选学生信息，从海量数据中及时抓取到有价值的数据信息，实现点到点、面到点的个性化服务。学生管理模式创新强化了大数据的应用，有助于提高数据传输速度，同时减少数据在传递过程中的失真和流失，能最直接地了解管理对象的需求，从而精准采取管理行为，优化资源配置，促进高校学生管理的精确化。科技网络的发展，打破了传统的现实空间局限，在网络虚拟空间社会里，人与人之间的关系被重新构建，使得

大量分散的数据资源在网络空间集聚，形成规模效应，将闲置的数据资源变成了可交易的数据资源，从而构成以数据为核心的新型关系网络。

在大数据时代，高校学生管理能够实现对数量巨大、类型多样、价值密度低的高校学生大数据资源的快速处理，精准匹配供需双方需求，使高校学生大数据资源的利用率得到有效提高，并且能够实现对学生个体数据的精准抓取，真正实现高校学生管理的全面管理服务的价值目标。以数据和运算为核心的大数据技术，能对学生管理过程中产生的多类型跨维度的数据资源进行挖掘分析，并对各治理主体进行不同程度的数据赋能，提升数据与信息在治理场景中的应用价值。将大数据与高校学生管理融合，实现了学生管理模式的创新，在很大程度上解决了管理过程中的信息不对称的基本问题，改变了传统高校学生管理结构中各职能部门之间的条块分割关系，使得彼此互联互通、数据共享、精准化沟通更加便捷，促进了多元管理主体之间的协同合作，将高校学生管理中各自的比较优势充分发挥了出来，能针对学生管理难题形成共同方案，促进高校管理决策精准、高效。大数据时代高校学生管理模式的创新，为创新学生管理方式提供了核心技术支撑，能够有效提高学生管理的精准度，使得学生个体的管理服务能精准施策。

三、有助于激发高校学生管理资源调配动能

高校学生管理涉及学生学习生活和成长发展的各方面，高校既要高度关注学生学习生活诉求、思想情绪变化、个性发展需求，及时、直接地了解学生的思想动态和需求转变，又要多方协作，突破传统高校学生管理服务的界限，在资源调配、数据共享和部门协作等方面密切配合。在以往高校学生管理过程中，这些工作往往会耗费大量的人力物力，且效率较低。大数据时代高校学生管理模式创新为高校把握学生动态和部门协作提供了窗口，大数据挖掘和分析数据速度较快，能够及时快速地了解和评估高校学生管理中的突出问题和风险，同时协调多方资源，共同探究科学的针对性措施，以最快的速度发现问题、解决问题，极大提升了高校学生管理效率。借助大数据技术创新学生管理模式，促进高校学生管理的高效化，有利于推动学生健康成长，实现学生的个性化、全面化发展。

大数据时代高校学生管理模式创新为高校学生管理开辟了快速获取信息的新路径。利用人脸识别、图像识别、智能传感等技术，使以往难以收集的师生关键数据得以有效整合，在与学生密切相关的学工、后勤、教务、学院等高校各管理主体间，实现跨部门、跨层级、跨系统数据流的智能监测分析，借助大数据算法对体量巨大的数据进行价值挖掘和分析整理，提高数据分析的速度和精确度。高

校借助大数据对学生管理的治理结构进行调整和优化。治理工具的创新是高校学生管理的效率提高的关键要素。通过大数据对学生的数据信息进行精准、动态、科学的分析，提高信息数据的处理效率，实现数据资源高速度、高质量地转化为数据价值，为高校学生管理的各个部门和主体之间划分权责、高效互动提供了技术和数据支撑，同时高校可以利用知识图谱等技术和工作留痕等方式，将抽象的学生管理过程转化为具体的数据衡量指标，进而推动高校学生管理流程进一步简洁高效，完善高校学生管理的组织结构。

四、有助于促进高校学生管理过程细腻化

高校学生管理区别于其他管理活动，特别是区别于企业管理。高校学生管理的最终目的不是提高效率，而是在管理服务过程中发挥育人功能，突出教育管理的人文关怀，因而要更加注重高校学生管理过程的细腻化程度。在大数据时代创新学生管理模式，将大数据与学生管理融合，一是能够快速整合、挖掘、分析学生的信息数据，快速洞察以往难以准确把握的学生心理动态、思想动态，精准刻画学生的数字画像，为高校学生管理的精细化、细腻化提供数据支持，及时为管理者调整战略提供行动方案与路径方向，为学生提供个性化服务；二是能够推动构建学生事务一体化平台，实现信息同步和共享，加强部门协作，提高资源利用效率，掌握并整合学生的各方面数据，为学生提供更好的教育管理服务。在管理过程中，管理者借助大数据平台能够及时快速地掌握学生动态，加强与学生之间的交流，精准研判学生群体的需求变化、诉求建议等，根据学生反馈及时调整管理方式，提高管理过程的细腻化程度，切实发挥管理育人实效，使管理的目的回归教育本身。

创新学生管理模式，融入大数据技术，在大数据对信息的储存、加工、挖掘等能力不断提升的条件下，使原本的学生管理结构从窄幅度转变为宽幅度、多层次转变为少层次，使管理结构更加扁平化。高校学生管理的治理效率得到提高，治理能力得到提升，更重要的是学生管理的范围得以扩大，能够触及以往因缺乏相关信息而难以管理的事务，使得高校学生管理过程更加细腻。在缺乏大数据支持的时代，高校学生管理的信息传递依赖传统的层级体制，信息传递拖沓，信息传递效率较低。[①] 在信息传递的过程中容易造成信息数据的丢失和失真，学生的

① 陈潭．国家治理的大数据赋能：向度与限度[J]．中南大学学报（社会科学版），2021，27(5)：133—143.

真实诉求可能无法表达。借助于大数据整合平台，信息数据的传递变得容易，信息传递对传统的信息传递路径的依赖程度减弱，上下层级沟通交流走向更加扁平化、平等化的网络模式，学生管理超越了传统层级沟通方式，学生的诉求、建议和动态变化能第一时间真实地反映到学生管理相关部门，而学生管理部门也能更加细致直接地了解学生的各项情况，做出针对性强、更细腻化的管理决策。

五、有助于提升高校学生管理风险预判能力

社会发展的影响是双向的，在带来便利的同时，也使得当前高校学生管理面对的管理环境更加复杂，风险增多且叠加性增强，高校学生管理工作必须更具前瞻性，要提前布置，提前工作，将隐患风险扼杀在摇篮中。当前高校学生管理信息数据庞大，人力难以从纷繁复杂的数据信息中快速找到所需要的关键信息。

在创新学生管理模式时融入大数据技术，能够在高校学生管理工作中发挥大数据技术的分析预测价值，管理者可以利用数据挖掘、关联分析等功能，对高校学生管理中的学生行为数据和重点检测数据进行分析预判，从而进行早期干预和资源配置活动。大数据技术与高校学生管理模式的融合，有利于高校风险防控和精准决策体系的建立健全，进一步增强了高校学生管理的前瞻性，对于后续管理工作，特别是对于制定科学管理政策和实行精确高效管理具有重要作用。借助大数据创新高校学生管理模式，可以对学生的学习生活行为和校园危机发展走向进行预测分析，增强高校学生管理的前瞻性。

由于大数据具有开放性、动态性和快速激增等特点，学生可以从网络等渠道便捷获取各种信息，但获取的信息并非都是正面有用的，甚至可能有一些垃圾信息。这就需要借助大数据挖掘和分析学生搜索浏览的数据信息，提前辨别分析和预测预判学生情况。例如，大学生在人际关系和课业成绩不顺时，就容易产生心理危机，他们往往会通过微博、微信和 QQ 等社交平台来表达自我，并寻求解决办法。那么，创新学生管理模式，可以发挥大数据的挖掘作用，对这些学生的数据进行分析挖掘，实现对学生思想行为波动的分析及预测，进而采取针对性的学生思想教育和心理教育帮扶，避免发生校园危机事件。同时还可以利用大数据算法对学生的学习状况进行动态评估，预测学生的学习发展趋势以及未来的学习表现；通过记录浏览次数和点击数量来分析判断不同课程对不同学生的刺激情况，以便分析判断哪些课程需要改进，哪些学生需要关注；为知识掌握程度不同的学生提供个性化的学习方式和方法，进而对学生群体的学习行为轨迹进行规律预测。

大数据时代学生管理模式创新，可以充分发挥校园学生管理大数据的价值，为学生管理舆情监控和校园危机事件提供高适配性的服务，及时预测学生管理舆情和危机事件发展趋势，进而掌握学生管理舆情主要观点、校园危机事件主要人和物等信息。

第二节　大数据时代高校学生管理模式创新存在的问题

一、设备不足，大数据采集质量低

在信息技术飞速发展的现代，信息和数据无时无刻不在产生着，这些宝贵的第一手资料是高校制定教育决策以及开展工作的重要依据。虽然大数据时代已经到来，大部分高校在信息化建设中取得了突破性进展，但总体来说高校配备的信息采集设备仍然不足，那些易于采集的数据已经可以很好地获取，但那些隐藏的、不易挖掘的数据仍有缺失。就当前的数据质量来看，高校学生管理仍存有诸多问题，如数据信息的体积过大、数据信息的更新不及时以及存在数据信息孤岛现象等。另外，基于复杂多样的管理业务种类，部分高校在不同业务领域积累了大量相关数据，使各业务之间出现了严重的条块分割现象，从而导致数据源头不一致等问题层出不穷。在各业务管理系统运行过程中，数据收集不完全、数据重复采集、数据录入不精准等，也是数据质量不高的典型表现。最后，高校学生管理缺乏相对统一的数据质量标准和考核机制，这并不利于高质量数据的形成。

二、受小数据时代管理理念限制

大数据时代和小数据时代在思维方式上有很大的不同，小数据时代的管理偏重于经验、主观判断，大数据时代的管理偏重于数据，更加人性化，要求学生管理以学生为中心。当下的高校学生管理理念未能随大数据时代的到来而全面革新，主要表现在下面几个方面：在高等教育的属性方面，把学校、教师、学生的主体地位放在次要位置，仅认可高等教育的公益性，将高等教育视作单纯的国家事业，不管是计划招生还是学生管理目标、内容、方法等全由政府规划；在人才培育方面，因为学生知识面窄导致出现了培育的人才与科技和生产发展的综合化要求不符的现象，这是过度注重“专业对口”造成的；在学生管理方面，对学生创造力的培养不够重视，忽略了学生自我人格与个性的发展，而过度重视知识积累；在管理工作层面，不重视“以人为本，不断创新”的管理内涵，把高等教育学生管理当成行政管理，当成单纯对教师和学生的管理，重管理轻服务，以行政意志支配教学工作，漠视教师和学生的要求；对高等教育学生管理的目的、任务理解肤浅，对管理和教学的密切关系认识模糊；谋事老套路，处事老经验，办事“老皇历”，不愿意接受新事物，不主动研究新情况，陈旧的管理理念保护了落后的管理方式；缺乏“人本管理”的理念，与教师、学生的沟通交流不足，不利于激发师生的内在潜能，把高等教育学生管理简单地看作执行、传达、归纳、整理的技术性工作，对其管理的育人职能重视不够。

三、管理主体缺乏大数据素养

依据《中国高校信息化发展报告（2020)》中相关的数据分析结果来看，目前面向高校教职工所开展的大数据素养培训主要包括以下几个方面：业务系统操作培训、信息安全培训、信息化教学培训、计算机基础技能培训以及科研信息化培训五项。整体而言，一流大学建设高校开展的数据素养培训内容普遍多于一流学科建设高校、其他普通高校以及高职院校这三类高校。其中，高职院校在计算机基础技能方面开展的培训所占比例最高，而其他普通高校在科研信息化方面开展的培训所占比例最低，此外还有极少数的高校没有针对教师信息素养问题开展相关培训。因此，从整体上看，我国高校学生管理主体的大数据素养不足问题显著。

随着大数据时代的到来，学生管理模式创新、将大数据用于学生管理是推进高等教育高质量发展的必然趋势与内在要求，高校已普遍重视将大数据服务应用于高校管理的各项工作中。纵观整个高校数据治理过程，从数据的收集到数据的应用，均离不开管理主体的广泛参与，而管理主体大数据素养水平的高低是学生管理专业化服务体系形成的出发点与落脚点，高校应重视管理主体的大数据素养，其数据素养水平对高校学生管理模式创新发挥着重要作用。

大数据素养是一个较为复杂的整体性概念，涵盖多方面内容。具备良好的大数据素养意味着拥有对数据的强辨识能力与批判性思维，能够对数据的概念及其特征有清晰的认识，并基于对数据的理解正确运用大数据技术，高质量完成对数据的采集、存储、分析、处理、应用等工作。

目前，高校学生管理主体的大数据素养水平存在差异，部分人员的大数据素养较低，主要表现为理性数据思维与技能素养的缺乏。就理性数据思维角度而言，部分高校学生管理者对于数据价值本质的了解还不够，仍旧保持着传统模式支配下的经验治理思维，有明显的思维固化趋势，缺乏理性思维主导下的数据治理意识，从而导致无法将数据思维与教育事业的建设完美融合，使高等教育学生管理工作变得尤为艰难。就技能素养角度而言，现如今高校对于大数据应用的范围之广有目共睹，从对师生信息的采集、分析与应用再到全过程的监管评估与可视化分析，均离不开对数据工具的合理利用。但高校学生管理主体的数据技能并未与高校学生管理的数据化齐头并进、协同发展，部分管理人员的技能素养仍有所欠缺，主要体现为对数据的整合与共享度不高、数据标准化管理能力不强、数据应用力度不够等方面。此外，部分高校学生管理者仍采用因果关系分析与处理问题，利用数据分析问题的能力也有待提高。

关于思维认知方面，学生管理主体的大数据认知水平较低是阻碍学生管理模式创新的根源性因素。关于技能方面，学生管理主体如若缺乏对大数据的使用能力，将无法顺利完成学生管理自上而下的深入变革。因此，如果高校学生管理主体的大数据素养不足，势必不利于形成学生管理新格局，高校只有设法提高学生管理主体的整体素养，才能更好地应对数据风险，正确处理各项学生事务工作。

四、隐私伦理问题

人类的科技进步往往会带来一些伦理问题，技术进步会推动社会发展，但制约人们行动的规则相比于技术通常是滞后的，所以在这段技术先行而相关规则还没有建立起来的空窗期，社会将在之前的旧伦理框架下运行。在大数据时代，高校学生管理工作也同样面临伦理问题。因为大数据具有很强的关联性，通过数据分析可能挖掘出一些学生管理工作者完全没有预料到的问题，致使数据分析偏离了初衷；各种传感器和电子设备会 24 小时记录并保留数据，个人隐私泄露问题亟待解决。例如，从高校中人手一张的校园卡中可以读出学生的很多信息：学籍信息、作息信息、食堂就餐情况等。有的高校将校园卡进一步升级为无线传感卡片，可以随时跟踪定位学生。有的高校还研发出集定位、课堂点名等于一体的 App 让同学们安装使用。另外，在这个大数据的时代，几乎所有的线上行为记录都可以被获取。同学们浏览网页、发表博文、逛社交网站或是进行购物等，所有的举动都会以数据的形式被记录下来。基于对这些数据的分析，我们可以清楚地知道一个人的网页浏览习惯、个人喜好，甚至包括社交关系。将这些单个数据整合起来，对于学生管理工作来说具有很大的意义，不但可以全方位地了解学生，方便学校管理，更能深度挖掘信息，有针对性地进行消息推送，实现“1+1>2”

的功效。但站在社会伦理的角度，这些学生信息原本都是个人隐私。更精准的信息传达、私人化的方案制订，看似是学生管理工作者更懂学生了，但仔细想想，这何尝不是对学生隐私的一种侵犯呢？学校和学生管理工作者是否有权洞悉学生的一切？将学生的所有信息完全暴露于我们的视线下是否合情合理？这些都是我们不得不考虑的问题。

五、缺乏一体化管理平台

在大数据时代，要想实现学生管理模式创新，首先就要有畅通的数据来源，要有一体化的管理平台。但在当前的高校学生管理的实践中，各管理主体缺乏大数据共建的整体意识，对高校学生管理的协同参与度不足。高校传统数据管理的主体以信息建设部门为主，其他群体如教师、学生等对数据管理参与不足，缺乏数据共建意识，这在一定程度上影响了当前学生管理模式的创新。大数据的不断发展，为高校学生管理中的各管理主体提供了参与协同治理的工具支持，高校大数据管理需要及时迈进多方协同参与的局面。大数据时代，海量数据不断产生与聚集，高校学生管理的不同领域和不同类型的数据连通，实现了数据的高度融合，使各管理主体都能在了解学校信息的基础上，参加学生管理决策，争取群体利益，实现学生管理多方合力、协同发展。但在当前的高校学生管理过程中，学生和教师等学生管理参与主体参与度不高，学校、学院、各部门等学生管理主体的大数据协同共治能力还有待提高，难以在大数据采集、流转与分析方面实现学生等管理主体的多元参与，导致学生管理协作氛围难以形成。其次，随着大数据时代的发展，数据采集与数据交互环境更为复杂，仅凭大数据平台的组织建设部门难以完成对数据的精准挖掘和利用，难以发挥大数据技术对高校学生管理模式创新发展的推动作用。

在高校学生管理的大数据平台建设过程中，不同职能部门都各自开发或购买了针对自身业务领域的内部业务管理大数据平台，但缺少高校一体化大数据整合平台，难以充分发挥大数据技术作用，存在基础设施建设水平较低和数据孤岛的问题。特别是高校早期建设的数据信息系统，存在难以进行数据流转供给的问题，尽管也有部分数据系统可以提供数据对接，但其功能相对简单，数据流转和归类整理耗费成本较高。部门之间虽然有数据库，但高校学生管理大数据库共建仍存在较大困难和壁垒，难以进行数据共享利用，这在一定程度上影响了学生管理和服务的个性化供给，难以有效满足当前对数据开放共享和快速流转的现实需求。

高校学生管理大数据共建还存在数据的“上下贯通易，左右贯通难”的问题，受制于传统科层制影响，跨部门沟通交流，往往需要更高一级的领导牵头，在数据传递上则体现为数据在部门上下级开放共享相对顺利，但在左右各部门间的数据开放共享则困难重重。

六、管理流程结构阻碍数据共享

首先，在传统管理流程结构中，部门之间的信息共享度低。学生管理大数据平台建设是创新学生管理模式的重要一环，其中学生的基础数据是关键，这些学生基础数据能不能在学工、教务、人事、财务等各个部门间实现共享，能不能彻底革除“自家数据”才能进“自家门”的弊端，是学生管理模式创新需要注意的问题。但是，从学生管理的现状来看，信息共享主要在业务部门的内部业务之间进行，只能满足内部的信息共享和业务流转需求，难以实现管理工作的自动化，无法满足学生事务的办理需要，使得学生管理信息出现了信息孤岛，资源严重分离，不利于挖掘数据，不利于学生管理模式创新。

其次，尚未形成适应大数据时代需要的工作流程。照搬传统的学生工作流程，只将线下转为线上，对学生管理模式创新的理解不到位，缺乏必要的建设机制，造成各个部门或者组织根据自身需求独立开辟互联网新天地，然后又独立运作的现象的出现。达不到资源的重组、优化、整合与共享是当前很多高校学生管理模式创新中出现的问题。高校大数据技术人员队伍配备不到位，又无法集中精力整合服务版块和各方力量，在一定程度上影响了学生管理模式的创新，也偏离了大数据时代下业务流程快速化、开放化和广泛化的发展方向。由于缺乏必要的管理流程结构，在实际工作中信息管理又得回归传统方式。

七、大数据决策与管理机制不完善

当前高校学生管理大数据决策在权责划定与顶层设计方面存在缺失。例如，学校职能部门受到传统工作模式惯性制约，往往难以投入专门的力量执行信息化建设任务，大数据总体应用水平不高，其中往往存在摸不清当前部门数据资源家底，缺少部门数据资源宏观分布图谱，数据资源联结共享较难，数据分散性特征明显等问题。高校学生管理模式的创新，需要发挥大数据的作用，而大数据作用的发挥在很大程度上依赖于治理主体间的责权划分与行动规划。一方面，一些高校在大数据采集、传输、共享、公开等方面的权限界定混乱，重推广应用，轻制度建设。数据质量与数据安全问题频发，仅仅依靠信息化办公室甚至是学工部门等进行大数据与学生管理融合的实践的模式存在较多局限性。另一方面，高校大数据应用缺乏总体全局规划，还存在管理分割问题，具体表现为高校学生管理中不同职能部门之间各有数据系统、大数据建设和应用分散在不同部门等，进而导致大数据标准不统一、数据流转不顺畅、数据权责不明确、数据共享不充分、数据质量不高等一系列问题，影响大数据赋能结果的真实性和客观性，限制了大数据潜能的发挥，阻碍了大数据赋能高校学生管理成效的提升。

要想借助大数据技术创新高校学生管理模式，切实发挥大数据实效，需要制度和规范的约束。随着大数据时代高校学生管理模式创新的不断深入，各应用领域对大数据制度保障提出了更高的要求。但当前大数据技术在高校学生管理中的应用受制于高校传统层级制度体系，大数据管理的制度建设还存在缺口。大数据管理制度规范不完善，一是难以约束大数据管理中的行为失范，对各管理主体缺乏行为规范指导，对其不合理行为也难以从制度上进行追责。二是难以规范引导各部门共同参与，形成协同合力。学生管理的二级学院和相关职能部门是数据生产和使用最主要的部门，但往往是主导学生管理大数据建设的部门承担更多责任。因为大数据管理在高校学生管理制度建设中的缺失，对其他学生管理的职能部门的参与并没有明确规范要求，导致其他部门参与度不高，难以形成各管理主体的协同合力。只有将大数据技术逻辑与管理制度体系相耦合，将大数据思维融入学生管理工作体系创新建设，完善高校学生管理创新的相关制度体系，才能发挥大数据技术在高校学生管理模式创新中的实效性。

第三节　大数据时代高校学生管理创新基本思路

一、把握大数据时代高校学生管理发展的方向

当前高校学生管理要实现创新，就要把握大数据时代的特征，顺应大数据时代高校学生管理发展的方向。大数据时代高校学生管理发展的方向如下。

（一）从应急转向预防

长期以来，高校的学生管理模式基本上是建立一套相对完善的应急机制，以应对危机事件和进行危机干预。但是何人、何时、何地出现危机事件，一般是通

过学生报告、辅导员排查来确定。应急机制的缺点是一方面预测评估结果相对滞后，当危机出现，事态已经比较严重，另一方面是可能出现疏漏。但是在大数据时代，高校可以通过分析可穿戴设备、移动智能终端等载体上记录的有关大学生思想行为的大数据，预测大学生的发展趋势，并采取相应预防措施。

（二）从分散转向整体

一方面，大数据时代高效快捷的微传播、全民参与的微创作、碎片多元的微内容、公共参与的微言行正在深刻影响和改变着青年一代，行为的简单化、思维的碎片化不但改变着大学生的思想行为，也深刻地影响着高校的学生管理者。另一方面，长期以来，高校的学生管理工作易出现“上面千头线，下面一根针”的现象，学校党委行政，学院党委行政、教务、学工、团委等均参与学生管理工作，各建信息管理系统、各搭教育管理平台，导致资源共享不足、上下沟通不畅、左右协作不力的现象，使得共建平台、共享资源、统筹协作、整体决策在实际工作中困难重重。大数据时代使改变这一现状具有了现实可能性，高校学生管理将从分散走向整体，实现系统化发展。通过共建共享的大数据平台，消除“数字鸿沟”和“信息孤岛”，做到资源共享；通过大数据信息渠道的有效连接，改变各自为政的现状，实现多渠道的信息集成、跨部门的分工协作；基于大数据的大样本、全数据分析技术，解决思维的简单化、分析的碎片化问题，形成整体思维，进而实现管理决策的系统化。

（三）从静止转向动态

权变管理理论认为管理最重要的就是根据条件的变化对行为进行反馈调整，而目前我国高校的学生管理模式尚以静态为主，一切按部就班，按照程序办事，而根据环境、学生的变化随时动态调整的管理策略明显难以执行。学生的行为管理、学习管理、生活管理等基本上是通过考上大学填写学生登记表、期末考试填写成绩单、获得荣誉填写获奖证、大学毕业填写毕业登记表来组建的，高校并没有对这些资料和他们的行为数据相结合进行动态的分析，事实上这种做法仅仅是起到一个记载作用，实质的管理作用发挥严重不足。权变理论认为，管理要根据对象所处的内外环境随机应变，不存在一成不变、普遍适用的“最好的”管理理论和方法。大数据使学生管理的权变具有了现实可能性，可实现管理的动态化，即利用可视化分析、数据分析法、预测性分析、语义引擎、数据质量和数据管理等方法进行数据挖掘，深度挖掘学生成长轨迹并进行学生行为评价，从教育方面做到精准制导，从管理方面做到动态调整，让学生管理过程权变化，使得高校学生管理从静态转向动态。

（四）从粗放转向精细

马克思主义人学观认为，人的全面而自由的发展体现在对个体的主体性尊重、差异化对待和人的个性化发展上。唯有针对每一个独特的人，开展个性化教育，实施个性化管理，才能真正实现人的全面而自由的发展。特别是中国经济步入新常态，个性化管理不但是个体的价值诉求，也肩负着国家创新的使命。但是目前高校的管理服务距离个性化服务还有不小的差距，这种差距体现在把管理对象作为普遍对象未加以区别对待，不尊重管理对象的独特性；未针对不同教育对象实施不同的教育管理方案，不尊重教育对象的差异性；未针对不同管理对象采取不同的管理评价模式，未调动管理对象的自主性；未针对不同管理对象实施不同的激励机制，未充分发挥管理对象的积极性。尊重个体的独特性和差异性，发挥学生的自主性和积极性，是大数据时代学生管理的要求。通过运用数据挖掘的方法对教育原始数据进行分析处理，构建管理数据模型，对学习者的学习结果与学习内容、学习资源和学习行为等变量进行相关关系分析，一方面全过程、全方位地跟踪和掌握每一个学习者的发展动态，量身定制更合理的个性化管理策略；另一方面根据每一个个体的学习进程和效果反馈，提供更精细有效的个性化管理服务。大数据时代的高校学生管理将从粗放转向精细。

（五）从单向转向互动

根据赫尔曼·哈肯（Hermann Haken）的协同理论，一个系统从无序向有序转化的关键并不在于平衡还是不平衡，而在于它的子系统是否能相互协同形成一定功能的自组织结构，协同意味着行为的非个人化和互动合作。当前高校学生管理呈现一种“内卷化”趋势，即管理模式经过高等教育几十年发展后基本定型，出现自我复制、停滞不前、不能转化的现象。“内卷化”在高校学生管理中主要体现为学生管理方式的单向化、管理人员压力化和学生管理组织功能的维稳化。事实上，从哈贝马斯（Habermas）关于公共领域的理论来看，后现代性的来临要从“关系出发”理解本体论和认识论意义上的世界，需要关注交往行为的价值向度，充分满足主体之间的互动交往需求，满足人的主体性诉求，才能实现真正意义上的稳定。当代大学生个性张扬、渴求表达、要求参与，对于单向的管理权威具有本能的反叛，期待成为管理活动的互动者而不是单向接受者，希望在互动中建构存在感，渴求成为管理实践的参与者而不是冷漠的旁观者，希望在参与管理中体验获得感。大数据为改变单向的管理模式、建立互动参与的管理模式提供了可能。通过大数据的相关技术手段，可以实现学校和学生的互动交流与有效沟通，学生有机会随时随地参与学校治理；管理者可以做到心中有数，把简单执行调整为创新探索，变压力为动力，化维稳为维心，转单向为互动，实现管理的协同化发展。大数据时代，高校学生管理从单向管理朝着双向互动的方向发展。

（六）从经验引领转向数据引领

客观科学地进行评价是管理过程的重要环节，管理评价具有十分重要的导向功能和激励功能。在管理过程中，一方面通过管理评价可以对管理主体和客体进行价值引导，倡导和鼓励管理的主体和客体应该做什么，禁止和约束不应该做什么；另一方面通过管理评价可以进行精神激励，从外在满足需求，激发动机，从而推动管理主体和客体自觉主动地进行自我教育。在此过程中，评价的科学性与客观性至关重要，如果评价不当将带来反向的引导和负面的激励。就目前的高校管理评价来看，存在的主要问题有二：一是因缺乏基本的数据分析和积累，管理评价以管理者的主观经验为主，评价极具随意性；二是部分管理评价采用唯分数、唯证书等唯量化论，关于价值观、思想行为的评价因缺乏相对客观的评价标准、数据，被排除在评价之外。大数据为管理评价的科学化、客观化提供了基本的数据支持和技术支撑，把管理评价从传统的以经验为主转变为凭数据说话。同时因为大数据、全样本的数据挖掘方法的应用，纳入管理客体的行为数据、教育发展数据，也可以革除以分数、证书等单一量化的弊端。高校学生管理随着大数据时代的发展逐渐从经验引领转向数据引领。

二、发挥大数据思维的优势

（一）借助大数据，发挥社会主义核心价值观的引领作用

社会主义核心价值体系在不断完善中形成了完整的内涵结构，其中马克思主义指导思想是灵魂，中国特色社会主义共同理想是主题，以爱国主义为核心的民族精神和以改革开放为核心的时代精神是精髓，社会主义荣辱观是基础。每一个组成部分都可以相对独立地构成一个次级的价值系统，又可以耦合成为一个完整的价值体系。这四个部分既各有侧重又互相补充，具有高度的整合性和思想创新性，为教育学生管理创新提供了有效的载体与途径，解决了学生管理工作在内容

上整齐划一、在层次上不明晰的问题，实现了学生管理工作内容系统化、表述规范化、内涵明确化、体系稳定化。中国特色社会主义的高等院校培养的是社会主义现代化建设事业的合格建设者和接班人，这是育人为本的内在含义。而在学生管理中，借助大数据的优势，充分培育和践行社会主义核心价值观，引领大学生健康成长，是坚持德育为先的首要选择。

高等学校坚持“育人为本、德育为先”的教育理念，就是要解决依靠什么来“培养什么人、怎样培养人”的重大问题。借助大数据宣传平台，在潜移默化中将社会主义核心价值观内化为大学生的价值观念，从而转化为大学生的价值追求。培养社会主义现代化建设人才，就要坚持社会主义核心价值观，以此保障大学生的思想健康，坚持不懈地用马克思主义中国化的最新理论成果武装大学生的头脑，用中国特色社会主义共同理想凝聚建设者的力量，用以爱国主义为核心的民族精神和以改革创新为核心的时代精神鼓舞建设者的斗志，用社会主义荣辱观引领社会道德风尚，巩固全党全国各族人民团结奋斗的共同思想基础。在大学生群体中培育和践行社会主义核心价值观，既是在高校进行思想政治教育的重要内容，也是建设社会主义强国、实现民族伟大复兴所赋予的历史任务。这就需要充分发挥各种教育载体特别是大数据宣传平台的作用，采用喜闻乐见的信息发布形式，激发大学生的学习兴趣，形成教育合力，提高教育效果。促进大学生思想的健康发展与成熟。

（二）借助大数据，构建践行社会主义核心价值观的载体

当前，由于经济转型和社会发展变迁的影响，在市场经济的影响下，各种信息爆发式传播，对人们的价值观产生了影响；大数据技术发展促进了新媒体的发展，推动了自我意识的觉醒，也使得个人中心价值观逐渐蔓延，这对高校学生管理带来了多方面的影响，使得高校学生管理方面产生了一部分不可忽视的思想问题，也对践行社会主义核心价值观提出了挑战。在大数据时代，发挥新媒体优势做好高校学生管理工作，培育和践行社会主义核心价值观，用社会主义核心价值观指导对大学生的教育，不断提高大学生的思想政治素质与理论水平，把他们培养成中国特色社会主义事业的合格建设者和接班人。如何运用大数据技术、新媒体技术、互联网技术等发挥信息化的长处是当前必须面对的富有挑战性的任务，应利用青年大学生对新媒体熟悉、对信息接受反应快的特点，发挥大数据在践行社会主义核心价值观过程中的积极作用。

伴随大数据时代的发展，传统的学生管理方法已不能适应大学生多方面转变

的实际情况，如价值取向、政治态度、心理发展、道德养成、行为模式等方面的转变。大数据技术的发展促进了新媒体的发展，使得信息更加自由、开放地传播。新媒体拓展了教育的新平台，大学生几乎人人拥有智能手机，大多数也拥有了电脑，在教育者与受教育者之间构建了更便捷、畅通的渠道。大数据技术提供了学生管理的新方式，高校能够利用举办各种各样的网络沟通和对话活动来推广社会主义核心价值观，在掌握大学生思想动态的基础上进行疑惑解答，以实现在舆论层面的对大学生的正确引导。在大数据时代，大学生管理的针对性、有效性得以提升。学生管理的成效的提升是因为网络平台具有虚拟性的特点，这一特点为学校与学生了解彼此的实际想法从侧面创造了机会，有助于沟通者打开心房，倾听彼此的观点，可以实现有目的性的引领与交流。在互联网平台上，人们能够相对自由地开展信息互动，能够发布或获得不同类型的信息，以开放的视角与越来越多的人分享所思、所想、所见，形成自由开放的信息传播空间。大数据时代的信息传播主体具有多元性、平等性的特点。信息传播主体由一元发展为多元，具有泛化的倾向，实现了“所有人向所有人”的社会化平等性传播，处在不同社会群体和社会阶层中的人都能通过互联网发出自己的声音，所有的人变成平等的“信息人”，作为互联网使用主力军的大学生更在信息交流中占据重要地位。各种信息科技手段的出现，在方便大学生学习生活的同时，也表现出传播信息的多元化与复杂化。由于信息传播的自由导致信息庞杂多样。在这些信息里既有正面的信息，也混杂着不少“黄色”“灰色”“黑色”的负面信息，呈现出价值多元、是非难分等现象，让涉世未深的大学生面对海量的信息时难以有效选择，有时甚至会迷失在信息海洋中，即使受到不良影响也很难察觉。所以，在创新新媒体技术、互联网宣传手段的同时，一定要让大学生习得辩证观察和辨析各种信息的能力。

（三）开拓渠道，发挥新媒体的功用

要想促进学生管理创新，必须借助新媒体的力量，把抽象的观念具体化、大众化，还要实现学生思想管理和社会主义核心价值观的有效结合，在明确学生管理理念的基础上，将新媒体应用到学生学习的各个方面，并通过开展社会实践，举办多样化的主题活动和大量的志愿活动，提升学生的自身修养，外化为大学生的自觉行动，规范学生的行为，促进学生全面发展。

1. 构建大学生管理大数据宣传平台

以立德树人这一根本任务为中心，建造网络信息平台、培养与实践社会主义核心价值观的信息化阵地。新时代的大学生思想政治教育工作，为加强网络思想

政治教育队伍建设，应积极抢占网络思想政治教育新阵地，进一步建立网络思想政治教育工作体系，同时紧紧掌握网络思想政治教育的自主权。在学生管理中只有具备三方面的条件才能在大数据时代加强社会主义核心价值观教育，即搭建完善的网络信息推广平台、具有充足的信息推广途径、通过社会主义核心价值观占据舆论阵地。在大数据时代，各类文化、思潮、观点、言论、诱惑传入校园，很多落后的思想观念、不健康的价值观等冲击着学生的思想。“近朱者赤，近墨者黑”，这些信息对大学生社会主义核心价值观的培养具有负面作用，长期接触这些信息，大学生很容易在不知不觉中受到影响，转变了其原本的理想与信念。

高校和相关主流网站应最大化地运用信息化的方式，在网页建立过程中，重视将大学生的思想、生活、情感与实际紧密联系，培育和践行社会主义核心价值观。将学校网站建设为多功能的综合性平台，应减少说教和知识灌输，建立大学生偏爱的文化、艺术、生活、服务等栏目，同时最大限度利用学校内的技术与学科优势，吸引不同系部、社团、党支部、班级和所有大学生踊跃投入建设，始终让党和团的声音存在于网上并让社会主义核心价值观成为学生们的指引。建设由党支部、团支部和班级等构成的虚拟社群，如QQ群、微博、微信群、朋友圈等。应把社会主义核心价值观渗入教育服务的过程，通过网络增进大学生与学校、教师和同学的交往，在相互沟通的过程中培育和践行社会主义核心价值观，应以社会主义核心价值观的指引和实践为重点为大学生服务，紧密结合学生实际，增强主流网站的吸引力与影响力，激发大学生交流、参与的兴趣，逐渐使浏览主流网站、参与互动交流成为学生常常进行的、喜爱的网络活动。

2. 建立大学生管理交流平台

建立培养和实践社会主义核心价值观的平台，通过新媒体开展深度沟通，发挥信息交流平台的推广与引领作用，由此实现大数据的有效应用。在大数据时代，学生管理工作者为掌握大学生管理信息化的自主权，应让彼此合作、双向互动成为学生管理的新形式，具体包括让大学生形成新的管理理念、改变学生管理工作的思维，同时融合有效的传统学生管理形式。在大数据时代需要对高校学生管理的三个方面进行主动探究，包括新特点、新规律和可能出现的新问题，高校学生管理的发展是通过以这些新情况为依据深度探析问题形成的内外因、发现本质、找到解决办法的过程实现的。应当积极建立大学生管理交流平台，建设具有教育、管理、交流、服务功能的网络信息园区，使之变成思政教育、网上学习、信息传播、交流沟通和管理服务的载体，可以构建党支部、团支部、班级等组织的QQ群、微博、微信群、朋友圈、贴吧等，辅导员、班主任可以建立工作博客将个人的工作日志、邮箱、微信、微博、QQ 等提供给学生。一些大学生喜爱在 QQ 空间、朋友圈、微博等平台发说说抒发自己的心情，辅导员通过这些平台可以及时掌握学生的思想和心理变化，发现学生的不良心理状况之后及时与之交流，帮助学生回归健康心理状态。由此看来，这些载体的应用对学生管理工作者具有积极意义，他们由此能够及时了解到学生对网络文化、网络动态、网络舆论的态度，以此为依据与学生展开交流并进行疏导，从而为大学生的学习、生活提供更多的指导、安慰，更好地和学生互动交流，解除他们的疑惑，应及时通过大学生的网络动态掌握学生的想法与遇到的疑难问题。

此外，还可以借助基于 QQ、微信、微博等的大学生管理平台开展主题教育活动，融入价值观教育，弘扬社会主义核心价值观。在此过程中，应当借助大数据时代各种新型信息交流方式，组织形式多样、内容丰富的趣味主题教育活动。例如，以“中国梦・青春梦”为主题在班级群中举办征文大赛，面向所有学生，让他们把自己的青春梦与中国梦融合，在实现民族伟大复兴的同时，树立远大志向，珍惜青春时光，奋发向上。在班级群中进行沟通时，应以社会主义核心价值观为指引；为多方面、多角度掌握学生的思想动态，应多针对时事热点、时政新闻等开展探讨；还可以对班级遇到的问题进行探究。增强班级团结性和进取心的方法有很多，包括及时奖励先进、开展各种班级活动等。辅导员可以通过发表励志性文字来激励学生树立广大理想、唤醒学生进取心和使之获得人文熏陶，如用微信、微博发表或转载正能量的内容。在应用新媒体开展学习沟通时，应持续提升大学生三方面的素养：民族自尊心、自信心与自豪感，在不知不觉的浸染中使之主动调整与修正价值方向，引领大学生形成健康的人格，使之不断追寻个人的价值理想，在社会主义核心价值观的指导下将自身发展与民族的伟大复兴密切融合起来，建立个人的人生观和价值观，形成长期的人生理想，同时肩负起个人的历史使命。

三、掌握大数据时代学生思想的变化

随着我国网络信息技术的不断发展，人们的世界观、人生观、价值观都开始变化，且这种变化是非常大的。对于现在的高校学生来说，其思想观念和自身思维特点也开始改变。虽然当前大部分学生的思想都比较积极健康，具备较强的控制能力和鉴别能力，但在社会环境的变化下，学生的思想观念也开始有新的变化。

（一）群体观念淡，唯我独尊意识强

现代大学生部分是独生子女，在家中拥有“小皇帝”一样的待遇，享受来自祖父母、父母的呵护和宠爱。所以，在一些学生的观念中存在着“以自我为中心”的特点。他们不知道“只有我为人人，才能人人为我”的道理，形成了“不合群、独往独来，缺乏群体意识”的观念。

（二）社会公德和奉献意识淡，个人功利意识强

在社会经济不断发展的同时，当代高校学生的世界观、人生观、价值观也开始改变。当前，人才竞争比较激烈，社会形势越来越严峻，导致部分高校学生的价值观念逐渐现实化，更加重视个人利益和个人发展。

四、抓住大数据时代高校学生管理的特点

（一）管理层次更加多元

各个高校在发展过程中所使用的传统管理模式主要以“自上而下”“单项管理”为基础，而这种管理模式的管理范围局限于管理者与学生之间，管理工作质量与效率提不上去。在大数据时代，学生的生活方式、学习方式等发生了改变，学生的生活空间增添了全新的虚拟网络空间，这在一定程度上导致高校所开展的学生管理工作层次朝着多元化的方向发展。管理者不仅要关注学生的校园生活，同时还应该加强对校园生活的管理，为学生营造一个健康、积极向上的网络生活和学习环境。

（二）管理手段更加多样

高校学生传统管理手段较为单一，所开展的管理工作也呈现出模块化的现象，不能对学生进行有针对性的管理，导致管理工作质量与效率提不上去。在当前的大数据时代，学生管理者可以建立网络管理平台，通过科学、合理的手段加强对学生的管理，了解学生生活、学习状态，找出其中存在的不足，并及时为其制定有效的解决对策。另外，管理者在管理期间还应该充分利用学生与网络之间的关系，根据学生的性格、特长、爱好等制订出对应的网络教育方案，加强对学生的教育管理。

（三）管理形势更加复杂化

现阶段，我国一些高校在发展过程中建立了属于自己的校园网络，但是现有

的网络环境对于学生管理工作来说增大了管理难度，使得学生管理更加复杂。高校要想提高学生管理工作的质量与效率就应该深入校园的网络空间，了解学生的生活、学习状况，以此为基础为学生制定出科学、合理的模式，并对学生进行有针对性的管理。另外，在这个虚拟网络环境中，学生的感情思想也正朝着虚拟化的方向发展，要想从根本上解决这一问题，就应该将对学生的现实管理与网络管理体系进行有效的结合，对学生进行有针对性的管理，提高学生管理工作的质量与效率。

五、借助大数据技术丰富管理内容与方式

（一）利用校园网，加强心理健康教育

目前，一些高校相继建起了校园网，高校可以充分利用这一有效资源，加强对学生的心理健康教育。利用网络，高校可以建立心理健康网站，开设一些诸如“心理测验”“健心房”“心理健康的标准”“正确看待心理咨询”等小栏目，帮助学生了解什么是心理健康及其重要性，懂得出现哪些情况需要进行心理咨询。更重要的是，利用网络，可开设网上心理咨询专栏。网上心理咨询避免了“上门”进行面对面咨询可能会产生的不利情绪，其保密性、隐蔽性强，为学生自由地、不受地域限制地接受心理咨询提供了方便。同时，网上咨询图文并茂、生动活泼、气氛轻松，交谈的双方不需要直接见面，学生不必担心暴露身份，可以坦诚个人隐私，更便于经验丰富的心理教师对症进行心理辅导，起到事半功倍的效果。

（二）强化学生网络法治意识，加强网络文明建设

在互联网刚开始进入高校时，我国关于网络的相关法律法规还有待完善，高校对大学生网络法治意识与网络文明的宣传教育力度不足，加上对大学生的网络行为缺乏正确、有效的引导，导致部分大学生的网络法治与网络文明意识不强，网络行为缺乏规范。高校作为大学生网络法治与文明建设的主要场所，并未有效占领网络法治文明系统建设的前沿阵地，未能形成良好的校园网络文化氛围。

针对这一现象，首先，国家已根据网络发展的新情况和出现的新问题，及时制定和出台了一系列能适应网络环境快速发展的新法律法规，不断提高打击网络犯罪与网络不文明行为的能力。高校学生管理人员要加大对学生开展网络普法教育、网络安全教育和文明上网教育的力度，积极引导学生以遵纪守法为荣，对有关网络法律问题进行主动思考，如利用社会上的一些典型案例教育学生触犯网络

法律所应承担的法律责任，同时，可在学校相关网站上开辟寓教于乐的法制教育网页，设立在线互动答疑等栏目，发动学生积极参与对网络违法现象与不文明行为的深入探讨，在潜移默化中提升大学生的网络法治与网络文明意识。其次，必须坚持他律与自律有机结合，倡导在学生群体中形成互相监督，文明合法地使用网络的氛围。杜绝学生对网络违法与不文明行为的互相包庇与谅解行为，把学生分散的网络文明行为凝聚成有组织的共建网络文明的行动。在这一过程中，应充分发挥学生中党员的模范带头作用，培养一支政治立场坚定、作风正派、网络技术过硬的党员队伍充当网络文明使者，利用他们来自学生当中、便于与学生沟通、易于被学生接受认可的优势，树立好大学生的主流价值观，使他们肩负起宣传网络法律法规、倡导网络文明的重任。

（三）建设具有大数据时代意识与技能的学工队伍

高校学生管理面临的环境发生了变化，网络信息技术的快速发展对传统的高校学生管理理念与方式提出了新的要求，这是新时代高校学生管理工作必须正视的现实环境。学生管理人员要想有足够的能力应对在新的管理环境中出现的新问题，必须强化自身的信息素养，提高应用现代网络技术的能力，才能充分利用网络资源优势，拓宽高校学生管理工作的空间，增强学生管理工作的针对性和实效性。

高校可以从现有的学工团队当中选拔人才，对其进行大数据的培养。这样的做法，能够稳固学校的教师团队，并且提升学校现有教师团队的素养，也可以引进外部人才，并且可以第一时间解决现有的学工队伍缺乏大数据意识和技能的问题，能够更快地促进高校的学工队伍的完善。

学生管理工作者也要加强自我教育，提升自己的大数据意识和信息技能，在工作中抢占网络高地，建立属于自己的网络构架。注意网络社团、微博、QQ、微信等在工作中的运用，努力实现班级管理网络化，提高工作效率，提升自己的信息化管理水平，改变以往因信息不畅而导致的具体管理工作和措施与现实脱节的被动局面，增强学生管理工作的针对性和科学性。

（四）利用大数据技术和资源，强化学生服务

在现阶段的实践中，大数据技术与资源在高校学生管理工作中的应用还处于初始阶段，很多方面还没有落到实处。要切实在网络上开展学生管理工作，必须坚持管理与服务相结合的原则。一方面要增加校园网络的信息量，在校园网络平

台上，除了发布学校的各种方针政策、规章制度和通知等常规信息外，还应提供各种大学生常用的学术、生活社交网络资源，努力把校园网络建设成为一个便于大学生学习、生活的综合性平台。另一方面，多拓展针对学生的网上服务空间，如开展网上心理咨询、网上就业信息咨询、勤工俭学信息、网上社团活动等，努力利用网络自身具备的优势来消除某些管理工作或服务在现实操作中的局限性，开创高校学生工作的新局面。如大部分心理有问题的学生都不太善于交流和沟通，而网络可以为了解学生心理动态和进行心理咨询提供一个全新的平台。通过网上心理咨询服务，可以消除面对面的尴尬，避免现实交流带来的障碍，可以慢慢地深入问题学生的内心，使其敞开心扉地宣泄内心的情绪，从而使管理者可以准确地引导学生的行为，为更顺利地开展学生心理工作提供良好条件。

（五）“网上管理”与“网下管理”结合

作为一个高校学生管理工作者，无论大数据技术发展如何迅猛，大数据技术与高校学生管理工作结合得如何紧密，我们都必须明确：学生管理工作不是在做“虚拟世界”的工作，而是在做“虚拟世界”背后的学生主体的工作。利用网络平台开展高校学生管理工作要做到“网上管理”和“网下管理”相结合，做到以情感人，以理服人。同时，加强校园现实的软件和硬件建设，增强现实空间对学生的吸引力。很多同学沉迷于网络的虚拟空间，主要也是由于在现实世界中，他们的很多想法和诉求都得不到满足，只能在虚拟世界里寻求慰藉。为避免这一局面，学校要多开展受学生欢迎、易于学生接受的校园文体活动，尽可能使所有学生的心理诉求能在现实中得以满足，让他们有平台与机会各尽其能，从而增强现实校园对学生的吸引力，增强学生的幸福体验。

第四节　大数据时代高校学生管理创新方法

一、思想理念创新

大数据不仅是一种技术性工具，还是一种思维形式。大数据时代，学生管理要与大数据思维充分融合，具备数据化管理和数据化办公理念，在管理工作中自觉地利用大数据技术，在利用大数据技术的过程中，融入管理、教育和服务理念，以理念的创新引领大数据时代学生管理的创新。

（一）领导者树立数据化管理理念

在高校中，作为与许多职能部门和一线人员有关的工程，挖掘和整合学生管理大数据是一项耗资很大的工程，包括人力、物力和财力。为了做好这一工作，首先要有一个科学合理的规划，这就要求高校领导者对大数据的趋势也应有一个清晰的认知，重视学生管理的大数据建设，重视学生管理的信息化建设，树立数据化管理理念，增强大局意识，在高校大数据建设的规划与部署方面严格把控，投入充足精力。领导者为做到统揽全局、高瞻远瞩、全盘规划，应自主学习前沿的大数据理论。与此同时，还需要以大量的调研论证为前提，制定出与自己高校的大数据构建相匹配的长远目标。

在建立学生管理大数据时，需要增强系统动力学理论的运用，应用项目管理思维进行管理，把学生对大数据的管理过程视作一个实际项目来开展，从管理系统的全方位着手，充分挖掘并利用好学生管理大数据，发挥其如下功能：一是全面提升学生管理工作的能力的功能，二是深入提高学生管理工作的效率的功能，三是对高校学生管理工作的引领的功能。

（二）管理者强化大数据办公理念

高校全体人员均是校园大数据系统服务的目标，同样，在校园大数据系统应用中，高校学生管理工作者被视作核心主体，而管理者的大数据办公是学生管理创新的重要方式。高校学生管理工作者需要增强大数据办公意识，促进大数据系统的不断完善，在应用大数据办公系统时，可以在服务方面提出对应的意见与建议。此外，我国部分高校学生管理工作者隶属于不同专业的不同教师阶层，很多非计算机或非大数据相关专业的人员具有的大数据水平较低，所以，对他们来说有时候大数据系统应用起来会有不同程度的问题，因此他们依然习惯于依照传统的手工模式开展办公。所以，高校需要在学生管理工作创新过程中，增强对高校学生管理工作者的教导与培训，指引他们主动树立自主应用大数据平台的观念。而在观念上，高校学生管理工作者自身应增强对大数据的理解，紧跟高校与社会大数据的发展脚步。高校应通过培养高校学生管理工作者的大数据意识，让他们可以在自由应用大数据的前提下使得管理成本降低和管理效率提高。

（三）学生积极使用大数据系统

当代的大数据系统的运用对学生有两方面作用：一是在很大程度上提高了学生的学习效率；二是使得学生的学习与生活的自主性与灵活性得到了进一步提

高。目前许多高校都应用了校园一卡通，为学生带来了很大的方便，这一和银行卡差不多大的信息卡片涵盖了学生证、门禁卡、饭卡、借书卡等一系列与学生学习和生活紧密关联的信息。同样，许多高校应用了大数据系统和智能设备，也在学生日常的学习生活中添加了许多大数据内容，尽管在一定程度上对学生大数据素养的要求有所提高，但它具有十分突出的优势。在实际生活中，学生更偏爱于大数据产品的应用，他们更乐于接受新事物，不过为了让他们形成良好的上网习惯，不受网络的诱惑，确保大数据可以变成学生学习与生活的重要工具，高校还须以学生个人心理和性格特征为依据，在增强学生大数据素质的培育、大数据资源的开发和应用方面提供相应的指导。

（四）技术人员加强服务与合作意识

在高校大数据的建立和维护中，高校信息技术人员占据着主体地位，所以，高校需要保证负责管理和维护大数据的专业技术人员与时俱进，不断提升大数据技术水平。许多高校信息技术人员不容易全面掌握各部门的实际需要，是因为他们工作的着手点一般只限于技术层面。所以，高校应着重培育高校大数据技术人员的服务意识，让他们和普通技术人员有所区别。在开发学生管理大数据系统平台之前，技术人员应当在开展前期调研过程中全面了解不同部门的管理人员和各个学生管理业务对大数据的需求，充分与学生、行政和其他管理人员进行沟通交流。在开发大数据产品时，为依据高校的具体情况增强大数据产品的创新性与务实性，大数据技术人员也应对产品形成明晰的认识，对大数据产品开展对应的综合设计与构建，从技术与实际应用所需层面入手，从而使大数据产品契合学生管理工作的需求和学生生活的需求，从而最大限度地发挥大数据的管理和服务功能。

总而言之，思想理念创新是大数据时代高校学生管理工作创新的首要方法，校领导以及各部门各级别的学生管理工作者要在管理决策和执行过程中强化大数据意识。同时在高校学生大数据管理当中，还要严格遵循“以人为本”的原则，关爱学生，保护学生，促进学生的个性发展，将大数据意识和理念融入学生管理，以此为引导，开展高校学生管理工作。

二、组织结构创新

在大数据时代，创新高校学生管理组织结构是高校发展的有效动力。为确保在大数据背景下不同类型的资源可以及时、准确、高效传输，从而符合各管理工作的要求，推进高校学生管理创新，建设学生管理大数据，高校应当在科学定位的前提下，将重点放在对信息流程的科学设计上，而不是在现在的基础上添加计算机、多媒体设备或管理信息系统等软件。所以，只有在原来的组织结构上进行新的设计，才能够促进高校学生管理大数据建设，促进高校学生管理创新。

（一）建立高校学生管理大数据组织架构

当前高校学生管理大数据建设所尊崇的是建立大数据工作领导小组或委员会，设置信息主管职位，同时在学校一把手的直接带领下具体负责校园大数据构建的体制。在具体的开展过程中，为深入筛选与发掘过滤后的信息资源，做到对数据的有效应用，高校信息的政策与标准和全校信息资源的管理与协调均由信息主管负责，校内所有职能部门与行政管理人员从管理的层面有意识地挑选和应用信息技术。信息主管结构的大数据组织体制具有积极意义，主要体现在推进高校学生管理体制的改革、促进高校专业结构的调整与重构、提高高校管理决策水平。此外，大数据领导小组的组织体制应随着大数据结构的调整而深入完善。

（二）优化学生管理工作体制

1. 传统的高校学生管理工作组织结构

（1）直线型层级结构

当前，在我国，一些高校学生管理工作组织结构是一种直线型层级结构，这种结构具有两个特征，即校、院（系）两级管理和条块融合的运行机制（图 5-4-1）。直线型层级结构凭借快速决策、灵活指挥的优势，使得决策层可以迅速掌控相关的职能部门和院（系）的信息，由此整合校内各类资源，以促进高校全局工作的进行。直线型层级结构凭借以上优势依然在高校学生管理过程中被广泛应用，不过在管理过程中存在三个明显问题，分别是多层领导条状分割、职能内容交叉重叠、沟通协调困难等。例如，学生的军训工作是由多个部门一同开展的，包括保卫处、资产管理处、学生处、院系等，所以要求管理工作组织结构具有很大的横向协调性。在各部门协调的基础上还要有一个主管者提供专业化指导，否则很容易导致各部门的权责不一致，也就是该负责的人不工作，实际工作的人不为此负责。同样，直线型层级结构具有非常大的跨度，增大了院（系）一把手全面掌握各个学生管理工作的难度。一方面，高校学生管理工作不同于教学、科研工作，高校学生管理工作一般不在高校的中心工作范围内；另一方面，当前高校学生管理工作的信息交流通常应经过多个流程，包括高校党委、行政、学工部、团委、院（系）、辅导员、班级干部等，这种复杂的层级结构很容易导致信息不流畅，甚至会导致信息传递障碍与信息不真实。最后，辅导员的用人权限属于院（系），而对学生管理工作人员的教育、考核、评价工作进行管理的是党委领导下的学生管理工作部门。这极易出现学生管理工作部门只能管事不能管人，而院系更偏重于管人而非管事的人事分离现象。

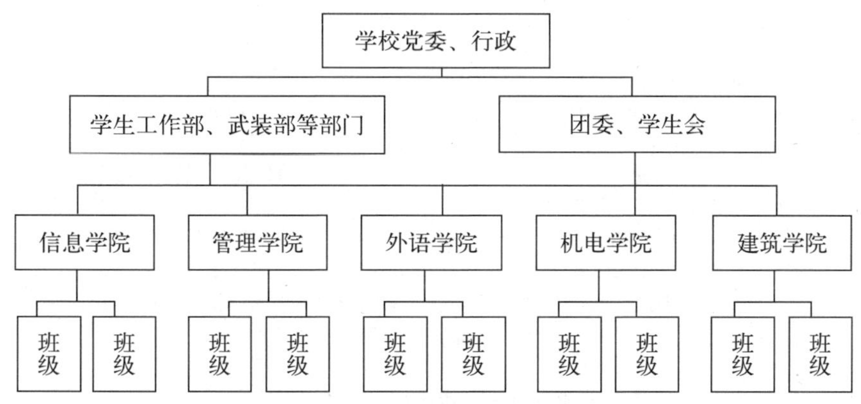

图 5-4-1　直线型层级结构

（2）横向职能型结构

当前在我国只有部分高校应用了横向职能型结构，该结构的特征是一级管理体制和条状运行机制（图 5-4-2）。在学生管理工作中，该结构的最大特征是由高校学生管理机构直接对学生进行管理，以及多头共进条状运行。在高校这一层面直接设置学生工作管理机构并划分权限，然后再依据分工由不同职能科室直接面对学生、学院社团组织开展工作。同样，该结构的管理层级的减少主要得益于该结构的三个特征，分别是管理扁平化、分工明确、组织跨度。管理机构的工作职能直接延伸至学生群体，不需经过辅导员、班干部等，横向协调难度降低，指挥机动性提高，由此增强了决策者对管理的潜在影响。不过在此种结构下，高校学生管理工作者的工作强度和心理压力会增加，这因为此种结构自身非常重视专业化和管理层次的减少。工作负荷加强很容易使得高校学生管理工作者的工作效率变慢，倘若依旧在院（系）一级保留辅导员制度，辅导员仍然会出现工作职责混乱的问题，这是隶属关系不清晰导致的。

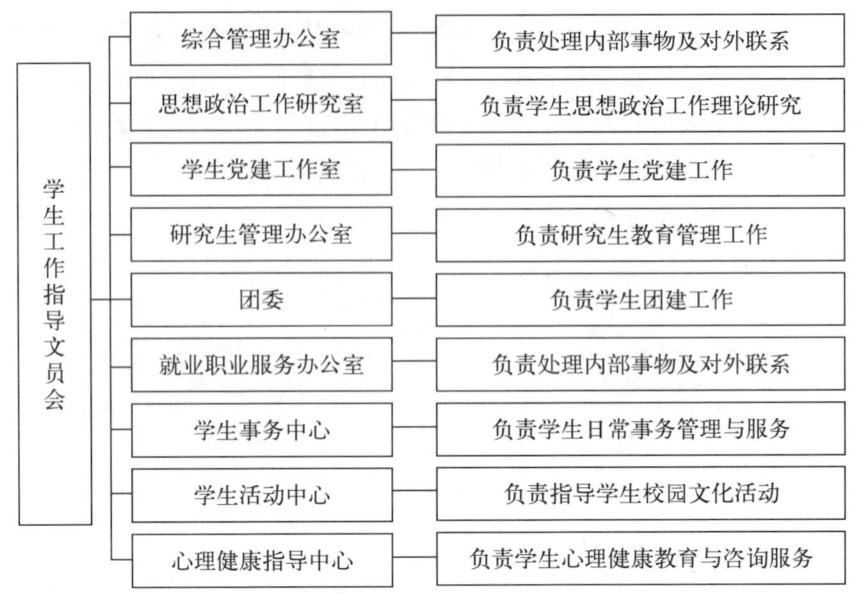

图 5-4-2　横向职能结构图

2. 构建网上业务协同矩阵管理结构

当前在国际知名高校组织结构取向中，矩阵管理结构普遍化是一个显著特征。当前，在国内一些高校中，学生与教师的大数据素质随着数字化、智能化校园的打造实现了很大的提升。在高校中，许多职能部门逐步朝着信息共享与业务协同的方向发展。在高校学生管理工作中，涉及教务、后勤、财务等众多职能部门的网上事务处理与信息服务的现象持续增多。在高校中，当大量学生在教务处注册学籍时，为保障学生能够很快完成注册，有关工作者会利用大数据，应用有关信息系统到财务处核验学生缴纳学费的实际情况。按照传统的离校流程，高校毕业生需要拿着纸质离校单去十几个部门，如教务处、学生处、图书馆、后勤等部门去盖章，而现在毕业生能够在网上直接办理毕业离校手续，这得益于毕业生离校系统的跨部门业务协同应用。在每年度的评优评奖中，教务处与学生处的合作工作使得从成绩、德育等多方面综合评定奖学金奖项变得很容易实现。在我国高校中，校园一卡通的使用使得许多部门信息共享与联合办公变成现实，校园一卡通的作用主要包括两个方面，一是集中了学生证、图书证、门禁卡的功能，二是横向融合了学生处、教务处、人事处、保卫处等的数据库中的教职工与学生身份信息。

信息技术的使用能够支持且推进我国高校矩阵管理结构的构建。当然，高校若想构建全校统一的信息系统来支撑矩阵管理结构，仍旧需要较长时间，因为当前我国高校大数据的发展依旧存在需要提升的方面。不过部分高校逐渐实现了对业务流程的重新制定，这是通过一部分新的部门与岗位的设置而实现的，比如，为促进大数据发展搭建了综合协调机构——大数据办公室；为加快大数据的发展建立了学生信息综合服务中心、一卡通管理中心等机构，这些机构主动应用信息系统实现一部分工作的协同办公，可以直接完成原本需要许多部门分别完成的工作。

（1）高校的大数据平台

高校应当综合管理多个和学生生活紧密相关的部门，实现平台功能模块的科学规划，如学生处、教务处、就业指导中心、图书馆、校园卡管理中心、财务处和宿舍管理中心、心理咨询中心等部门；应当以一致的学生信息基础数据为前提，建立涵盖多种基础信息的学生电子档案库，内容包括学生在校期间的学习、生活、获奖及获得资助、违纪处分等信息。除了合理设计功能模块，实现基本功能之外，大数据平台还要能够做到对学生综合素养的客观评价，也就是可以综合展现学生在校期间的表现，反映学生在学习、奖惩和获得资助方面的实际情况。

平台数据统计是以统一的学生基础信息数据为核心的。所以，应保障学生电子档案库中学生基础信息的一致性。基础信息须包含一部分恒定不变的内容，包括姓名、性别、出生年月、生源地、学习经历等，也包含在校期间的家庭和家庭成员基本情况等可能产生变化的信息，还须包含学生取得奖学金与助学金的信息和提交后要求院系、学生处核定通过的信息，如实习、培训信息等。但数据的更新能够依据高校的特殊情况，由学生在规定时间进行修正，由有关部门审核。此外，为实现对学生情况的全面记录，大数据平台还要包括一卡通消费情况、图书借阅情况和宿舍进出情况等，以便于学生管理工作者调查统计分析。

（2）平台应具有数据收集和数据分析的功能

此平台的数据应具有直接、客观的特点，适用于调查统计分析。在全面客观评估学生在校期间的学习与生活时，可以基于该平台的有关数据进行统计分析，如从校园卡管理中心调取学生的消费信息，并将之与学生资助管理中心调取的贫困学生统计信息进行对比，从而协助高校对贫困学生的情况开展核对与监督，优化对应的补助发放方式；统计学生的就业信息之后比较学生在校期间的情况，对怎样提升学生综合素养与就业能力给出相对客观的建议；为给学生和教学管理提出建设性的建议，应在大数据平台中调取各个管理部门的相关数据并相互比较，分析高校在教学和其他学生事务管理中面临的问题。大数据平台的规划非常重要，直接关系着大数据平台的运行效果，影响着高校学生管理能否高效顺畅开展。

（3）关注平台的权限分配

权限分配可以采取给不同角色分配不同权限的模式。为实现对所有操作步骤的细化、提升系统的操作安全性，应对各部门的工作人员分配不同等级、内容的操作权限，这应以工作人员的职务与工作内容为依据。学生管理系统的应用者由三部分组成，分别是学生管理部门的工作人员、班级辅导员和学生本人，与此同时，为方便其他部门掌握学生的学习与生活状况，也能够将查阅权限向其他部门开放。但是，变更学生重要信息的权限只可分配给辅导员、学生处、教务处、财务处、团委等，也就是说只有他们拥有用户管理权限。

三、业务流程创新

在大数据时代，数据作为一种资源参与到学生管理业务之中，并且深刻影响着学生管理业务的流程。高校学生管理业务在处理各种数据的同时，也产生了庞杂的数据信息，为了高效、充分地利用管理大数据、教育大数据，必须创新业务流程。

在高校中，高校学生管理业务流程再造指的是为提升高校综合管理水平与办学成效，从本质上重新思考和颠覆性地设计已有的学生管理业务流程。培育人才是我国高校的核心任务，在高校中最核心的业务之一就是办理高校学生事务。在高校的业务开展过程中，许多与学生事务相关的业务一般要求许多部门联合开展，如学生报到注册、学生学籍管理、学生就业实习、学生心理辅导等。例如，新生报到业务涉及的部门有很多，包括各院系、财务处、学生处、资产管理处、保卫处以及信息中心等，它们在这一业务中都负责一定的工作，所以，倘若这些部门可以进行联合协同办公，那就能简化学生的报到流程。当前，高校办学水平与管理水平的评定标志是高校学生事务的处理水平，学生管理业务需求也由于教育大数据建设的大范围开展而呈多元与复杂的趋势，所以对业务流程进行根本性的再思考和彻底性的再设计，使高校学生事务的特定需求和大数据建设的实际相符、使学生和学生管理工作者的工作实际相符就显得尤为重要。在大数据时代，为使学生管理创新不断升级，每个学生管理职能部门间应开展最大化的合作。高校学生管理大数据实际上就是一种以流程为基础的管理形态。如今，在大数据时代，高校若想做到创新学生管理业务流程，使学生管理更加高效、便捷，需要探究已有学生管理流程的缺点，始终以完善学生管理流程为核心，丢掉以往以职能为指向的管理理念，对传统学生管理流程模式进行优化，即整合分离的部分、融合类似的部分、去掉多余的部分。

（一）传统学生管理流程的缺点

在大数据时代，当前高校传统的学生管理流程缺点越来越明显，其主要如下：

一是流程繁杂，整体管理工作效率低。作为高校应用最多的学生管理模式，金字塔式“科层制”结构具有的不足之处包括管理层次复杂、反应速度慢、工作手续多等，不同部门间的冲突与摩擦通常以连续开会研讨的方式进行处理，工作成效低。

二是整个工作流程透明度不足，监督成效差，这是因为学生管理流程依然以传统的手工方式为主，信息化措施少。

三是学校辅导员在获取学生信息资料的过程中，通常会进行很多重复的劳动，比如学生处需要统计的信息会与保卫处统计的信息有很多相似的部分，所以辅导员的工作压力增大是必然结果。

四是当前在高校中，信息传递不顺畅，做不到实时共享，资源无法协同，相应业务不易整合，信息技术的效用未在高校学生管理过程中最大限度展现出来，这是每个职能部门独自为政导致的。

（二）改进传统学生管理流程

第一，应在信息平台基础上做到组织结构的扁平化。

①高校学生管理应以充足的调研论证为前提。为使得组织结构扁平化的目标得以实现，应制定具有便捷与高效特点的业务流程，通过减少管理层级，让组织变“扁”变“瘦”，使高校领导与师生间的距离随着管理范围的增大而缩小。

②应搭建流程型组织结构。流程型组织结构以任务与目标为指引，以各种核心流程为基础，以一系列核心业务流程为中心进行工作，对人员和组织结构进行配置。这种结构主要有四方面功能，分别是转变了职能配置式的工作安排形式、增强了不同职能部门间的联系、对信息流与资源流在高校中的顺畅运行具有促进作用、充分展现了每个部门的资源与工作潜能优势。如在大数据时代，校领导能够不受职能部门的制约，利用大数据网络平台直接获得所需要的信息，这样既能革除在以往学生管理模式中校领导只能依靠许多部门集体搜集资料，再逐一上报的方式掌握某一学生的基础状况的弊端，又可以让校领导用最少的时间收到自己所需的信息，大幅度降低了信息在传播过程中产生错误的概率。

第二，应基于现代信息技术的网络化建立协同管理平台。

高校学生管理工作被视作一个繁杂的系统工程，在高校中，信息技术是完善管理的一个核心方式，为了突破原有部门间的信息封锁、综合应用各类信息资源、推进信息资源的共享，就应努力打造一个包含综合业务的协同管理平台，通过此平台可以实现对各来源、各结构的信息的统一管理与个性化应用。目前，一些高校开展了数字化与智能化校园建设，应用前沿的计算机、网络通信技术对高校学生管理与生活服务等所有信息资源进行了综合的数字化建设。通过数字化的信息管理和互动推广形式促进高校实现教育大数据、决策科学化和管理规范化。

第三，对相关业务进行集成，简化业务流程。

作为实施组织结构优化与搭建协同管理平台后的核心流程，对传统分散业务流程的重组与再造，以优化、顺畅、高效为目标，需要清除非必要的活动任务、整合任务、精简流程和自动化，实现对高校当前的管理步骤的深入优化。为让流程具备更高的效率与准确性，高校要做好对信息的集成，再造业务流程，要做好集成任务，保障信息只从源头获得，不做重复性工作；通过尽可能减少教师和学生为某事接触办事人员的次数，实现功能和部门集成；通过把类似的活动整合集成，实现任务集成。在集成任务完成后，应构建一个综合业务流程，也就是把一项事务的多个步骤、部门、环节融合到一起，比如分类应用目前各种学生信息，把传统垂直管理中负责上传下达信息的中间层用信息的公开化来代替，传统学生管理工作者手工的统计、登记工作由计算机大数据的处理方式来代替，把学生管理人员的核心精力集中在对信息的加工与深入应用方面。再比如，在进行年度助学金等级的审核与发放时，只要在学生管理信息系统中预先设定好评定条件，通过计算机统一审核，就可以评定助学金等级。如此既减少了传统模式下人工审核的麻烦，又能够节约很多时间。

（三）学生管理大数据流程设计

在学生管理活动中，高校学生管理流程指的是一系列彼此相关的行为的序列结构，它反映了在某一活动目标指引下，活动的先后次序、承转关系，制约、推进和输入输出规律。以管理流程最优化准则为基础重新进行思考是我们在创新业务流程时应最先做的事情，也就是质疑传统的管理，包括管理理念、管理方法、管理措施与管理过程，应用以学生为中心的管理模式淘汰以往直接照搬其他学校管理模式的做法，把全面为学生服务、满足学生各种学习所需作为管理的最高宗旨，由此探索更简单、更有效、更科学、更先进的解决办法。为此我们以之前的论述为基础，设计如图 5-4-3 所示的学生管理信息化的流程。

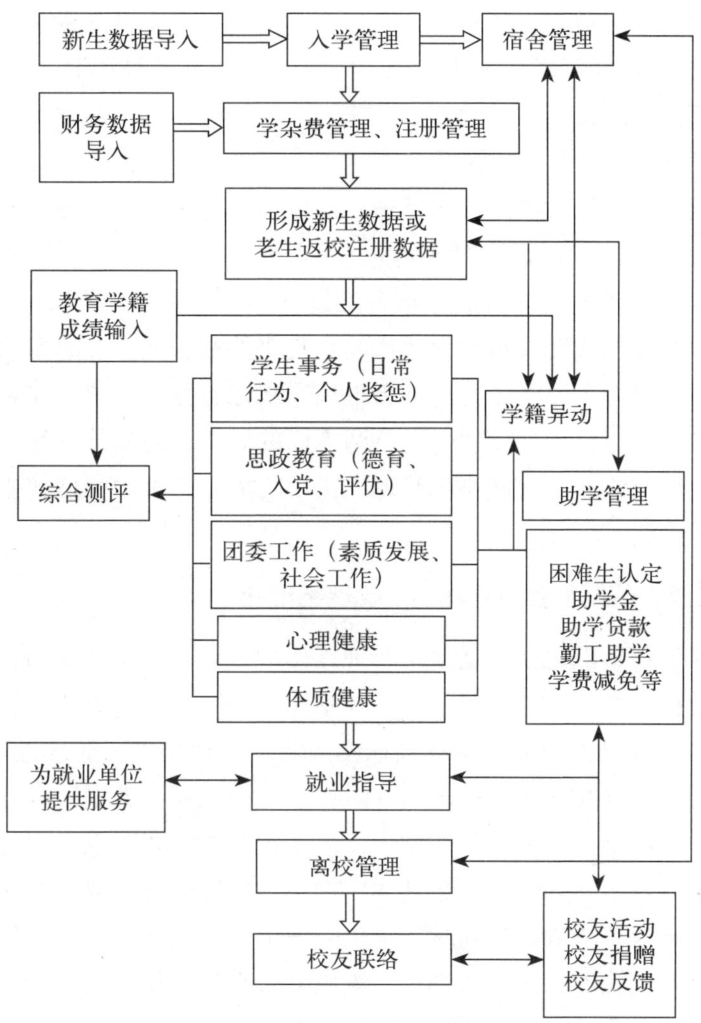

图 5-4-3　学生管理信息化的流程

四、管理手段创新

在高校学生管理工作中，应当将大数据技术与管理手段充分融合，将大数据作为管理的工具、方式和载体。

（一）适应大数据发展，变革管理方式

随着信息技术的飞速发展，需要不断创新以前的管理模式，使之与学生管理大数据建设的要求相适应，创新学生管理形式。为顺利实现预期工作目标，在学生管理大数据项目开展以前，高校需要成立大数据工作领导小组，兼顾目标管理、过程激励、项目管理及系统动力理论，应用项目管理系统的观点、方法和理论对项目涵盖的所有工作开展有效管理。

大数据项目要满足具体的管理需求，就要在流程与结构方面与对应的管理思路和方法相适应，不一样的管理思路和方法对大数据软件产品具有不一样的要求。所以，在开展高校学生管理大数据项目的过程中，一定要掌握原本的管理方法，发掘目前学生管理方式和大数据软件产品最恰当的结合点。在后期的学生管理过程中，一线学生管理工作者需要尽全力应用当代信息技术，勇于探寻学生管理的新形式与新路径。高校学生管理应进行两方面的转变，分别是一线人员应由封闭的局域性管理转变成开放式网络化管理，由手工的定性单项管理转变为网络化的定量综合科学管理。

（二）依托大数据平台，实现学生管理精细化

学生管理工作精细化指的是学生管理工作既要做好，又要做精、做细。精就要做到精益求精，高标准，严要求，一丝不苟；细则是细致入微，春风化雨，润物无声。应主动促进大数据技术在高校学生管理工作精细化管理过程中的运用，在促进学生管理工作综合水平提高的同时，也应该应用大数据技术寻求学生个体的个性发展，促进学生发展为综合型人才。在大数据时代，以学生为本是学生管理工作精细化的入手点，所以，在具体工作中，需要通过大数据方式，注重个体引导，有效提高教育成效。但同时，学生管理工作精细化还是一种形式、目标和态度。要实现学生管理工作的精细化，就应最大限度应用大数据平台，做好学生教育工作、学生管理工作和学生服务工作的精细化。

（三）强化安全管理，完善大数据保护体系

在学生管理工作创新中，高校学生管理大数据建设是一个核心工程，其信息系统的安全等级就显得非常重要。首先，在具体实践中，高校需要最大限度考虑网络信息安全问题，按照需求购置硬件设备与网络防火墙、入侵检查系统等。其次，在应用不同信息系统时，需要制定严苛的等级权限，交叉重叠的权限只能在必要的时候赋予，与此同时，需要提示具有管理权限的工作人员注意维护好账号

的安全，防止账号泄漏。最后，需要制定规章制度保障信息的安全，对疏忽信息安全的高校内部人员或恶意入侵高校信息系统的人员需要进行严厉的惩罚，同样，对私自盗用系统账户的学生也需要加大惩治力度，在主观意识方面确保学生管理大数据的安全。

五、管理队伍建设

学生管理人员不仅是学务管理的对象和主体，还是实践管理创新的主体。要使高校学生管理体现出大数据时代的特性，实现大数据思维、大数据技术与高校学生管理创新的融合，作为管理创新的实践者、学生管理的执行者，管理队伍必须具备创新意识，并不断提升自身专业水平，实现职业化发展，更重要的是要提升自身的信息化素养。大数据技术作为一种信息技术，必然会促进学生管理的信息化发展，因此，要着重打造信息化管理队伍。

（一）打造职业化管理队伍

职业化是以事务处理资质为核心，以完成和提高工作效率为主要目标，依据社会需求和人的发展需求提出标准的过程。具体来说，职业化就是人们把某项工作作为其长期或者终身从事的职业，并利用严格的资格认定机制、专业化的培养实施机制和明确标准的量化指标来衡量、规定自我以及发展自我。高校学生管理工作者的职业化建设就是指其以学生管理为终身职业，并满足自身发展需要。美国的职业化发展水平较高，同样美国学生管理工作者的聘任与晋级都有明确、可以量化操作的指标与管理准则。对于专业能力方面，美国要求学生管理工作者具有心理学、教育学、学生发展理论专业和管理实践应用等方面的知识能力与专业素养。入职后的学习与发展一样不容忽视，美国学生管理工作者必须接受入职后的相关量化性指标考核与培训，并进行资质鉴定，合格者才能继续聘用。我国高校也要求管理人员必须具有高尚的职业道德和职业操守，实行严格的选聘制度。

（二）打造专业化管理队伍

专业化是以人的专业水平为核心，以提升从业人员的专业能力和素养为目标，帮助从业人员从专业的视角适应专业岗位要求和熟悉岗位职责的过程。在秉承岗位职业化所要求的从业人员所需具备的专业资格水平的基础上，学生管理工作者还要提高自我专业化水平，在资质和专业能力上取得认可。对学生管理的专业化需要从两个方面来认识：一是职能分工专业化，学生管理部门和学校其他职能部门要有职能上的分工与协作；二是提升学生管理者专业化的职业水准。我国高校现今已经形成了职能上专业化的管理机构和人员（专职辅导员）上专业化的管理队伍。但目前这种专业化水平仍然处于低水平的发展阶段。专业学生管理工作者队伍的学历层次和思想水平存在差异，同时在队伍结构上年龄结构和性别结构配置不太合理，不能充分适应学生和学校的发展。要制定专业化的学生管理标准：一是学生管理在高等教育中具有相对独立的体系；二是专门化的管理机构；三是专业化的学生管理工作者；四是职业化的工作岗位标准。要建设专业化的管理团队，培养任用具有专业眼光、专业头脑、专业思想、专业研究方向的管理者是一项重要的任务。

（三）打造信息化管理队伍

高校学生管理队伍是高校中负责学生教育管理的核心力量，承担着对学生进行思想政治教育和管理学生的双重任务，培育一支能够适应信息化环境的职业化管理团队是学生工作队伍信息化的关键。培育高校学生信息化管理队伍应从四个方面着手。

第一，要强化对信息化管理意识的重要性与紧迫性的认识。管理人员的认知水平往往会受到传统的学生管理方式的束缚，思维固化，对于信息化的管理方式不太适应，甚至认识不到信息化管理的重要性，信息化意识较为薄弱。信息交流时代的网络传播具有即时性、互动性和开放性。这使得高校学生管理工作更加复杂化，在一定程度上削弱了传统管理手段的有效性与执行力。管理人员具有创新意识是进行管理创新的必备条件与前提。创新意识和想象意识是创新的重要来源，因此要积极选拔具有创新意识的人才进入高校学生管理队伍。在实践的基础上，激发管理人员的创新动机。信息化的宣传和信息化舆论的形成可以促进高校学生管理者创新性专业意识的培养。

第二，培养具有应用信息技术能力的从业管理人员。培训从业管理人员的创新能力和应用能力。在信息化背景下，创新意识的形成不可能一蹴而就，因而，对从业管理人员的创新能力的培养在工作中就显得格外重要。信息时代人们消耗最多的是智力与知识，这与工业社会时期的体力消耗和资源消耗大不相同。这就要求高校管理者需要不断地增强自己应用先进理念的能力与创新思维的能力。信息技术的发展为高校管理体制的改革提供了强大的技术支持，但同时也向管理者提出了新的任务与挑战。利用多种培训模式，如听取信息化管理讲座，参加不同领域的信息化管理经验交流会、论坛、年会等，确保从业管理人员的管理思想与信息化接轨。这个过程可能存在一些困难，甚至是改革的阵痛，人员的调配与调整会有很大变化，所以在执行过程中不宜操之过急，而应当确保新旧管理体制之间稳定顺利地完成转换。高校管理信息化的工作者面临的新挑战主要集中在对信息技术的驾驭能力方面，可以在日常的管理实践中应用信息化平台，提倡和鼓励学生参与到信息化的交流互动中，在实践中提升自我和团队的信息化管理水平。同时，在高校建设的政策倾向上，高校应当给予信息化管理必要的支持，使按照标准运转的高水平专业化管理人员的管理工作得到强有力的保障。

第三，传统管理体制优势与现代化信息技术相结合。创新是以传统为基础的创新，要秉承扬弃的思想，充分吸收传统管理体制的优势，发挥信息化管理的技术性优势。传统的学生管理团队的最大优势在于拥有极高的政治理论素养，熟悉学生工作流程，了解具体问题具体分析的解决机制。这种优势就要求管理者继续发挥熟悉基础理论的优势，利用个体在学生中的领导力与合理的管理方式，积极影响学生在价值观、政治立场、重大原则性问题上与党和国家的方针路线保持一致。这种传统优势是单纯依靠网络信息化不能替代的，所以要以扎实的理论基础为引导，以信息化平台为媒介，以数字化和自动化管理为手段，提高管理效率，减少各种冗杂的程序，使信息化管理方式与传统管理理论基础相衔接，实现高校信息化的成功转型。

六、技术支持体系创新

（一）加大硬件方面的投入

在学生管理工作信息化建设方面，计算机与网络的配置是一种硬件支撑，在高校中，只有对信息系统基础设施不断优化，加大投入强度，才能使得对学生管理工作的创新变为现实。高校学生管理创新要走信息化道路，应在积极执行《国家中长期科学和技术发展规划纲要 2021—2035》的同时，实践好《“十四五”国家科学技术普及发展规划》与《“十四五”国家信息化规划》，以国家科技计划管理改革的总体精神为依据，坚持以网络为基础、以计算为核心、以应用为导向、以安全为保障。为在先进信息技术方面取得基础性进展，高校不但应注重信息产业发展走向，而且应探寻信息化的关键技术。高校学生管理创新应主动增强对信息技术的运用，努力以已有校园网为核心，以大数据技术与不同类型信息化系统为基础，加大对信息化实用功能的关注，对自动办公系统与无线电频谱资源进行融合。与此同时，需要开展三方面的工作来实现对基础设施建设力度的增加，一是增加高校本身的资金投入，二是完善引入市场机制，三是与信息化企业开展合作（如中国联通、中国移动等）。

（二）以数字校园智慧校园为基础

作为美国麻省理工学院的教授与媒体实验室的创办人，尼葛洛庞帝（Negroponte）在《数字化生存》中从浅到深地讲授了信息技术的基础概念、趋势与运用、价值与数字时代的宏阔蓝图。在高校，数字化把高校的管理和教学带入了一个全新的网络信息化时代，也给高校的学生管理工作带来了极大的便利。近些年，伴随以大数据技术为代表的信息技术，尤其是信息高速公路的发展，网络化与信息化已在世界许多国家得到了推广，信息技术的发展与应用不但使人们的生活模式发生了巨大的变化，而且也让不同行业产生了深度的改革。同时，信息化的发展成了智能化时代的起点。2008 年 11 月，“智慧地球”概念在纽约举行的外国关系理事会上由彭明盛首次提出。他的观点是，智能技术正应用到生活的各个方面，如智慧的医疗、智慧的交通、智慧的电力、智慧的食品、智慧的基础设施甚至智慧的城市，这使地球变得越来越智能化。

“智慧地球”理念的提出备受各大高校重视；2010 年，在信息化“十二五”规划过程中，浙江大学提出要构建一个“令人激动”的“智慧校园”。目前，南京邮电大学等一批高校正在应用信息化、智能化的方式建设“智慧校园”，同时也凭此给学生管理工作创新开辟了新的途径。

（三）使用物联网及 LBS 技术

当前高校工作的核心是保证高校学生安全、建立平安校园。不过在当前一些高校中存在一个很紧要的问题，就是怎样在全力为学生提供服务的高校日常管理过程中，保障学生在校生活的安全。当前，物联网在高校中的运用越来越普遍，物联网能够借助无线数据通信等技术完成对信息的收集，同时还能对搜集的数据进行进一步处理并发送给用户。在日常的学生安全管理工作中，倘若可以把感应器与辨别设备放在学生经常出入的地方，如教室、食堂、图书馆、寝室等，则可实现通过手机在学生进入或离开时发出对应的提示音或警示音的功能，同样，倘若想使学生日常生活更加便捷，可在宿舍里安装感应识别系统，学生在晚上就可以利用个人的一卡通控制宿舍门的开关。利用“物联网”，学生管理工作者能够预防不安全事故的发生，这是通过使用“物联网”了解学生的精确位置与其他信息实现的。学校也可以把射频识别（RFID）读写器架设在教室、寝室门口、大楼入口处、走廊、图书馆和顶楼等地点，同时在每个学生的手机或者饭卡中安装

RFID 标签。这样当学生离开寝室时，学生手机就会通过 RFID 读写器提示学生今天上课要带哪些书，有哪些活动需要参与。再者，物联网还能给学生的日常学习和生活提供便捷，如当学生到图书馆借书时，通过 RFID 读写器，图书馆的门禁系统也会自动打开，这样不但加强了图书馆的安全，也同样给学生借书提供了方便。而基于位置服务（Location Based Service，LBS）是目前刚刚兴起的一项技术，大部分大学生所使用的手机都是智能手机，有定位功能，给 LBS 的应用奠定了物质基础。LBS 完全可以应用于学生日常的学习和生活，如果说物联网是被动地管理学生，那 LBS 完全可以为学生管理工作的主动性提供便利。如上海财经大学所开发的 iSufe 移动应用 App，该 App 所具有的校园地图功能可以通过手机定位手机主人所在位置，并且可以提供精确的导航服务。同样，该程序所具有的查找自习教室功能可以根据手机定位查找离手机主人最近的空自习教室位置，学生通过在手机上安装该 App，很容易就可以根据程序显示的路径找到自己想去的空自习教室，极大地便利了学生的学习和生活。

（四）使用新媒体加强学生思想政治教育

新媒体是在大数据和数字技术支撑体系下出现的媒体形态，其通过计算机网络、卫星等介质，给人们提供诸如数字报纸、数字杂志、手机短信、移动电视、数字电影、触摸媒体等服务。根据新媒体学者所提供的信息，一般认为，新媒体大致分为以下三种类型：第一，互联网媒体，指的是建立在互联网上的各种媒体形式，主要包括门户网站、博客、微博、网络媒体、网络广播、即时通信、搜索引擎、虚拟社区等；第二，以手机为接收终端的媒体形式，如手机报、手机短信、手机电视以及手机上网功能；第三，以数字电视为基础的新媒体形式，主要包括车载移动电视、楼宇电视等。如今，以微博、微信为代表的新媒体因其交互性、开放性及个性化的特点为人们所钟爱，高校学生更是早早加入了使用微博、微信的行列之中。在大数据时代，高校完全可以使用新媒体创新学生思政工作，积极探索新的工作方法，促进学生管理工作的进步。

七、借鉴国外高校学生管理经验

（一）美国高校学生管理经验

1. 明尼苏达大学的学生管理经验

无线网络技术的发展始于 20 世纪 80 年代中期，它是由美国联邦通信委员会为工业、科研和医学频段的公共应用提供授权而产生的。明尼苏达大学是美国校园开放无线网络覆盖比较完善的学校之一。正因为有一个很好的大数据环境，明尼苏达大学的教师和学生能够随时随地开展工作，学生和教师之间的交流更顺畅。

无线网络在明尼苏达大学发展经过了两个阶段。第一阶段，明尼苏达大学努力打造全美第一个笔记本电脑大学，该学校为所有教职工和全日制的学生都配备了一台笔记本电脑。第二阶段，学校利用传统无线网络把教室、实验室、图书馆和宿舍连接到校园局域网。明尼苏达大学的师生可以在学校任何角落随意上网。

无线网络的优势有如下。

①灵活快捷。无线网络相较于有线网络的优点是显而易见的：不需要有线网络的布线，随时搭建网络。

②移动性好。对于教师和学生这些使用者来说，无线网络可以让他们在校园内随时随地学习。

③组网成本低。随着信息技术的发展，无线网络与有线网络的组网成本已近持平，甚至比有线网络的还要低一些。据无线域网协会的调查，无线局域网可极大地提高局域网络的应用效益，能够降低运行成本 40%，提高单位效率 6%。

对于高校来说，在原有有线网络的基础上增加无线网络，不仅可以节省建设经费，更为重要的是，在校园内实现随时随地学习的目的，提高校园网络的利用率，方便师生随时上网查找资料或浏览信息。

2. 加州伯克利分校的学生管理经验

“首席信息官”（CIO）一职最开始应用于政府部门，20 世纪 80 年代被高校借鉴引入。如今美国部分高校已经实行这种管理机制，出现了不少优秀案例，如加州伯克利大学分校、夏威夷大学、芝加哥大学等。下面以加州伯克利分校的首席信息官杰克·布拉德（Jack Credie）为例进行介绍。

加州伯克利分校的首席信息官杰克布拉德在职期间，做了很多大刀阔斧的改革，成为美国首席信息官的杰出代表，这和他自身丰富的工作经历是分不开的。1965 任卡内基梅隆大学信息规划副校长，1984 年在美国 DEC 公司（美国数字设备公司）负责数字设备管理工作，1992 年加入伯克利担任首席信息官。之前的工作历程使他积累了大量的管理经验，在担任伯克利 CIO 期间做出了很多大刀阔斧的改革，成为美国高校首席信息官的杰出代表。退休后他还担当加州伯克利名誉 CIO，美国二代互联网理事会成员，二代互联网络规划与政策顾问委员会主席等职位。

杰克布拉德任加州伯克利分校的首席信息官对学校的影响有：

第一，推动信息技术在加州伯克利分校教学、科研、管理中的应用。加州伯克利分校校园内推行数字化校园，将信息技术渗透到校园的每一个角落。并对校园信息化进行远景规划，运用教育技术对高等教育教学、科研、管理等进行预估。

第二，推动 IT 联盟的建立。杰克布拉德在成功担任加州伯克利分校 CIO 的基础上，还致力于大学和企业、大学和其他组织之间的交流，成立了二代互联网、国家高绩效教育与研究网络理事会。

3. 密苏里科技大学的学生管理经验

（1）设置 IT 部门

IT（Internet Technology）部门作为学生管理信息化的技术服务核心部门，在组织架构上与学术、财务、人事等部门拥有同等重要的地位。全校约 10% 的职工供职于 IT 部门，为学生管理信息化建设提供技术支持与服务。部门内职责分工清晰，项目式管理团队围绕服务对象的需求进行灵活调整，主动迭代和更新各项软硬件设备，使校园信息化水平走在信息技术实践的前沿，服务学校管理，创新教育教学，助力科学研究。

密苏里科技大学（以下在正文中简称 MST）的 IT 部门依据服务内容划分为四个办公室，即校内技术服务办公室、研究发展服务办公室、IT 业务服务办公室、事业与基础服务办公室，其组织结构和人员配置如图 5-4-4 所示。

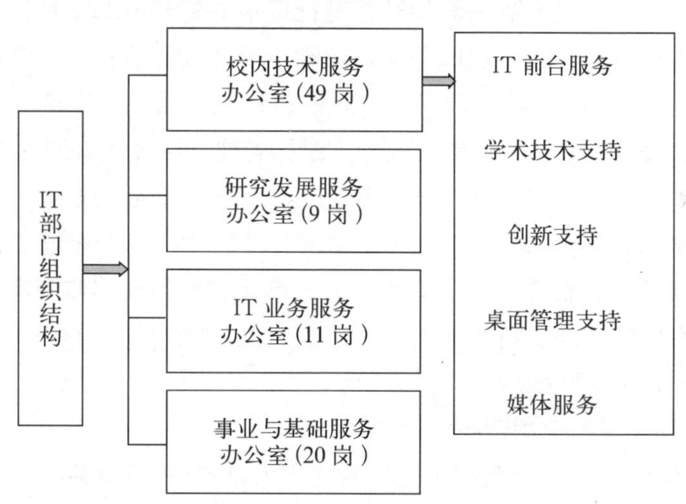

图 5-4-4　密苏里科技大学 IT 部门组织结构和人员配置

校内技术服务办公室负责为信息技术产品的使用提供服务。其中，媒体服务项目组最具代表性，该项目组为师生的教学和学术研究提供视频内容制作服务，如课程现场录制、课程后期制作、线上课程发布、校园活动直播等。研究发展服务办公室负责为师生研究创新活动提供信息技术工具，如专业软件安装、软件调试、高性能集群计算等。IT 业务服务办公室负责为行政、财务、人事、资产管理和信息安全等方面提供服务。事业与基础服务办公室则负责校园内所有 IT 基础设施的运行与维护，如所有校内电脑的运行、应用程序的开发、数据库的管理、网络和电信相关服务等。IT 部门还为学生提供大量兼职机会，既为计算机相关专业学生提供专业实践场所，也为非计算机相关专业学生提供提升自身信息素养、学习技能的机会。IT 部门的职责包括定期对校内电脑、网络、系统、软硬件程序和设备进行系统维护与更新，保障校园网络运行的安全顺畅，以提升师生的软硬件使用体验。师生在遇到任何信息技术问题时，均可向 IT 部门寻求帮助。MST 作为一所在美综合排名 130 位左右的研究型大学，其 IT 部门的组织结构完善，功能完备，配备了专业扎实、服务一流的技术团队，将学生管理信息化建设是为师生提供更便捷的校园生活的初衷落到了实处，既为教学活动提供了多样化的技术辅助，也为教与学过程中涉及的信息化需求提供了整体解决方案，还为科研创新创造提供了更多可能。

（2）开发学习管理系统

学习管理系统（Learning Management System，LMS），即网络学习平台或网络教学平台，是对线上线下教学过程进行记录与管理的基础性信息平台，支持阅读、分析、讨论、协作、测试等学习活动，是高校开展在线教学或在线辅助教学的必备条件。一个有效的 LMS 至少应该包括三个方面，即选课管理（课程基本信息、教学大纲、选课、退课、课表）、课程管理（课程内容的发布、作业管理、小组讨论、师生互动）和结课管理（考试报名、在线考试、成绩管理、教师评价、课程评价、学习报告）。MST 使用 Canvas 学习管理系统，通过独特的云服务架构设计、教与学工具整合应用、多维数据分析及支持移动用户等功能，改变了传统教学平台的发展方向。善用学习管理系统，既是线上学习的必备基础，也是线下线上混合式教学的联结点与支撑面。

（3）合理配置及使用软硬件设备

MST 在辅助教学方面为师生提供涵盖六大功能的 40 款应用软件，满足线上线下教学对网络环境和设备的要求。例如，可实现同步直播、远程授课的多媒体教室；自习室、图书馆等公共学习空间均配备足量电源插孔 USB 接口，满足学生电脑、平板、手机等移动设备的用电需求；智慧教室装配多种媒体设备，既为线上线下学生提供同步授课和实时互动讨论服务，也为聘请校外教师进行远程授课增加灵活性，整合校内外教学资源，丰富学生的课堂体验。

学生管理信息化不是单纯的一次性建设过程，而是需要 IT 部门根据实际需求和信息技术市场的发展趋势，对软硬件进行定期升级换代，以保障信息技术资源的先进性。

（4）通过个人账号享受全部校内信息技术资源

MST 师生都须在 IT 部门申请个人账号，相当于校内身份证，这是登录所有校内管理系统及信息平台的唯一账号。同时，该账号也可用来登录所有学校已购买服务的商业软件。例如，学校购买 Zoom 高级版后，师生可直接用校内账号登录 Zoom 以获得高级版服务；再如，师生可直接登录 Google 学术，在任何地点均可下载学校已购买数字版权的论文数据和电子书。MST 尽可能将所有网络资源入口汇集为一个账号，免去注册账号的烦琐，即师生只需用一个账号便可畅享学校提供的所有网络资源及服务。

（5）公共电脑“互通”

无论是在教室、图书馆，还是在办公室，任意一台公用电脑，都对全校师生开放并免费使用，校内实体电脑不再属于特定个人，而是服务于所有登录这台电脑的用户。也就是说，用户在使用完 A 电脑后，可在 B 电脑继续完成 A 电脑中未完成的工作。此类桌面管理系统在实现了一台实体电脑被多名用户使用且互不干扰的功能的同时，又能保留每位用户的个性化设置，云端存储的用户数据能快速在另一台电脑上同步，极大增加用户使用公共电脑的灵活性和安全性，借助云端数据存储与高速网络环境，实现为每位师生配备一台“私人定制”的电脑的目标。

（6）加强无线网络建设

校内实现无线信号全覆盖，下载速度稳定在 10～20MB/s。同一账号可同时将多台移动设备接入校园网，无使用时长和流量限制，无网络费。免费且高速的校园网络环境极大提高了网络畅通率和用户体验满意度，为校园各类管理平台和信息平台的建设与使用提供可能。

IT 部门定期对校内所有计算机进行系统维护升级，并及时修补系统漏洞，将操作系统和所有应用软件及时更新到最新版本。同时，通过 E-mail 邮件及时提醒所有师生关注系统漏洞修补和可能存在的网络安全威胁等信息。主动防御与实时监测共同保障数据、系统和网络的安全，为师生提供稳定可靠的网络运行环境。

（7）以 E-mail 账号为信息渠道

学生管理信息化建设的基本目标之一就是让信息的获取变得更容易、更轻便，而校内邮件系统便是用来传递信息的主要工具之一。MST 给校内所有成员分配的 E-mail 账号不仅是使用校内网络资源的通行证，同时，还是校内信息互传、师生互动、服务沟通的传递门。教务、校务、活动、安全提醒、突发事件等一切与校园相关的任何必要通知都会经由相关部门的 E-mail 账号发送给相应人员。例如，留学生经常收到 MST 国际学生办公室的 E-mail，提醒留学生关注留学期间的注意事项、签证、保险、国际学生交流活动信息等。校内所有的通知、公告等都直接由各主管部门通过 E-mail 进行传达，所以每天查收 E-mail 就成为师生了解与自身相关的事务及校园最新活动的最快、最可靠的信息渠道。

（8）提供信息技术培训

学生管理信息化建设不仅需要专业 IT 团队建设信息化基础设施并扩大信息技术应用范围，更需要 IT 部门人员主动收集师生对信息技术的诉求，向师生推广新的信息技术手段，激发师生对新技术、新应用的好奇心，帮助师生在日常教学和生活中熟练使用信息技术以提升教与学的效率，深化校园信息化管理程度，建设智慧校园。

MST 的 IT 部门对校内使用的每一款软硬件设备均制作了使用手册，内容包括从账号登录到各模块的功能介绍，从使用建议到常见问题处理，以文稿、操作流程图、视频等多种媒介形式呈现，“手把手”教师生快速入门。IT 部门已对约 40 款教学应用软件的功能和适用场景逐一进行了详尽介绍，方便师生根据不同需求快速找到适合自己的软件工具。当师生在信息技术使用过程中遇到问题时，可前往 IT 服务台寻求帮助，包括但不限于个人及学校计算机的 Windows 系统问题、专业软件安装、数据还原及备份、简单硬件维修、电脑故障诊断以及校内所有软硬件设备的使用等。MST 的 IT 部门不仅是学生管理信息化的建设者，更是推动信息技术在师生群体中被便捷使用的助力者、帮助师生学习信息技能与提升信息素养的服务者以及实现信息技术服务校园发展的践行者。

IT 部门不仅为师生提供信息技术问题的自助解决方案和一对一人工服务，还为师生提供校内主流软件的使用培训。

此外，MST 还针对教师、学生、行政人员等不同群体所使用的不同信息技术工具，开展多场线上直播讨论和经验分享会等，介绍不同信息技术工具是如何服务于师生的学习工作，强调技术是服务于人，从而有效提高了广大师生熟练使用信息技术的能力和水平。

4. 美国高校学生管理经验的启示

早在2004年，我国颁布的《2003—2007年教育振兴行动计划》明确提出，要加强高校信息化建设，加快基础设施建设、信息化资源和人才培养，提升信息技术在高校的应用水平。之后，我国又发布了《2006—2010年国家信息化发展战略》，提出要提升教育信息化水平，实现优质教育资源共享，促进教育均衡发展。毋庸置疑，这些政策措施的颁布实施对我国高校信息化建设的发展起到重要的推动作用。截至目前，我国高校基本建成了校园网络，部分高校还建立了网络教育学院，校园网在学生宿舍、教学、科研与管理楼宇的覆盖率达到85%，校园无线网的覆盖区域也在逐年扩大。可以说，我国高校信息化无论是在基础设施建设还是在教学信息化等方面都取得了巨大的成就。但我们也应该清醒地看到，与美国等发达国家的高校信息化相比，我国高校还存在着一些差距，比如校园网站信息化管理水平和服务水平还比较低，信息化人才队伍的整体素质还有待提高等，高校信息化建设亟待进一步加强。

美国大学的信息化建设，使我们深刻地认识到“学习和创新”是信息化工作永恒的主题。尤其是在以下方面具有重要的启示：

①加强高校内部IT业务的整合，形成学校公共IT业务支撑平台。包括学校校园网及通信服务、学校管理信息系统建设、校园卡系统、校园数字资源建设与规划、数字图书馆的信息系统及数字文献资源建设、高性能计算服务、多媒体机房和教室建设与管理、信息技术教育与培训等。对校内IT需求和资源进行高度整合，实现集中建设和管理，避免多头和重复建设。

②加大服务于教师和学生生活与工作的IT公共资源的投入。建立学校公共软件库、公共资源中心等。在教学楼、学生宿舍楼及院系楼宇建设计算机机房、网络公共打印机、复印机等公共设施，实现自助服务，让师生充分利用信息化手段从事教学科研活动。

③进一步推进高校内部管理信息系统的集成与整合，真正形成一个门户、一个账号和“一张表”。以信息技术方便师生应用为目的，实现学校各个部门管理信息系统和数据的高度集成。

④创新服务，精细化服务，加强培训和宣传。创新服务的模式，建立信息技术支撑下的人力资源服务和学生发展服务模型及应用。注重服务的专业化和精细化，让服务更加高效和人性化。建设信息技术服务队伍，开展面向教师和学生的信息技术和应用培训。总体而言，国内大学与美国大学在信息化建设方面，基础设施建设差距不是很大。主要的差距在于“应用”，包括应用理念和应用模式，

尤其是如何将信息技术融合到学校的教学、科研和管理中，推进学校管理与服务工作的规范化和科学化，使师生的生活和学习更加便利，利用信息技术支撑师生的教学和科研创新等方面还有较大的差距。在公共资源建设和共享方面也有一定的差距，美国大学非常注重 IT 公共资源的建设，或者说注重资源的公共化，最大限度发挥 IT 资源的公共效益。

⑤高度重视信息化建设，合理设置组织机构。科学合理的组织机构是高校信息化建设稳步推进的可靠保障。国内很多高校对信息化建设的重视程度还不够，还没有充分认识到教育信息化是教育现代化的重要标志。国内有些高校把信息化机构定位为教学辅助机构，影响了信息化人员的工作积极性。而且，国内高校信息化机构隶属复杂，定位不准，功能交叉，导致工作效率不高。我们可以积极借鉴美国高校的 CIO 组织体制，设立高校专职 CIO 职位并使其进入学校领导班子，或者由一名副校长专职负责信息化工作。要正确认识信息化机构的定位，不能将人们对信息化部门的认识局限在“教学辅助部门”，信息化部门应该是集教学、科研、管理、培训、服务、开发于一体的综合性部门。同时，应该科学设置信息技术部门，合理配备相关人员，全面规划和推进高校信息化工作。

⑥强化信息化服务职能，实现信息资源的高效利用。目前，单纯从硬件设施上看，国内高校与美国等发达国家差距并不大，但是网络有效利用率与美国高校相比较低，其主要原因在于管理水平和服务能力两个方面。高校信息机构应该进一步增强服务意识，以高校师生员工为中心，千方百计为他们提供方便快捷、细致周到的服务，充分调动他们运用信息技术的积极性和主动性。要进一步拓宽信息技术服务范围和服务领域，不断提高服务质量，充分发挥网络以及各种信息技术设备和工具的使用价值，提高信息资源利用效率。要加强对校园网络安全的管理，坚决制止滥用网络的行为，为学校师生员工创建一个安全、规范、有序的信息技术环境。

⑦加强队伍建设，提升人员素质。高校信息化建设技术含量非常高，专业性非常强，而且涉及高校行政管理、教学科研、后勤服务等各个方面。因此，高校信息化建设需要一支精干高效、技术过硬的专业技术人才队伍，其成员不仅要懂技术，还要懂教学、懂管理。美国高校的信息化建设队伍人员配备非常齐全，既有进行信息化管理的高层管理人员，也有负责项目实施的中层管理人员；既有负责软件开发和安全管理的技术人员，也有从事用户服务的技术咨询人员。从事信息化工作的员工总数一般占学校全部管理人员的 10% 左右，是一个非常庞大的系统。要学习美国高校信息化队伍建设的成功经验，引导信息化工作者切实转变观

念，树立现代教学思想，增强信息化意识，激发其对工作的认同度和成就感。要积极构建信息化人才成长机制，拓宽人才发展渠道，更好地发挥信息化人才的作用。

⑧完善发展战略，健全建设标准。当今社会已经进入大数据时代，信息化建设水平对社会发展具有重要影响作用。在信息化战略方面，美国高校是非常清晰和明确的，也有非常完善的信息化服务标准。目前，虽然国内一些重点高校已经有了明确的信息化发展战略，比如浙江大学的战略是，建设一个科技成果创新的新型的文献资源与信息服务支撑体系，打造一个多元化、人文化、智慧型、国内领先的信息服务支撑环境，但是还有一些高校还没有清晰的信息化发展战略。作为高校教育工作者，特别是高校发展决策者，要主动适应信息化发展潮流，从高校实际出发，认真思考和制定高校信息化发展战略。同时，要不断健全完善信息化相关制度，使各项工作有章可循、有制可依，不断推动高校信息化建设系统化、科学化和规范化发展。

总而言之，大数据时代美国高校管理有着其独特的优势，值得我们借鉴。

（二）韩国高校学生管理经验

韩国是一个电子信息产业发达的国家，其高校充分利用了现代信息化手段为学生提供便捷的服务。此处对 8 个在服务便捷、管理规范顺畅而不失人性化等方面的软硬件建设比较突出的实例进行详细分析。

1. 依托数据平台提供高效便捷服务

许多韩国高校设有“一站式学生服务中心”，利用信息实时同步、读取共享便捷的大数据信息平台为学生提供学籍变动、奖学金申请、就业等从入学到毕业的一条龙服务。这使得韩国高校学生服务与管理机构扁平化，节约了管理上的人力成本，实现了服务的高效便捷。

2. 学生证集多项功能于一体

很多学校的学生证是一张带芯片的多功能卡，不仅可用来借阅图书、就餐等，还可以实现银行借记卡的功能。这样的集多项功能于一体的学生证一卡通，省去了携带多张卡的不便。

3. 开发多样化校园服务 App

韩国是全世界网速最快的国家，网络覆盖率很高，这为在掌上智能终端上实现享用学校各项服务提供了网络基础。很多学校开发有电子学生证，学生可在手机上安装其客户端，只要在有网络的环境里进行扫描识别，就可享受图书借阅、座席预约、设施利用等校园内的各种服务。同时，各种校园教育资源和服务资源也开发了手机 App 客户端，方便学生利用手机进行资源享用。

4. 图书馆自习区选座智能化

图书馆里的自习区域，在考试期间成为“黄金地盘”。为便于学生合理规划学习时间，很多学校在图书馆一楼大厅里，设有自习区选座预约机。学生通过机器的触屏操作，可预约座位，避免了到现场才发现位置被占满而造成的不便；同时，可以实时查询座位的剩余情况，使学生在一楼大厅就可以了解馆内的剩余座位状况。

5. 开发宿舍出入控制系统

宿舍的出入口设有平常期和非常期两用的出入控制系统。平时，系统关卡关闭，宿舍成员刷卡进出，外部人员无法进出。这样，宿舍成员的日常进出状况，特别是夜不归宿情况可以得到监控，同时也减少了外部不法分子的侵入。当有外部人员来访时，来访者在被访者陪同下，到宿舍运营中心出示身份证登记后，发放临时卡，凭临时卡在规定的访问时间内进出。当遇到火灾等紧急情况，系统的关卡开放，无须刷卡，人员可自由通行。有的高校还会在门禁系统旁边设置一个手动的安全门，作为对此系统的补充，以便于大件行李的搬运和出现意外情况时的人员疏散。

这种宿舍出入控制系统，性能优化、设计合理，既保证了宿舍日常运行的安全有序，又保证了紧急情况时人员的顺利疏散，在提高服务质量的同时，减少了管理上的人力成本。

6. 证明材料自助办理

韩国高校的电子自动化管理系统可供学生自主办理各类证明材料。高校在学生服务中心及图书馆等多个建筑里设有证明材料自动发放机，在手触屏上输入自己的学号或身份证号等基本信息，选择需要办理的证明材料，投入屏幕上显示的金额，按确定键后，相应的证明材料就会从机器的输出口里自动输出，且证明上带有学校的公章。利用这种自动发放机可办理的证明材料有在读证明、成绩证明、奖学金授予证明、休学证明、毕业证明等，其中奖学金授予证明是免费办理的，其他证明材料的办理费用折合人民币 1～2 元。

这种电子自动化管理系统可以解决我国高校在为学生出具和办理各类证明材料时，因需经辅导员、各级主管部门的签字盖章而造成的人力和时间成本消耗的问题，从而使对学生的服务更便捷和公正。

7. 借助网络快速传达各项通知

韩国高校的学生服务中心运用SMS短信群发软件，把需要下达的各种通知，包括活动的举办、奖学金的评选、学生行政助理的选拔等，以短信的方式迅速高效地发送到需要传达的每位学生的手机上。在编辑发送内容时，受到短信字数的限制，可将要传达的内容进行简短概括，并提供可查阅详细内容的出处即可。这些出处包括网址链接、学校网页的相关版块、咨询电话、咨询部门等。由于这种信息传达的运行模式已成常规，所以，韩国高校的学生们如果更换手机号码，就会主动登录自己的信息系统修改自己的联系方式，以保证信息的及时接收。比起我国使用QQ、微信等需依托网络环境的信息传递方式，以及从辅导员到班委再到普通学生的人为易失真传递方式，这种依托手机通信网络的方式更具效率。

8. 学费缴纳与选课系统连接

韩国高校在每学期开学前一周，将学费收缴工作委托给相关银行，学生持学生证一卡通，去银行直接办理交费，缴费成功后，学生的学籍信息才会和选课系统自动关联，才能在开学第一周内的选课时段选课，没交费的学生则无法选课。这种将交费信息与选课权限相关联，交费后才能选课上课的一体化运行模式，为韩国高校每学期一次的学费收缴工作大大节省了人力成本，提高了效率。

9. 韩国高校学生管理经验的启示

①加强优质信息化硬件设施的开发和使用，保障信息化的硬件条件。

实现校园内无线网全覆盖，创设高速安全的上网环境，为各项信息化服务工作提供无线网络保障。

引进和改良硬件设备，取代部分人力工作，为学生提供更便捷优质的服务。比如，可结合我国高校具体实际情况，开发类似韩国图书馆自习区选座预约机、证明材料自动发放机等的硬件设备投入使用；借鉴韩国高校宿舍门禁系统的优良性能，优化我国高校宿舍门禁系统等。

②结合现实需要开发实用性的软件系统，提高信息化的软件实力。

建立大数据信息平台系统，实现实时的信息同步和共享。整体统筹规划，统一标准，形成学生信息大数据，把现存初级阶段的信息平台，建设成为可方便学校各部门随时同步和读取信息的大数据信息平台系统，减少人工统计，提高工作效率。

开发用于校园服务的手机App客户端，方便学生用手机随时享用学校的各种服务。比如，开发关于学生证的手机App客户端，实现只要携带手机，就可享用学校各项生活服务和学习资源。

③拓宽工作思维，树立大格局工作观，指导学生工作信息化建设。

从校外看，要善于联合银行、公共交通等社会各行各业，携手研发为学生提供更优质便捷服务的项目。比如，将学生证芯片化并拓展各种生活功能等。还可借鉴和引入在企业等其他领域被高效使用的工具软件。比如，可将多用于商业营销和产品推送等领域的支持移动、联通、电信三网通的“信易通”软件，用于高校学生工作的通知传达上等。

从校内看，学生工作与教学工作是高校工作的两大重要组成部分。学生工作信息化建设要与教学工作，乃至后勤、就业等其他工作相统一。

韩国交费后才能选课的信息化系统关联举措，为我们实现“教学管理和学生服务一体化”提供了范例。然而，我国要实现这一点，面临着一定的困难。我国人口众多，地区经济发展不平衡，为了不让学生因交不起学费而退学，国家开始建立新的资助政策体系，在高等教育和中等职业教育阶段逐渐建立了国家奖学金、国家励志奖学金、国家助学金、国家助学贷款和勤工助学等多种方式并举的资助政策体系。因此，在关联学籍信息和选课权限时，应为这部分同学考虑相应的对策。例如，我国高校可将系统中的选课资格设置为“学籍已注册”和“学籍初步注册”两项。“交费成功”的同学，其学籍状态为“学籍已注册”，可在选课系统中选课。申请助学贷款的同学，可先在系统中录入“助学贷款回执号”，使自己的学籍状态显示为“学籍初步注册”，获得选课资格，然后待其助学贷款划拨成功后，系统再将其学籍状态变更为“学籍已注册”。

总之，借鉴韩国高校学生工作信息化建设的先进经验，要结合我国国情，从整体上统筹规划，拓展工作思维，在软件信息系统的开发和硬件信息设备的投入上双管齐下，使信息化既能真正地“服务于学生的全面发展”，又能提高事务性工作的效率和正确率，真正地解放人力，使辅导员和其他学生管理工作者从繁杂的事务性工作中解放出来，倾注更多精力到关注学生本身上来，从管理事务转变为服务学生、教育学生，发挥管理育人作用，成为学生成长的引路人。

参考文献

[1] 陈桂香．基于大数据的高校教育管理研究 [M]. 北京：科学出版社，2018.

[2] 仇丹丹．云技术及大数据在高校生活中的应用 [M]. 天津：天津科学技术出版社，2020.

[3] 王鹤蒙，宋征．大数据对高校教育的影响 [M]. 徐州：中国矿业大学出版社，2016.

[4] 张志军．大数据技术在高校中的应用研究 [M]. 北京：北京邮电大学出版社，2017.

[5] 赵雪章．网络大数据分析对高校教育教学的影响 [M]. 武汉：武汉大学出版社，2022.

[6] 沙仲辉．大数据时代的高等教育创新与实践 [M]. 北京：北京工业大学出版社，2020.

[7] 杨万勇．学校教育中的大数据应用 [M]. 宁波：宁波出版社，2020.

[8] 郝福锦．大数据技术在高校教育管理中的应用研究 [M]. 北京：中国原子能出版社，2022.

[9] 何兴无，蒋生文．大数据技术在现代教育系统中的应用研究 [M]. 长春：东北师范大学出版社，2019.

[10] 申时凯，佘玉梅．我国现代化教育大数据应用技术与实践研究 [M]. 长春：吉林大学出版社，2019.

[11] 涂国章．探索大数据在高校学生管理中的应用 [J]. 黑龙江教师发展学院学报，2023，42（4）：19−22.

[12] 张秋萍．大数据背景下高校学生管理信息化研究 [J]. 华东科技，2022（10）：141−143.

[13] 韩浩天．大数据在高校学生管理中的应用分析 [J]. 创新创业理论研究与实践，2021，4（23）：151−153.

[14] 闵亚琪．智慧校园建设背景下大数据技术在高校学生管理中的应用研究 [J]. 无线互联科技，2021，18（20）：60−61.
[15] 张强，车帅，魏言钊，等．大数据时代高校学生管理信息化建设途径 [J]. 商业文化，2021（6）：58−59.
[16] 马玉，陈伟．基于大数据背景下我国高校学生网格化管理模式构建 [J]. 河北农机，2020（9）：58.
[17] 严凰，文志军．大数据时代高校学生管理工作信息化建设的特征和策略 [J]. 陕西教育（高教），2020（1）：34−35.
[18] 张怀南．国内高校学生管理的大数据应用现状和发展趋势 [J]. 中国医学教育技术，2019，33（6）：664−669.
[19] 毛浩生．大数据时代高校学生管理工作的挑战与对策分析 [J]. 智库时代，2019（40）：82−83.
[20] 易莲．大数据思维在高校学生信息化管理中的支撑作用 [J]. 湖北成人教育学院学报，2019，25（2）：66−68.
[21] 许沥文．基于校园大数据的学生信息管理平台的设计研究 [D]. 北京：华北电力大学，2021.
[22] 谢金晶．大数据背景下大学生意识形态安全教育研究 [D]. 武汉：湖北大学，2021.
[23] 刘婧．高等院校学生管理数据化研究 [D]. 南昌：江西财经大学，2020.
[24] 郭笑鸽．大数据时代高校学生个人知识管理研究 [D]. 淮北：淮北师范大学，2019.
[25] 武书舟．基于大数据挖掘的高校学生管理平台的研究与应用 [D]. 北京：华北电力大学，2018.
[26] 许彦．高校教务管理系统设计与实现 [D]. 北京：北京工业大学，2017.
[27] 张雯鑫．大数据背景下大学生网络舆情管理研究 [D]. 徐州：中国矿业大学，2017.
[28] 田浩．大数据研究方法在教育领域的运用研究 [D]. 西宁：青海师范大学，2017.
[29] 邓晗．基于机器学习和大数据技术的高校学生行为分析 [D]. 北京：北京邮电大学，2017.
[30] 吕宁．大数据背景下高校学生工作转型研究 [D]. 济南：山东大学，2016.